# 未名社科·媒介与社会丛书（翻译版）

主编 高丙中 杨伯溆

# Beyond Culture

# 超越文化

〔美〕爱德华·霍尔（Edward T. Hall）著　何道宽 译

著作权合同登记号:图字 01-2008-5699 号
图书在版编目(CIP)数据

超越文化/(美)霍尔著;何道宽译. —北京:北京大学出版社,2010.11
(未名社科·媒介与社会丛书)
ISBN 978-7-301-17871-3

Ⅰ. ①超… Ⅱ. ①霍… ②何… Ⅲ. ①文化交流-研究-世界 Ⅳ. ①G115

中国版本图书馆 CIP 数据核字(2010)第 192897 号

Beyond Culture
Copyright © 1976, 1981 by Edward T. Hall
Simplified Chinese translation copyright © 2010 by Peking University Press

| | |
|---|---|
| 书　　　名 | 超越文化<br>CHAOYUE WENHUA |
| 著作责任者 | 〔美〕爱德华·霍尔　著　何道宽　译 |
| 责任编辑 | 谢佳丽 |
| 标准书号 | ISBN 978-7-301-17871 |
| 出版发行 | 北京大学出版社 |
| 地　　　址 | 北京市海淀区成府路 205 号　100871 |
| 网　　　址 | http://www.pup.cn |
| 新浪微博 | @北京大学出版社　@未名社科-北大图书 |
| 微信公众号 | 北京大学出版社　北大出版社社科图书 |
| 电子邮箱 | 编辑部 ss@pup.cn　总编室 zpup@pup.cn |
| 电　　　话 | 邮购部 010-62752015　发行部 010-62750672<br>编辑部 010-62765016 |
| 印　刷　者 | 北京虎彩文化传播有限公司 |
| 经　销　者 | 新华书店<br>965 毫米×1300 毫米　16 开本　18.25 印张　229 千字<br>2010 年 11 月第 1 版　2024 年 4 月第 7 次印刷 |
| 定　　　价 | 55.00 元 |

未经许可,不得以任何方式复制或抄袭本书之部分或全部内容。
版权所有,侵权必究
举报电话: 010-62752024　电子邮箱: fd@pup.cn
图书如有印装质量问题,请与出版部联系,电话: 010-62756370

# 目录

中译本第二版序　1
中译本第一版序　15

导论　1
第一章　文化之悖论　9
第二章　作为延伸的人　24
第三章　文化的一致性与生活　39
第四章　隐蔽的文化　52
第五章　节律与人体动作　64
第六章　语境与意义　77
第七章　高语境与低语境　92
第八章　语境为何重要？　103
第九章　情景：文化的积木块　114
第十章　行为链　125
第十一章　隐性文化与行为链　137
第十二章　表象与记忆　150

第十三章　教育的文化基础与生物基础　167

第十四章　作为非理性力量的文化　188

第十五章　作为认同作用的文化　197

注释　213

文献　230

大主题索引（超越的理念与技能）　246

小主题索引　248

人名索引　259

后记　267

# 中译本第二版序

## 一、一代宗师

经过20世纪初的酝酿、两次世界大战期间的发酵,第二次世界大战以后,传播学在美国加速发展。

20世纪以后,人类学摆脱了博物学、殖民主义和社会达尔文主义的羁绊,经历了文化相对论和功能主义的"科学"发展之后,成为传播学的基石之一。

爱德华·霍尔(Edward T. Hall,1914—2009)横跨人类学、心理学、传播学,成为跨文化传播(交际)学的奠基人。不过,他紧守的重镇始终是人类学。

霍尔创建了宏大的理论体系,提出深刻的忠告,这与他的学术履历和职业生涯密不可分。他是理论实践并重、书斋田野兼顾、学者顾问合一的多学科的横向人才和怪杰。几十年里,他从事教学、科研、心理分析和技术咨询,成为闻名遐迩的人类学家、文化学家、心理分析专家、政府和企业界的高级顾问。他的足迹遍布世界，他对原始民族和现代民族、东西文化都有实地的考察和深刻的体验。

20世纪30年代的大萧条使他走出书斋，深入到美国西南部几个印第安人部落去作田野调查，去推行政府的援助项目，以缓和民族矛盾。他深入研究新墨西哥州的西裔美国人、拉丁美洲人、纳瓦霍人、霍比人、特鲁克人、地中海西部的阿拉伯人和伊朗人。

20世纪40年代战争期间，他应召服役，并到西南太平洋地区去研究土著民族。50年代，他又应召到美国国务院下属的外交讲习所培训援外人员。

霍尔在哥伦比亚大学受业于拉尔夫·林顿（Ralph Linton）门下。此后的几十年间，他先后在丹佛大学、科罗拉多大学、佛蒙特大学、哈佛商学院、伊利诺理工大学、西北大学等大学执教，传授人类学和心理学，曾在华盛顿精神病学校进行研究，逐渐走出了不同于多数人类学家和精神病学家的路子，开辟了一个全新的领域，提出崭新的文化理论。他挖掘文化的生物学根基，解剖了文化的十大讯息系统，以此绘制了类似化学元素周期表的文化教学示意图；借鉴并超越了精神分析和人类学的分层理论，按照知觉程度创建了显形、隐形和技术性的文化三分法；借鉴语言学的音位、词汇和句法三分法，用元素、集合和模式的概念来描绘文化的内部结构。

霍尔一生敏于创新、勤于笔耕、著述甚丰。1957年，他以《无声的语言》（The Silent Language）精心研究"超乎知觉"的非语言文化，包括"时间语言"和"空间语言"，开辟了跨文化研究的全新领域。1966年，他以《隐藏的一维》（The Hidden Dimension）深入研究人的领地欲和空间行为。1976年，他以《超越文化》（Beyond Culture）锻造挣脱文化枷锁的几把钥匙，提出延伸论、延伸迁移论、一致论、语境论、情景论、行为链、认同论、一元时间与多元时间、高语境与低语境等崭新的概念。1974年，他的《空间关系学研究手册》（Handbook for Proxemic

*Research*)展开论述他在以上三部书中提出的空间关系学。1983年,他的《生活之舞蹈》(*The Dance of Life*: *The Other Dimension of Time*)进一步研究空间行为,讲人体节律和同步运动。90年代以后,他将一生积累的理论和实践用于跨文化的国别研究,推出《隐蔽的差异:如何与德国人打交道》(*Hidden Differences*: *How to Communicate with the Germans*)、《隐蔽的差异:如何与日本人做生意》(*Hidden Differences*: *Doing Business with the Japanese*)、《理解文化差异:德国人、法国人和美国人》(*Understanding Cultural Differences*: *Germans, French and Americans*)。此外,他于1992年和1994年分别出版总结一生研究心得的《日常生活的人类学:霍尔自传》(*An Anthropology of Everyday Life*: *An Autobiography*)和《三十年代的美国西部》(*West of the Thirties*)。

## 二、几十年的踟蹰和坎坷

1983年,我在母校四川外语学院组建"比较文化研究室",引进跨文化交际(intercultural communication),写了两篇文章。一篇题名《介绍一门新兴学科——跨文化的交际》(《外国语文》1983年第2期),一篇题名《比较文化之我见》(《读书》1983年第8期)。稍后,我省掉"跨文化的交际"中的"的"字,将其命名为"跨文化交际"。一般地说,我的同人多半称之为"跨文化交际研究",少有自吹"跨文化交际学"。为什么?大概是因为底气不足吧。在《介绍》一文里,我指认这门学科的三大基石,写下这样一段话:"人类学、社会学和交际学是'跨文化的交际'的三大基石。'跨文化的交际'是人类学、社会学和交际学的交叉学科和应用学科。"众所周知,交叉学科不容易成熟,应用学科不容易被人看重。

与此同时,新闻传播界引进这门学科,将其定名为跨文化传播。于是,西方这门学科在中国进入两个不同的领域,被赋予了两个不同的名字。一个领域是语言学、外语教学和翻译界,一个领域是新闻传播学和大众媒体。

这两个领域都遭遇了一二十年的坎坷。外语界采用的"跨文化交际研究"酝酿十余年才成立了全国统一的"中国跨文化交际研究会"(1995)。传播学的"正名"也是在90年代末,而"跨文化传播"又是传播学的一个短板。这两个领域的研究都不太顺利。

爱德华·霍尔被誉为跨文化传播之父,奇怪的是,他似乎与美国主流的传播学经验学派毫不搭界,对舆论、宣传、媒体功能、传播效果、受众分析那一套不感兴趣;主流学派对他的延伸论、延伸迁移论、层次分析、系统分析、时间语言、空间语言、行为链、同步性、高语境、低语境、文化教学那一套也不领情。他的研究路径和传播学主流学派的路径似乎是两条平行流动、永不交汇的河流。

霍尔从来不自封为"跨文化传播之父",他始终在人类学系任教,从未涉足传播学系或英文系,没有直接参与构建后继者发展的"跨文化传播研究"或"跨文化交际研究"(intercultural communication studies)。

霍尔研究不同文化间个人层次上的交流,感兴趣的是"日常生活里的人类学"。1966年的《超越文化》的索引里,固然有communication一词,却不见intercultural communication,只有intercultural encounters和intercultural experience。1957年《无声的语言》第四章题名"Culture is communication",可见communication重要,但它却不承载传播学里常见的"编码—发送—解码"的意义,更不涉及"5W"那样的传播模式。而且,在《无声的语言》的索引里,intercultural communication根本就不见踪影;数十年间,他的众多著述里都少见intercultural communication。由此可见,"跨文化传播(交际)"这一学科的名字是后继者热衷的用语,他本人用得不多。

跨文化传播(交际)这门应用学科究竟有多大意义?在引进这门

学科的《介绍》一文里,我非常看重其重大意义和发展前景,在文章的结尾写下了一大段话:"我们的军事家,若能学一点比较文化,则如虎添翼,定能更好地知己知彼、运筹帷幄、决胜于千里之外。我们的外交家,若有比较文化的修养,定能更好地纵横捭阖、广交朋友,为我国建设'四化'创造一个最良好的国际环境。我们的外贸干部,如果不了解自己的文化和外国的文化,怎么能做好生意,扩大外贸?我们的一切涉外人员,如果不学习比较文化,怎么能广交朋友、发展同各国人民的友谊?我们的一切直接和间接与兄弟民族打交道的同志,如果不学比较文化,怎么能促进全国各族人民的大团结?"

二十年过去了,这门学科在中国一分为二,走上了两条不搭界的平行道路。一条是外语界的"跨文化交际",一条是新闻传播界的"跨文化传播"。1999年,我以中国跨文化交际研究会副会长和东道主的身份,承办"中国跨文化交际研究会第三届国际讨论会",有意识地邀请这两支学术队伍,做一些嫁接的工作,可惜效果不彰。

虽然这门学科对和谐世界的构建至关重要,表面上也很热闹,可是如何衡量它在政界、外交界、企业界、学界、军界和普通人中产生的影响,仍难达成共识。

1980年留美期间,我读到《无声的语言》(1957)、《隐藏的一维》(1966)和《超越文化》(1976),有意将可读性比较强的《无声的语言》和《超越文化》译介到国内。1987年,机会来了,我应邀为北京的某出版社翻译《无声的语言》。紧接着的1988年,我又应邀为重庆出版社翻译《超越文化》。

《超越文化》顺利出版,连同《文化树》和《文艺复兴盛期》构成重庆出版社的"外国文化研究丛书"。我接受丛书编辑朱子文先生的建议,用三种不同的方式署名,《文化树》署名何道宽译,《超越文化》署笔名韩海深译,《文艺复兴盛期》署名洪洞仁校。在1988年10月写就的《超越文化》后记里,我写了这样一句话:"我们翻译的《无声的语言》已由××出版社出版,有兴趣的读者可以一读。"那时,该出版社编辑来信称,《无声的语言》即将发排,所以我满以为这本书会立即问世,谁知他们竟然爽约。

二十年后,承蒙北京大学出版社厚爱,这两本难产和半难产的书终于可以由我署名堂堂正正地奉献给读者了,不亦快哉!

## 三、旬月踟蹰

这次重译《无声的语言》和《超越文化》遭遇到的最大困难,是在几个关键词的翻译和修订上。兹分述如次。

首先是 communication。作者的背景是语言学、人类学、心理学、大学教授、政府和企业顾问,他写这两本书的宗旨是构建文化学的基础、促进文化间的交流,对新闻传播界的舆论、宣传、媒体影响、受众角色那些东西不感兴趣。所以,将其译为"传播"很不恰当。译为"交际"似乎贴切,但"交际"语言学色彩太浓,又不适合这两本书的宗旨和调子。"通信"的译名可以考虑,而且,20 年前我就把他的一个重要命题翻译为"文化即是通信"(Culture is communication),因为作者借用通信工程师的"讯息"概念和化学元素周期表的图示,以十大基本讯息系统(primary message systems)为纵横两轴,绘制了详尽无遗的"文化教学示意图"(《无声的语言》附录二)。但纵观学科分野,"讯息"的自然科学色彩太浓,似乎不太适合霍尔的社会科学背景。经过几个月的踟蹰,我决定舍弃"传播",以交流、交际、通信的排序给 communication 选择三个译名,但动物的行为则译为"互动"或"交流"。

根据文化的知觉程度,霍尔扬弃"意识—无意识"的两层次分析法,提出三层次分析法,创制了三个术语:formal, informal, technical,用以描绘三种知觉程度的文化。经过几个月的推敲,经历了三个阶段,最后选用显形、隐形和技术性来给这三个术语定名。其他两种被抛弃的译名是"形式的、非形式的和技术性的"和"形式化的、非形式化的和技术性的"。至于这一选择是否能成为"盖棺之论",那就有待学界的长期考验了。

霍尔的三层次分析法定名以后,其他学者分析文化层次的术语的翻译就相对容易了。人类学家拉尔夫·林顿的 overt-covert culture 译为显性—隐性文化;人类学家克劳德·克拉克洪的 implicit-explicit culture 译为隐含—明晰文化;心理学家哈里·沙利文的 in-awareness and out-of-awareness 译为知觉的层次和"超乎知觉"的层次。

其他的重要修订有:

"高环境"(high context)改为"高语境","低环境"改为"低语境"(low context)。

context 选择的译文依次是语境、上下文、环境、脉络,选择的标准是因地制宜,但尽量译为语境,如体内语境(internal context)、体外语境(external context)。

contextualize 选择的译文依次是语境化、提供交际环境。

contexting 选择的译文依次是语境机制、语境化、提供交际环境、上下文环境(脉络),如情景性语境机制(situational contexting)、环境性语境机制(environmental contexting)、先天语境机制(innate contexting)、内化语境机制(internal contexting)、听觉语境机制(auditory contexting)。

contextual 译为语境导向的,如语境导向的思维(contextual thinking)和语境导向的研究(contextual research)。

consistency 视情况译为"文化的一致性"或"一致性"。

syncing 译为同步运动、同步性,synchrony 译为同步状态。

"个体生态学"(ethology)改为"动物行为学"。

"行动链"(action chain)改为"行为链"。

"情景框架"(situational framework)改为"情景构架"。

"信息超荷"(information overload)改为"信息超载"。

## 四、各章提要

本书共十五章,外加导论、书末注释、文献和三种索引。各章提要如下。

"导论"回答几个尖锐的问题,提出警醒世人的忠告。

当代世界的人口、环境、文化危机如何克服?如何超越人的局限?霍尔的回答是:"然而人类面临的大多数问题,是不可能靠技术手段解决的。而且,只有人类超越了自己的技术、哲学和文化加之于自己的精神局限,那些用来解决环境问题的技术手段,才能够得到合理的利用。"(1页)"除非我们了解彼此的思维方式,否则我们就不可能通力合作,也不可能达到上述任何一个目标。"(3页)

如何释放人的创造才能?霍尔评判弗洛伊德的"泛性论"和性驱动力"升华论",提出"延伸论"和"延伸迁移论",认为延伸迁移有可能成为人的桎梏和囚笼,释放人的创造才能的办法就是克服"延伸迁移"的精神障碍,不能把延伸当作被延伸的事物,不能把符号当作所指,不能张冠李戴,把一种延伸套到另一种延伸头上,比如不能把硬科学的范式套到软科学的头上。

霍尔提出超越文化局限的忠告,警醒世人尤其是西方人"我们呼唤一场规模宏大的文化'扫盲'运动……我们必须停止将人及其才能分为若干等级,我们必须接受这样一个事实:有许许多多通向真理的道路;在探索真理的过程中,没有哪一种文化能在寻求真理的道路上独霸一方,也没有哪一种文化比其他文化拥有更多得天独厚的条件。而且,谁也没有资格告诉另一个人应该如何去进行这种探索。"(7页)

和《无声的语言》一样,《超越文化》反复评判美国文化的弊端和不足,以至于引起有些西方读者负面的反应。

第一章"文化之悖论"重点讲西方文化的悖论,介绍一元时间和二元时间的分野。主要的悖论有:(1)合理的思维方式很多,西方人的"逻辑"思维、线性思维仅仅是其中之一;但自苏格拉底以来,西方人却将其视为"唯一",放在压倒一切的位置。(2)"西方世界已精神失常……然而,与其说是人发疯了,毋宁说是人的制度发疯了,是决定人的行为的文化模式发疯了……我们的生活是分裂切割、彼此隔绝的生活,生活中的矛盾被仔细地隔绝起来。我们所受的教育使我们养成线性思维的习惯,而不是综合思维的习惯。"(11页)(3)语言常用来描写文化,可是它难以适应描写文化的艰巨任务。

第二章"作为延伸的人"讲人的延伸,与麦克卢汉有异曲同工之妙。延伸有工具和镜像的含义。延伸过程一旦开始就急剧演化,完成外化和内化的两种互补的过程,人不必改变身体结构就可以适应外部环境。脑子里的构想外化以后,我们就可以审视它、研究它、改变它、完善它,并据此镜像来了解自己。延伸成为独立的实体,供人研究和鉴赏。研究人就是研究其延伸。

第三章"文化的一致性与生活"讲文化的一致性。文化始终如一,文化模式有规律可循;人始终如一,人的行为也有规律可循。不过,这些模式犹如潜艇编队的司令,是隐蔽的控制机制。这种文化无意识是后天学会的,但被误认为是先天固有的。只有经过呕心沥血地详尽分析之后,人才能认识自己的无意识文化。

第四章"隐蔽的文化"最突出的特征是作者亲历的文化震撼,他在日本旅行时,一连串出乎意料的遭遇使他震惊。他用日本文化的几种显著特征来阐释"隐蔽"的无意识文化:独特的空间"语言"、强烈的团体归属感、隐蔽的高语境文化。

第五章"节律与人体动作"介绍伯德惠斯特尔创建的"身势学",接着用康顿的身势语研究成果说明:不同族群和阶级的身体动作、空间关系、语言模式和其他行为模式都大有区别。提及的例子有工人阶级黑人、各个阶层的白人、波多黎各人、墨西哥人、普韦布洛印第安人、纳瓦霍印第安人、中国人和日本人。

第六章"语境与意义"是研究"语境"的第一章,和第七、八、九章构成本书的核心之一。几个重点是:(1)交流分语言交流和非语言交流,语言交流、语言意义仅仅是语境意义的一部分,语境和意义密不可分。(2)高语境和低语境的定义。(3)代码、语境和意义是同一事件的不同方面。(4)人从语境中获得的意义取决于5个因素:主体的活动、情境、人在社会系统中的地位、过去的经验、文化背景。

第七章"高语境与低语境"是影响深远、脍炙人口、广为人知的独创思想,我们的介绍可以尽量简明。几个有趣的例子是:(1)作者用美国法庭、日本法庭和法国法庭说明高语境、低语境和高低皆有混合语境。(2)用川端康成《雪国》和《睡美人》中男主人公无性冲动的"艳遇"例子说明日本文化中的高语境。(3)美国大兵用如何把面包圈蘸汤吃的动作表示年轻人对"唯妈妈主义"的反叛。

第八章"语境为何重要?"有几个重点:(1)巴克认为,内化语境机制(internal contexting)能使人自动校正讯息中扭曲或缺失的信息。(2)分类越细用处越少。(3)西方人应该把科学分类系统(scientific taxonomies)和通俗分类系统(folk taxonomies)结合起来,把日神型(低语境)的分类系统和酒神型(高语境)的分类系统结合起来。(4)主张语境导向的思维(contextual thinking)和语境导向的研究(contextual research)。

第九章"情景:文化的积木块"描绘并定义情景和情景构架,阐述其意义,对情景行为作出分类。情景构架是最小的、能独立存在的文化单位。"基本的原型情景"(basic archetypical situations)有:降生、死亡、等级行为、争辩行为、攻击行为、游戏、领地行为、教学行为和交际行为。人的行为视情景而异。情景行为研究集中研究一个完整的情景,它是由所有的基本讯息系统的要素构建而成的,它遵守模式的有序律、选择律和一致律(laws of order, selection and congruence)。

第十章"行为链"有这样几个重点:(1)行为链(action chain)是动物行为学术语,与情景框架关系密切,是一连串接连发生的事件,有开头、高潮和结尾等几个阶段。(2)行为链、情景构架、时间系统、语境系统密切相关。(3)行为链一旦启动,既有必须完成的趋势,也有可能中断;高语境文化中完成行为链的趋势比较强。(4)精神病学家勒内·斯皮兹描绘了行为链中断所造成的心理创伤,精神病学家罗洛·梅勾勒了行为链中断产生严重后果的四个阶段。(5)作者及其助手偷拍并分析男女学生在图书馆求爱的行为链。

第十一章"隐性文化与行为链"描写"西方人在了解人的道路上步履蹒跚的进程",要点如下:(1)研究行为链是认识"隐性文化""无意识文化"的前提之一。(2)争端行为链的差异很大,研究行为链有助于解决争端。(3)文化投射(cultural projection)就是把自己头脑中的认识映射到客体上,并将其变成自己的模式,这种投射是理解文化的绊脚石。(4)提倡研究民俗、日常生活里的人类学、文化无意识,对人类学在这方面的"不作为"提出批评,提出具体的研究建议。

第十二章"表象与记忆"的内容非常丰富,研究各种表象能力、记忆能力,意在探究智能的奥秘,开发人的潜能。所举的例子、引述的科学家、作家、人文社科学家数以十计。

第十三章"教育的文化基础与生物基础"有几个亮点:(1)反对"心脑分割",反对分割人的文化基础与生物基础,主张心脑、身心的整合。(2)引用卢利亚、普里布拉姆、拉什利、皮奇、麦克莱因等5位心理学家和神经生理学家以及工程师伽柏的全息论,主张开发大脑潜力,反对把大脑看成是条块分割、知识定位的大脑、刺激—反应的器官。(3)提倡教育的快乐和游戏成分。(4)指出教育制度四大弊端:刚性的时间表;繁缛的官僚主义;主观臆断的分科与教学方法;贪大求全。(5)批评教育体制对人的戕害。

第十四章"作为非理性力量的文化"批评文化的非理性成分,细说情境性非理性、语境性非理性、神经症非理性、官僚主义和制度性的非理性、文化性非理性和民族中心主义非理性的危害。

第十五章"作为认同作用的文化"有两个学术渊源:一是人类学,这是霍尔终身紧守的根基;一是精神分析和精神治疗,霍尔有长期的临床经验,在华盛顿精神医学院兼职十余年。最重要的术语有分离(separation)和认同作用(identification)。

其余的重点如下:(1) 本章所用的认同作用"和心理分析学家们所谓的'认同作用'有关,但它并不完全等同于心理分析学家所谓的认同。我将描写的过程,在超越文化过程中是一个关键的概念。"(232页)。(2) 既研究人的身份认同,也研究文化和民族的身份认同。(3) 认同有双重作用。变迁缓慢时,认同的效用很好。变革迅猛时,如果紧守原来的身份认同,就会造成极大的破坏。(4) 作者的结论是:"人类必须踏上超越文化的艰难历程,因为世间最伟大的分离业绩(separation feat),是人逐渐摆脱无意识文化对自己的钳制。"(240)

## 五、谁继"绝学"?

这里所谓"绝学"有双重含义。一是前无古人的独创,二是濒临失传的危险。霍尔是公认的"跨文化传播(交际)之父"。他嫁接人类学和精神医学,兼顾田野调查和临床医学、学术研究和文化教学,担任政府顾问,培训外交人员。

他在人类学领域攻读学士、硕士、博士和博士后,教学的重镇也在人类学。他继承和发扬了20世纪美国两代人类学家"文化相对论"的优良传统,绝对尊重印第安人和其他少数民族,与种族主义、殖民主义、我族中心主义、社会达尔文主义彻底决裂。他沟通东西方,尖锐批评西方文化和美国文化之不足。

20世纪50年代,他在美国国务院下属的外交讲习所培训外交人员和援外人员。在此,他与"身势语之父"伯德惠斯特尔密切合作,为他后来创建的"空间关系学"打下基础;又与著名语言学家特雷格亲密合作,创建崭新的文化理论,绘制了空前绝后的"文化教学示意图"。

许多学者追随他,构建了渐成气候的"跨文化传播(交际)学",他偶尔也参加这样的学术会。然而,这门学科的重镇毕竟是在新闻传播界和外语界,而他的重镇是在人类学,他最大的兴趣是研究"日常生活里的人类学""无意识文化""空间关系学""时间语言""延伸迁移"等多数人不太感兴趣,也不太擅长的学问。他走的是与众不同的路子,创建的是前无古人亦罕有今人的学问。

遗憾的是,他没有培养大批博士生的基地,所以他的学问缺乏大批直接的继承人。

这使我想起19世纪后半叶法国社会学两巨头迪尔凯姆(涂尔干)和塔尔德截然不同的学术命运:迪尔凯姆后继有人,塔尔德(Gabriel Tarde)却被遮蔽,以至于后人不得不"复活"他。

爱德华·霍尔去世于2009年。他是否会遭遇加布里埃尔·塔尔德同样被遮蔽的命运?谁来继承他的"绝学"?

# 中译本第一版序[①]

在爱德华·霍尔(Edward T. Hall)的代表作中,经我们译介给中国读者的已有两本(除本书外,《无声的语言》业经某出版社出版)[②]。我们极力推崇他的思想和著作,是立足于以下几点认识:

1. 世界各国及中国台湾地区学者给予他很高的评价,赋予他崇高的地位,中国大陆的学者对他的了解太少、介绍不足。

2. 他能给中国的文化热提供崭新的视角,促进中国文化研究的深入发展。中国理论界的危机意识和使命意识给中国的文化研究打上了强烈的政治烙印,带上了强烈的哲学、伦理的理性色彩;中国的文化研究缺乏深层的文化学、人类学和心理学角度的剖析,需要从这几个角度去填补空缺;它偏重对显意识文化的关注,对无意识文化的

---

[①] 为保全我第一个译本的历史真相,序跋文字不做修改,正文则必须修改,以追求一个更加完美的译本,中文的修订将在新版的后记中予以说明。——译者(注:如无特殊说明,本书脚注均为译者注。)

[②] 惜该出版社爽约,至今未能出版本人的译作《无声的语言》。

关注几近于零;它偏重纯理论、书斋型的研究,对实际生活的关怀不够,因而令一般人有曲高和寡之叹。

3. 中国的文化研究以哲学界为主力军,缺乏一支多学科的队伍;理应成为文化研究主力军的人类学、社会学和心理学界没有标新立异的领头人物和创新论著。

4. 中国的大门敞开之后,跨文化交流的理论研究和应用研究迟迟未动,已经给国际交往、国内建设造成损失。

在上述各方面,霍尔的思想都将给我们吹进一股清新的风。

他在文化研究中构筑了一个多学科、多层次、多视角的宏大体系:

1. 他借用信息论和系统论的基本思想对文化进行系统分析,提出文化即是通信的观点,把文化当作一个巨大的通信系统,按人类活动的领域把文化分成十大子系统(交往、组合、生存、性别、空间、时间、学习、游戏、防卫、开发)。

2. 他按意识程度的高低把文化分成三个层次:技术文化、显形文化和隐形文化。技术文化清晰度最高、情感性最低、意识程度最高,隐形文化清晰度最低、情感性最高、意识程度最低。

3. 他借用语言学理论把文化分解为三个层次:元素(相当于音位)、集合(相当于词)和模式(相当于句子)。他对模式的界说和分析精彩纷呈。

4. 他对空间语言、身势语言和时间语言的分析新颖独特、富有创见,对国际了解、文化交流极为适用。

5. 他提出一连串二分术语:一元时间和多元时间、高环境文化(high context culture)和低环境文化(low context culture),给比较文化提供了许多精当的参照系。

6. 他追溯了文化的生物学基础和神经生理学基础,给非理性文化和无意识文化的研究提供了坚实的基础。

7. 他分析了无意识文化的结构框架,提出了情景框架(最小的、能独立存在的文化单位)和行为链的结构分析法。

8. 他深入分析了非理性文化的各种表现,提出六种类别:情境性非理性、语境性非理性、神经症非理性、官僚主义和制度性的非理性、文化性非理性和民族中心主义非理性。

9. 他提出的无意识文化不同于过去一切思想大师的无意识理论。弗洛伊德研究的是个人无意识(本我、自我、超我),荣格研究的是集体无意识(先天遗传的、人类共同的无意识)。霍尔的文化无意识是处于知觉之外的、尚待提升到显意识层次的东西,包括时间语言、空间语言、人体节律和同步运动(syncing)等范畴。

10. 他提出延伸及延伸迁移的理论。他认为文化是人外化的一种屏障、筛子和桎梏。之所以说文化是屏障,是因为它对人有保护作用。之所以称之为筛子,是因为它有信息筛选功能,能避免"信息超载"。至于说它犹如桎梏,是因为延伸迁移形成了对人的种种限制。延伸迁移(extension transfer)的理论包括以下要点:

(1) 延伸系统形成之初富有弹性、易于改变,后来逐渐成为僵化的、难以改变的东西。

(2) 延伸系统取代被延伸的过程,符号代替了所指。偶像崇拜即为一例。偶像是人的外化,可是它取代人,成为至高无上的东西。

(3) 人的延伸分为若干世代,如体态语言是第一代的延伸,口语是第二代的延伸,书面语是第三代的延伸。后一代的延伸往往掩盖前一代的延伸,如口语掩盖体态语言,书面语掩盖口语,使被掩盖的延伸模糊不清,成为仿佛没有结构的东西。

(4) 延伸迁移的功能障碍。延伸系统被用于不恰当的情况,延伸系统就会出现功能障碍。如拉丁语法硬套到汉语头上,硬科学的范式用于软科学等等。

(5) 延伸迁移是人与自我和传统日益疏离的因素之一。

上述各点用霍尔的话说,叫作延伸迁移综合征,这是我们在摆脱文化钳制、超越文化局限中必须翻越的障碍之一。

霍尔在他的著述中，反复对西方思维模式和时间语言提出批评。一方面，他明确主张东西方的思维模式、一元时间和多元时间各有利弊，世上绝无排他性的独一无二的东西，同时他又告诫世人对自己文化模式的局限性要有所认识。比如，他认为，北欧传统中分裂切割、条块分割、线性排列、一次只做一件事的一元时间系统，就使许多未竟之事功败垂成；分析切割、线性排列、逻辑、理性、语词的西方传统的思维模式，就与大脑的整合功能、"全息功能"不协调，如果只用这种思维模式，大脑的潜力尚未发挥其万一，那就是一个大的悲剧。

霍尔之所以能构筑如此宏大的理论体系，提出如此深刻的忠告建议，这与他的学术履历和职业生涯密不可分。他是理论实践并重、书斋田野兼顾、学者顾问合一的多学科的横向人才和怪杰。几十年来，他从事教学、科研、心理分析和技术咨询，成为闻名遐迩的人类学家、文化学家、心理分析专家、政府和企业界的高级顾问，他的足迹遍布世界，他对原始民族和现代民族、东西文化都有实地的考察和深刻的体验。他辛勤笔耕，对文化分析的普及和跨文化的交际，做出了突出的贡献，对促进各国人民的相互了解和友谊、交流和合作，做了扎扎实实的基础工作。

译　者
1988 年 10 月

# 导论

**当**代世界有两个相互联系的危机。第一个危机,最一目了然的危机,是人口与环境危机。第二个危机,更微妙然而同样致命的危机,是人与其延伸、制度、思想的关系中存在的危机,以及地球上许多个体之间和群体之间存在的危机。

如今,这两个问题并非都已解决,将来恐怕也难以解决。我们相信技术,我们依靠技术手段去解决问题,然而人类面临的大多数问题,是不可能靠技术手段解决的。而且,只有人类超越了自己的技术、哲学和文化加之于自己的精神局限,那些用来解决环境问题的技术手段,才能够得到合理的利用。使上述问题复杂不堪的,是当今的政治现实。

政治是生活的重要组成部分。它起始于家庭生活之中;在地区、国家和国际的层次上较大的制度中,政治愈益清晰可见,正如权力显得愈益明显一样。我们不应受政治或政治制度表象的愚弄。我们研讨的是**权力**及其运用。毋庸置疑，生活绝不应该仅仅是装模作样的或明火执仗的权力。至少，人们希望，权力动机总有一天能与更加合理、更加富有人情味的方式结合起来去处理问题。举例说，在俄国人与西方的关系中，除了权力之外，文化仍然扮演着一个地位突出、显而易见的角色。古往今来，文化不仅是欧洲和俄国之间的问题，而且是欧洲各国关系之间的问题。德国人、法国人、意大利人、西班牙人、葡萄牙人、英国人也好，斯堪的纳维亚、巴尔干文化也好，都有其独特的民族认同、语言、非言语交际系统，都有其物质文化、历史和**办事的方式**。人们常常听到这样一种意见：文化不是独一无二的；这种意见是不合理性的，我们将在以下章节里予以讨论。此刻，欧洲处于繁荣兴旺时期，保持着暂时的平静，没有造成多少问题。然而，我们该如何看待中东民族文化的冲突呢？中东的冲突可能迫使石油高消费的国家卷入其间。应该如何看待中国和日本的崛起呢？凡是在远东以外地区长大的西方人，如果他声称自己确实理解中国人或日本人，并能与其交流思想感情，那就是在自欺欺人。[1] 刚刚露头的还有许多非洲民族文化和新兴的拉丁美洲国家，它们纷纷要求自己的权利得到承认。在上述一切危机中，人类的未来有赖于自己超越自身民族文化局限的能力。然而，要实现超越，人就得首先承认并接受无意识文化里许多隐蔽的维度，因为每一种无意识文化都有其隐蔽而独特的方面。

　　使世界政治和文化问题更为严重的，是环境危机和经济危机。正如加勒特·哈定（Garrett Hardin）[2]在《公用地之悲剧》（*The Tragedy of the Commons*）[3]一文中显示出的智慧和洞察力一样，人类再也不能继续加剧有限资源的消耗了。可以举经典的英格兰人使用村社公用地的模式来说明这个道理。在村社中，**只要有足够的公用土地**，个人就可以在公用土地上放牧，就不会引起公共福利和个人福利的冲突。然而，随着牲畜的增加，放牧过度的牧场随之退化；牧人便增加牲畜的头数,以维持原有的牲畜产量而不致亏损。于是,公用地就受到了破坏。其悲剧在于,最大限度利用公用地的投机取巧者得到了利益,而承担损失的却是所有使用者。自我克制的人更受到加倍的损害。他们不仅由于邻居的过度放牧而蒙受损失,而且他们无法以自己的产品去开发市场。

今天,海洋、大气、水路、陆地和土地产出全部都成了我们的共有资源,可是所有这些资源都受到了过度的开发。显而易见,呼吁利他主义是徒劳无益的,而且就一定程度而言,利他主义是有勇无谋的办法。技术手段也不能解决这个两难困境,因为这些问题是人的问题。哈定认为,单一渠道的、牛顿式的方法,只会使政客以及大规模掠夺资源者感到心满意足,因为把问题简单化的做法只会使他们得到好处。他觉得,我们需要的办法,是一种更加全面的、达尔文式的(酒神式的)解决办法,以此确立轻重缓急、选择手段的基础。简言之,除非人们能学会同心协力,学会调节消费和生产的模式,否则他们就必然走向灾难的深渊。除非我们了解彼此的思维方式,否则我们就不可能通力合作,也不可能达到上述任何一个目标。

解决问题的答案,不是到限制人的活动中去寻求,而是要寻求新的选择、新的可能、新的范围、新的取舍和新的途径,去发挥人的创造潜能。人类繁复多样的文化中,非常明白显性地表现出许许多多、无与伦比的才能;承认这些才能,是发挥人的创造潜力的基础。

这就自然而然地把我们引入了一个问题,这个问题始终在我的脑子里盘桓。它与我们对自己的深层态度有关。我说的态度不是表面的态度,不是容易观察、容易感知的态度,而是比表层出现的东西更加深沉、更加微妙的态度。这个问题是:**为什么大多数人对自己竟这样刻薄?**为什么他们不更好地利用自己的才干?我们似乎培育了自己身上幼稚的态度。由于这种幼稚的心理,我们竟彼此抱定恐惧的心理。这不是一个简单的问题,却可能是一个全球性问题。毫无疑问,人类尚未着手开发自己的潜力。由于似懂非懂地怀疑自己在这方面的不足，所以我们抱怨一切人和事，唯独不抱怨真正的罪魁祸首。

在民间文学、宗教、哲学、制度中，在日常生活中，我们都看到人类贬低自己的证据。看起来，这些贬低自己的做法不在意识的控制范围之内，而是深深埋藏在我们心间。人类贬低自己能力的态度，给弗洛伊德(Sigmund Freud)留下很深的印象，所以他提出了死亡冲动的假说；他的理论围绕着下述观念来构筑：人类在前进的过程中必然要牺牲自己的利益。弗洛伊德认为，人们既然要在群体里生活，就不得不压抑基础的能量(里比多驱动力)；同时他认为，里比多能量"升华"成为创造与合作的驱动力，由此而产生现代的各种制度。在他看来，创造性是人压抑人性需求的副产品。和我们大家一样，弗洛伊德是他那个时代的产物，上述思想就是他那个时代的特点。在那个时代的语境里，他的许多思想自有其道理。

然而，对历史和现状的研究未能证实弗洛伊德的观点。弗洛伊德认为，人类前进和构建制度的过程，就是性驱动力升华的过程。本书建议的是另一种解释，人的延伸尤其语言、工具和制度的延伸一旦启动，人自身就陷入了延伸的罗网，我将其称为"延伸迁移"(extension transference)(见第二章)；结果，人们就会判断失误，就会疏离与自己异化的延伸，就无力驾驭自己造就的怪物。在这个意义上，人的进步以牺牲自己的延伸为代价，以压抑形形色色的人性而告终。从这一点出发，人的目标应该是去重新发现那个失落的、异化了的天然自我。

毋庸置疑，在西方人、他的物质延伸和非物质延伸之间，存在着众多冲突的领域，我们创造的工具犹如蹩脚的鞋子。由于创造了蹩脚的、运转不灵的延伸，人未能开发自己一些最为重要的精神潜力和身体潜力。一些最为杰出、最睿智的心理学家认为，对人最具毁灭性的打击莫过于未能满足自己的潜能。人未能满足自己的潜能时，一种啃蚀人心的空虚、渴求、挫折和错位的怒气就占了上风。无论这一怒火是对内转向自身还是对外转向他人,都会产生可怕的破坏作用。我们知道人类有伟大的才能;我们到处都看到这样的证据。然而,人如何在演化的过程中形成如此丰富多样、不可思议的才能,这个问题尚未被完全认识清楚。之所以未能努力去探究这个问题,部分原因是我们对自己还不够敬畏,部分原因是我们知之甚少,以至于没有衡量自己的标准。

问题的症结,部分地存在于这样的张力之中:创造性和多样性与特定制度的局限存在矛盾。大多数文化及其生成的制度,都是特定问题的产物,都是解决特定问题的高度专一的答案。比如,在英国工业革命的初期[4],村民和农工进厂做工时,第一代工人不习惯于工厂的汽笛和线性作息时间。和一切前工业时代的民族一样,每当他们挣的钱足以还清债务,足够维持一段时间的生活时,他们就辞工回家;厂主为此而惊惶不安。倘若没有一个隐蔽的困境即儿童的话,这一局面可能会无限期地继续下去。当时,既没有童工法,也没有人在家里照看留守儿童。所以,可塑性大的儿童和父母一道在厂里做工。由于他们年轻,汽笛声就深深地烙印在他们的脑子里。成年以后,他们又以同样的方式去养育自己的孩子,如此,一连串不适合工人身心需求的事件和作息方式就应运而生。然而,由于对线性作息时间的适应已经内化和自动化,所以这样的适应力就被当成是资产而不是债务了。经过了漫长的125年,这个适应过程才得以完成。今天的儿童是在另一种时间系统中长大的。这一系统和时间、空间的关系,不如以前那样显而易见;它和单个的制度的关系,也不如以前那样一目了然。克服单调乏味的压力、克服人与机器工作速度冲突的压力也与日俱增。因为我们把自己关进了人类动物园,所以我们发现难以逃离其禁锢。既然人无法与自己赖以生存的制度做斗争,他们首先下意识地将怒火深埋心底,随后又将其向外发泄。

再接着讲我们的基本主题。许多人对自身价值的感觉,与他们能控制的情境数量有直接的关系。这就是说,许多人把握自我的形象有困难,原因是他们清楚地驾驭的东西,在数量上是微不足道的。[5]人之堕落达到的极点,人的需求屈从于制度的形式——这一切在肯·凯西①[6]的小说《飞越疯人院》(One Flew Over the Cuckoo's Nest)中,得到了淋漓尽致的表现。书中的"大护士"集中体现了一切违背人性的东西和破坏性的东西、一切扭曲交流过程的东西,以及一切违犯文化规范的东西;所有这一切都可以在我们造就的官僚机构中找到。小说比喻的手法惟妙惟肖,表现了人虚弱无力的困境和缺乏自我肯定心态的困境;在我们这个时代,这种现象是司空见惯的。

虚弱无力的困境(powerlessness)和缺乏自我肯定的心态导致攻击性,心理学家和精神病学家反复作出这样的断言。心理上的虚弱无力是过去事件的产物,然而情境上和文化上的虚弱无力却是此时此地活生生的东西。近年,黑人和其他少数民族频频暴乱,其原因是,他们感到虚弱无力,不能推动现行的体制。除此之外,找不出其他任何办法来解释:马丁·路德·金被刺、"进入"柬埔寨②之类的事件,何以会触发如此不可思议的火山爆发似的抗议浪潮。动乱的基础早已奠定,但是对少数民族而言,他们虚弱无力的困境,突然之间才彰明出来。

目前,贫民窟里的情况比以前平静,因为黑人的生活节律进入了一个比较平静的阶段,他们需要一个喘息的机会。越南战争结束以后,校园里的局势较为平静。然而,一个重要的、持续不断的挫折根源依然存在,因为妇女、黑人、印第安人、西班牙裔美国人和其他一些人中的许多天赋和才干,不但没有被他人所承认,而且还常常遭到占支配地位的民族的诋毁。日复一日的挫折使人萎靡不振,无法与他人沟通,无法建立有意义的人际关系,这一切都使人意志消沉。

---

① 肯·凯西(Ken Kesey, 1935—2001),美国黑色幽默作家,作品反映嬉皮士时代及其文化,《飞越疯人院》为其成名作,其他作品有《时而冒出一个伟大的念头》《水手之歌》等。
② 1970年,美国为切断越南南方的补给线,对柬埔寨支援越南进行报复,采取了入侵柬埔寨的军事行动。

对我们而言,接受这样的文化和心理洞察力至为重要。如果否定文化的作用,忽视文化对人的才能产生的影响,并使之迷蒙不清,那就会产生破坏和潜在的危险,那就无异于否定邪恶的存在。我们要端正对文化和邪恶的态度问题。我们面对自我人格的局限时显得虚弱无力,这正是产生攻击性的根源。然而,若要摆脱隐性文化的隐蔽约束,那只有这样一个办法:积极地、有意识地投身于我们最视为理所当然的生活领域,这看似诡异,却理应如此。

我们呼唤一场规模宏大的文化"扫盲"运动,这一运动不应该是外在强加的,而是发自内心的。我们要更加深刻地认识到,我们是多么不可思议的生物,我们大家都能从这种认识中获得教益。我们有如此之多的令人叹为观止的才能,我们可以因此而成长,因此而感到自豪,可以更自由自在地呼吸。然而,要达此目的,我们必须停止将人及其才能分为若干等级,我们必须接受这样一个事实:有许许多多通向真理的道路;在探索真理的过程中,没有哪一种文化能在寻求真理的道路上独霸一方,也没有哪一种文化比其他文化拥有更多得天独厚的条件。而且,谁也没有资格告诉另一个人应该如何去进行这种探索。

写书是合作努力的结果。当然作者最终要对其内容、形式、风格以及思想的组织承担责任,同时他又依要靠他人的帮助,否则写作的任务将大大稽延。

首先应该感谢的是我的朋友、伙伴和妻子米尔德丽德·里德·霍尔(Mildred Reed Hall),她信赖我的工作,常常在我怀疑和压抑的时刻给我打气,使我继续努力。她自己承担全职的专业任务,却为我分担重务,给我挡驾,减少我不必要的应酬。她还抽时间通读本书的几次初稿,提出批评。在编辑方面,我要感谢罗马·麦克尼克尔(Roma Mcnickle),他的技能和经验使我获益匪浅。本书双日书局的第一任编辑威廉·怀特海(William Whitehead)提出了广泛而细致的批评;本书第二稿由伊丽莎白·纳普曼(Elizabeth Knappman)审阅,她提出了不少改进意见。我要感谢双日书局这两位编辑。在本书手稿撰写和编辑的许多阶段,我的经纪人罗伯特·莱希尔(Robert Lescher)提供了宝贵的帮助。

我还要感谢下列朋友,他们为本书的出版承担了许多重要的任务。科妮莉亚·洛内斯(Cornelia Lownes)根据我潦草的手书,打印了历次手稿,她提出了许多建议;莱恩·伊特尔森(Lane Ittelson)和辛西娅·彼得斯(Cynthia Peters)帮助我查找资料、检查注释和参考文献。在手稿的各个阶段,埃伦·麦柯伊·霍尔(Ellen Mccoy Hall)都提出了中肯的建议。

# 第一章
# 文化之悖论

两种路径殊异然而相互关联的经验,即从事心理分析和人类学研究的经验,使我确信,西方人在谋求有序性时造成了混乱;其原因是,他们崇尚使经验割裂的局部事物,却否定起着整合作用的自我。对人的心理所做的这些考察使我确信:思维的自然之举受到文化的修正是非常之多的;西方人只使用了脑力的很小一部分;不同而合理的思维方式为数很多,我们西方人却把其中之一放在压倒一切的首要地位。我们称之为"逻辑",自苏格拉底以来,这种线性的思维系统一直与我们相生相伴。

西方人把自己的逻辑系统当作真理的同义语。对他们而言,逻辑系统是通向现实的唯一道路。然而,弗洛伊德教导我们认识心理的复杂性。他帮助读者去审视梦境,把梦看作一种合理的精神活动,这是和显性思维的线性展开迥然有别的真实存在。但是,他的思想从一开始就受到顽强的抵制,尤其是科学家和工程师的抵制,因为他们仍然墨守着牛顿主义的模式。当人们认真对待弗洛伊德的思想时,它就动摇了常规思维的根基。弗洛伊德的追随者,尤其弗洛姆①和卡尔·荣格②,既没有被流行的陈规吓倒,也没有因物理科学的崇高威望而退却,他们给弗洛伊德的思想作出补充,弥合了逻辑的线性世界和梦境的整合世界之间的鸿沟。[1]

我知道,梦幻、神话和行为的阐释总是具有某种程度的个人色彩,[2]所以我禁不住问自己,精于心理分析的读者,对于我解说的一个故事将作出什么样的补充。这个故事是《纽约时报》报道的一系列事件,说的是纽约市附近一个荒岛上发现的一只警犬。它的诨名叫"罗福尔巴岛之王"[3],人们只能隔水在远处望见它。估计它已在此生活两年。显然它身体强健。如果没有意外,它大概可以在这种半野生的状态下安度余生、颐养天年。然而,谁知道有一位好心人听说这只狗的遭遇后,向美国防止虐待动物协会(ASPCA)提出了报告。于是,官僚主义车轮就这样启动了。因为人无法靠近这只警犬,所以就用诱饵设下了罗网。《纽约时报》称:"……每天都有一只警署巡逻艇驶向罗福尔巴这个荒无人烟、一片泥沼的小岛,每天都有一架直升机在岛上盘旋半个小时以上。"当时电台上的一篇报道作了这样一番描述:飞机如何骚扰警犬,徒劳无益地企图"抓住"它("抓住"一词系报道原文,可是它不肯钻进罗网),至少是企图能比较清楚地看见它。有人引用警方的话说它"看上去身体状况良好"。有人问及美国防止虐待动物协会的代表时,他们回答说:"我们抓到这只狗后,将请兽医替它检查身体。如果它的身体健康,我们将为它寻找一个**幸福的家庭**。"[4](黑体系

---

① 埃里希·弗洛姆(Erich Fromm,1900—1980),美籍德裔心理学家、法兰克福学派成员、精神分析社会学奠基人之一,修正弗洛伊德的精神分析学说,调和弗洛伊德的精神分析学与马斯洛的人本主义心理学,以适合两次世界大战后西方人的精神状态,著有《爱之艺术》《生存的艺术》《心理分析和宗教》等。

② 卡尔·荣格(Carl Gustav Jung,1875—1961),瑞士精神病学家、心理分析心理学创始人之一,著有革命性的《无意识心理学》。

引者所加)

如果这个故事是睡梦或神话,而不是新闻报道,其解释就不会令人生疑。其隐性的和显性的内容都十分清楚,也许能说明这条地方新闻何以引起全国报界的关注。在阅读这一系列报道的过程中,我发现,自由的联想在不同层次上涌入脑际。这个故事是弱小的人物对付庞大的官僚机器的象征。它还有一个迷惑人的方面是不能忽视的。美国防止虐待动物协会走火入魔,定要捕捉这只警犬。一旦启动之后,这个机构就以残酷无情、忘乎所以的韧性,迫使警察卷入了非常典型的官僚主义中。有趣的是,警署早已知道狗在荒岛上待了两年,但是他们满足于任其自然地在岛上生活。从感情上说,他们站在狗的一边,甚至在奉命抓狗时亦是如此。一位警察问道:"为什么不让他自由自在?"另一位警察说:"这只警犬就像在泥水里打滚的猪仔,十分快活。"[5]

使人产生错觉的原因,与控制"一切"的制度需求密不可分,与一个广泛被人接受的观念连在一起:官僚主义者知道什么是最佳判断。他们任何时候都不会怀疑官僚主义解决办法的有效性。这个故事又带着一丝癫狂的色彩,至少说明我们不能靠常识去安排轻重缓急的顺序。仅仅为了官僚主义上的干净利落,就花费数以千计的美元去动用直升机,消耗汽油,支付薪金,这确实是有一点疯狂的味道。

最近,《纽约时报》报道[6],美国公园警署发起运动,禁止人们在华盛顿纪念碑周围放风筝。他们驱逐风筝的根据是国会一条老掉牙的法律,据说,那是为了防止风筝线缠住莱特兄弟发明的飞机。

心理分析家兰恩①确信,西方世界已精神失常。[7]上述故事为他的观点提供了支持,象征着人的困境。它与我最近了解的一些事件一样的疯狂。[8]然而,与其说是人发疯了,毋宁说是人的制度发疯了[9],是决定人的行为的文化模式发疯了。我们西方人从自我中异化出来,形成

---

① 罗纳德·兰恩(Ronald David Laing,1927—1989),苏格兰心理学家和精神病学家,著有《经验的政治》。

了与自然界格格不入的关系。我们在许多错觉之中苦苦挣扎。错觉之一是,生活是合理的;换言之,我们是理智的。尽管有许多相反的证据,我们仍然坚持这样的观点。我们的生活是分裂切割、彼此隔绝的生活,生活中的矛盾被仔细地隔绝起来。我们所受的教育使我们养成线性思维的习惯,而不是综合思维的习惯。[10]之所以养成了这样的思维习惯,并不是有意如此,亦不是由于我们不聪明能干。而是有这样一个原因:深层的文化潜流微妙细腻、始终如一地构建生活的方式,尚未被人有意识地表达清楚。正如空中隐而不显的气流决定风暴的轨迹一样,上述隐蔽的文化潜流塑造着我们的生活。然而,文化潜流的影响刚开始被人认识。由于我们线性的、一步一步的、分隔切割的思维方式[11],由于学校和传播媒介培养这样的思维方式,我们的领导人不可能全面考虑各种事件,也不能根据一个共同利益的系统来权衡轻重缓急的顺序,所有的事件和选择顺序都像无人认领的婴儿,被搁在文化的门口了。然而,文化的总体名目之下究竟包含着什么,人类学家却很难求得一致意见,这一点乍看矛盾但却是事实。有的人类学家否定这一事实,然而,文化名目之下包括的东西在很大程度上有赖于人类学家本人的文化背景。文化背景对人类学家如何思维、如何划定文化边界造成深刻而持久的影响。常常有这样的情况,当代文化的大部分问题被排除在外,或者被当作是"纯粹的习惯"(mere convention)。就实际的意义而言,人类学家对文化的界定与人类学领域的惯例以及同人的研究关系比较密切,与资料评价的关系反而次之。和一切别的学者一样,人类学家也使用模式。一些模式比其他模式更时髦。多半的模式是世代传承的,它们受到周期性的修正。

读者很可能问:"什么叫模式?""你说的是什么模式?"模式及使用模式的方式,刚开始为人所了解。不过有一点可以肯定:有许多不同的模式。机械模型如风洞中试验的飞机模型显示机器和工艺流程的工作原理。铸造用的模型可以生产出应有尽有的东西,从机器到艺术作品都可以复制。人体模特有助于画家填补视觉记忆中出现的缺失。父母和老师可以成为儿童仿效的楷模。①

科学家使用理论模式,这种模式在性质上常常是数学模型。它们被用来象征性地表现生活中遇到的某些品质、数量和关系。比如,计量经济学家就用数学模型来调查:经济体系中易于计量的部分是如何运转的。

人类学家使用的绝大多数模式是非数学的理论模式,它们植根于文化。因为文化的构成是一系列情景性的行为模式和思维模式,所以人类学家使用非常抽象的子模式,用子模式来构建整个文化的总体模式(比如亲属系统就是这样高度抽象的子模式)。

人是创造模式的最优秀的生物。他最早的精神活动丰碑使20世纪的现代人感到神秘莫测、迷惑不解,后来才破解了其中的奥秘。比如,巨石阵②就是太阳系的一个模型,它使索里斯伯里平原的先民能准确观察天象,追踪四季的变化,安排祭祀活动,甚至能预测日月食。谁也不曾想到,这样精细的计算和观察竟然是如此之早的成就(前2000年—前1500年)。

语法和文字是语言模式。凡是用功学习的学童都知道,老师传授的模式有些符合实际,有些则不然。神话、哲学和科学代表不同类型的模式,社会科学家称之为认知系统。模式的功能是让使用者在对付繁复的生活时更加得心应手。由于使用模式,我们可以观察并检验事物的运转情况,甚至可以预测事物的走势。判断模式的效用,可以看其运转是否正常,看它作为机械系统或哲学系统是否能一以贯之。人与其模式产生非常亲密的认同,因为模式是人行为的基础。人们曾经在各种不同模式的名义之下奔赴疆场,慷慨献身。

---

① 英语的 model 一词多义,机械模型、人体模特、铸造模型、理论模式、人间楷模等词语均用该词。

② 巨石阵(Stonehenge),音译为斯通亨吉,英格兰重要史前遗址。

一切理论模式都是不完备的。按照其定义，模式是抽象的产物；因此在抽象的过程中，模式总是省掉了一些东西。和未被省掉的东西相比，模式省掉的东西即使不是更为重要，至少是同等重要的，这是因为被省掉的东西正是构建和形塑系统的东西。文化有"半衰期"，有些朝生暮死，有些长命百岁。有些非常显性、一望而知；有些与生活密不可分，除非情况特殊，实在是难以抽象并进行分析的。

　　在构建文化模式时，大多数人类学家都考虑不同层次的行为：显性（manifest）的和隐性（latent）的、明晰的和隐含的、谈论的事情和不谈论的事情。此外，还有所谓无意识；至于无意识受文化影响的程度，很少有人能取得共识。比如，心理学家荣格假设人类共有"集体的"无意识（许多人类学家难以接受他这个观点）。乍一看似乎矛盾的是，研究人们创建的模式以便解释自然时，你对人的了解比较多，对你研究的自然就了解得比较少。在西方，人们对模式的内容和意义更为关注。至于模式的构建、组织、运行和功能，西方人的关注倒是次要的。

　　人类学家研究的，仅仅是人们能够或愿意给他们介绍的情况。结果，许多重要的东西没有被察觉，没有进入研究报告，甚至被当作无关紧要的东西搁在一边。这些重要的东西是文化模式，这些模式使生活富有意义；使人的群体互有区别的正是这些模式。倘若借用一个语言学的原理来作比拟，就仿佛是这样一种情况：文化词汇的资料颇为丰富，它的句法分析或音位（字母以音位分析为基础）分析的资料却少得可怜。仅仅说法国人信仰此一事、西班牙人信仰彼一事，那是不够的。信仰是可以变化的。在清楚感知、高度明晰的表层文化之下，存在着另一个截然不同的世界。一旦了解这个世界，我们对人的本质的看法终将发生剧变。40 年前，语言学家萨丕尔①撰文，首次论述了这个问题。

---

① 爱德华·萨丕尔（Edward Sapir, 1884—1939），美国语言学家、人类学家、文化语言学和结构主义语言学的奠基人之一，以研究印第安人的语言著称，与老师沃尔夫一道提出著名的"萨丕尔—沃尔夫"假说，代表作为《语言》等。

他指出,借助语言(语言是文化的重要成分),人创造了一种工具,此一工具与通常认为的工具是截然不同的。他说:

> 语言和经验的关系常被误解……实际上,(语言)使我们的经验界定得清清楚楚,因为语言具有形式化的完整性,因为我们下意识地将语言中隐含的期待投射到经验的领域之中……语言酷似一种数学系统,它……变成一个繁复而自足的概念系统,这个系统按照一些被普遍接受的形式上的局限去**预见一切可能的经验**……性数格、时态、语气、语态和"体貌",以及其他大量的语法范畴——与其说是在经验之中发现的,毋宁说是强加于经验之上的……[12](黑体系引者所加)

萨丕尔的这一著作,比麦克卢汉①的著作早35年。然而和麦克卢汉的论断"媒介即讯息"(The media is the message)相比,它不仅措辞更加强烈,表述更为详尽,而且可以拓展为适合文化系统的概念,在发展文化的过程中,人类所做的东西远远超过了预先想到的东西。

克拉克洪②和雷登(Leighton)在富有开拓精神的著作《纳瓦霍人》(*The Navajo*)中[13],用实在的方式证明了萨丕尔模式的实用性。书中说明纳瓦霍学生上学时遇到的困难;纳瓦霍语以动词为重心,纳瓦霍学童面对英语这种结构松散的、以形容词为重心的语言时,遭遇到困难。然而,克拉克洪和雷登的基本观点是,两种语言强调不同的动词形式或形容词形式,因而造成了学习上的困难,而且它们的取向也是迥然不同的,因而两组母语不同的学童注意和忽视的东西也是完全不同性质的东西。我与纳瓦霍人生活交往了许多年,因而毫不怀疑,他们与

---

① 马歇尔·麦克卢汉(Marshall McLuhan,1911—1980),加拿大英语语言文学家、批评家、传播学家,传播学多伦多学派旗手。
② 克莱德·克拉克洪(Klyde Kluckhohn,1905—1960),美国人类学家,曾任美国人类学会会长,二战前后美国人类学界的"四大金刚"之一,代表作《人的镜子》《纳瓦霍人的巫术》《文化观念与定义批评》。

白人的思维方式相差很大,而且这种差异至少首先可以追溯到语言的差别上。在研究其他文化系统时,我找到证据,说明不仅在语言中可以发现这样的局限,而且在其他领域也可以找到这样的局限,当然要有一个条件:首先要有机会研究与自己的文化迥然不同的文化,然后才能使自己的文化潜隐的结构清晰可见。

读者考虑本书介绍的资料时,有一点是至关重要的,他要努力去把握自己的文化模式,包括显性(manifest)的和隐性(latent)的文化模式,因为我的目的是将一些隐性的文化模式提升到自觉意识的高度,赋予它们显性的形式,使之易于研究。从技术层面上说,作为本书基础的文化模式比一些同事提出的文化模式宽泛。我把重点放在非言语的、未经言明的文化领域。一方面,我并不排除哲学体系、宗教、社会组织、语言、道德价值、艺术和物质文化;同时我又觉得,考察事物的实际组合比考察理论更加重要。

然而,尽管在许多细节上存在分歧,人类学家在文化的三个特征上的意见却是一致的:文化不是先天固有的,而是后天学会的;文化的各个方面是相互联系的——牵一发而动全身;文化是共享的,结果是它划清了不同群体的界线。

文化是人的中介。生活的一切方面,无不受文化的触动,无不因文化而改变。这些生活方面指的是:人的个性、人表现自我的方式(含表情方式)、思维的方式、身体活动的方式、解决问题的方式、城市规划布局的方式、交通运输系统以及经济体制和政治体制组织和运转的方式。然而,正如爱伦·坡《失窃的信函》(The Purloined Letter)所表现的那样,影响人的行为的最深层、最微妙的方式,常常是最显而易见、最理所当然的东西,因而也就是文化中研究得最不深入的那些方面。

举一个典型的例子,我们来看看,美国白人何以成为自己时间系统和空间系统的俘虏。首先从时间上来考察这个问题。美国人的时间观念是我所谓的"一元时间"(monochronic time)观念。换言之,美国人认真办事时,通常喜欢每次只做一件事情。这就要求对时间作出安排,既可能是显性的安排,也可能是隐性的安排。并非所有的美国人都符合一元时间的规范;然而,社会压力和其他压力迫使大多数美国人在一元时间的框架内办事。但是,美国人与外国文化背景的人相互交往时,不同的时间系统就会带来很大障碍。

一元时间和多元时间(polychronic time),代表着两种不同的解决办法,把时间和空间作为活动的组织框架时,存在这两种解决办法。之所以把空间纳入其间,是因为这两种系统(时间和空间)在功能上是相互联系的。一元时间着重时间的安排、切割和快速行事。多元时间的特征是同时进行几件事,其着重点是人的参与和事务的完成,而不是僵守事先安排的日程表。多元时间的处理办法不如一元时间那样具体实在。多元时间往往被看作一个时刻,而不是一条带子或一条道路;而且这一时刻是神圣的。[14]

海外的美国人面对多元时间系统比如拉丁美洲和中东的时间系统时,常常在心理上遭受许多方面的压力。在地中海国家的市场上和商店里,顾客们争先恐后地争夺一个店员的注意力。在那里不存在先来后到的服务顺序。[15]在北欧人和美国人眼里,这简直是混乱不堪、嘈杂一片。在另一种语境下,上述模式同样发生在地中海国家的政府官僚机构中。比如,在一位内阁官员私密办公室外面宽大的接待室里,几乎任何时候都有若干小群的来访者等待接见。内阁官员的助手们就在此会见来访的人,他们在接待室里来回穿梭,轮流与每一组来访者交谈。他们的许多公务就是这样在公开的场合下办妥的,而不是在里间办公室内一连串私密会晤中完成的。最使美国人沮丧的,是使用多元时间的人处理会晤的方式。相比而言,他们会晤的分量不如我们美国人那样重。他们常常把商定的事情变来变去。没有什么似乎是确实可靠的、不可更改的,未来的计划尤其如此;哪怕是最为重要的计划,在最后一刻也会有修改。

相反,在西方世界里,人们发现,生活中能幸免于一元时间铁掌的东西,真可谓微乎其微。事实上,西方人的社会生活和公务生活,甚至连性生活,都往往是受时间支配的。时间彻底地编织进了生存的结构之中,在很大程度上决定并调整我们的所作所为,我们是很难觉察的;它以多种微妙的方式塑造着我们与他人的关系,程度之深也是很难觉察。通过编制时间表,我们把时间加以分割。这使我们能够每次集中做一件事情,然而它又剥夺了我们对语境的把握。对时间安排的性质本身,就决定了它的选择性,它挑选什么是需要感知和注意的东西,什么是不需要感知和注意的东西:在给定的时间里只安排有限的事情,于是,纳入和排除的事情就有了轻重缓急,决定着人和功能的先后顺序。[16]重要的事务首先处理,分派到的时间也最多;不重要的事情就留到最后——如果时间用完了,就干脆不做。[17]

空间及其处理方式同样表现出重要程度和先后顺序。一个人在组织中被分派的空间大小以及他被分派的空间位置,很能说明他的地位及其与该组织的关系。同样耐人寻味的是他处理时间的方式。实际上,时间安排上的考虑亦有其意义,日程表上去办公室的时间就说明这样的意思,他已经到达办公室。例外的是推销员,推销工作要求他们离开办公桌;还有那些职务特殊的人,比如报馆的本地编辑。其工作的固有特性就是多元时间。允许活动发生的地点亦有其意义,这已经变成现代官僚主义不可分割的一部分;如果允许有些雇员离开办公桌的话,他们的工作效率本来会大大提高的,可是他们很难得获得这样的允许。比如,分派到拉丁美洲的美国外交官本来应该走出去与当地人交往,但是由于积重难返的官僚习气,他们却不能离开办公桌。既然切断了与当地人民应该建立的联系,他们怎么能保证工作效率?再举一例说明以美国文化为根基的官僚习气:有一项至为重要、闻名遐迩的研究工程受到了威胁,原因是:按照研究人的级别所拨的用房太少,而实际需要的用房应该多一些。是不是发疯啦?对,完全疯狂了。然而从官僚习气来说，这是千真万确的现实。

对于在北欧传统中长大的带有一元时间观念的人而言，时间是线性的，像一条道路或一根带子，可以切割，可以向前伸展到未来，向后延伸到过去。时间又是具体实在的。这些人说时间可以节省、消耗、浪费、失去、弥补、加快、放慢，可以像蜗牛那样爬行，可以像流水一样枯竭。应该非常认真地对待这些比喻，因为它们表现的是如何构想时间的基本方式：时间被认为是一种无意识的决定因素或框架，一切东西都以这种决定因素或框架为基础。一元时间的安排被用作使生活井然有序的分类系统。除了生死之外，一切重要的活动都要纳入时间安排。应该指出，如果没有日程表，没有酷似一元时间系统的东西，我们的工业革命是否能发展到今天这个样子，是值得怀疑的。然而，一元时间也产生了其他后果。它把一两个人从群体中分离开来，强化其与另一个人的关系，至多与另外两三个人的关系。在这个意义上，它像是一间密闭的屋子，能保证室内人的隐私。唯一的问题是，你必须根据日程腾空"房间"，在15分钟、一个小时、一天或一周结束之后，你必须让排队等候的下一个人进屋。不让出地方、侵犯等候人的时间，是以自我为圆心、自我陶醉和没有礼貌的行为。

一元时间是任意性的、强加于人的，换言之，它是后天学会的。因为它学习得非常彻底，因为它非常彻底地整合到了我们的文化中，所以它似乎是被当成组织生活的唯一自然的、"合乎逻辑的"方式。然而，它并不是人体节律和创新驱动力里固有的特征，也不是自然界存在的东西。而且，组织系统尤其企业和政府官僚组织系统，却把人置于从属的地位；它们实现这一目标的主要手段是依靠处理时空系统的方式。

我们生活之中的一切都必须符合时间表的强制性要求。任何一个美国人都可以告诉你，有时，事情刚开始按希望的方式发展，然而它却必须停下来，以符合预定的时间表。比如，正当要出成果的时候，研究经费用完了。读者常常有这样的经验：正当他愉快地沉浸在一种创造活动里，完全忘掉时间、全心全意地从事手头的工作时，却突然一震，意识到其他预定的、无关紧要的承诺正压在他的身上，结果，他就被带回到"现实"之中了。

由此可见，许多美国人常犯一个通病。他们把日程与现实和自我联系在一起，把活动看成是与生活脱离的东西。一元时间可以使我们异化，使我们无法感知广阔的语境。换言之，一元时间使我们观察事件的视界狭窄，正如透过硬纸筒观察事物时只能得到狭窄的管状视野一样；同时，它又深刻而微妙地影响我们的思维方式，使我们以条块分割的方式思维。

也许，这种受局限的视界，在一定程度上能解释美国企业在适应其他时间系统上的困难。一位经济学家告诉我，在阿拉斯加州一座鱼类加工厂做工的因纽特人认为，工厂的汽笛是荒唐可笑的。人干不干活全凭汽笛声，对他们来说，这是十足的疯狂念头。对他们而言，海潮决定人该干什么，该干多久，什么时候该干活。退潮决定着一套活动，涨潮决定着另一套活动。这位经济学家后来到一家大型的国际机构里工作，他观察到自己身上受压抑的迹象；引起压抑的原因是，在他试图调节自己的工作效率，尤其是其中的创造力，使之适应一个时间表时，结果却劳而无功、一无所获。最后他确信，不可能给创造力安排一个时间表，于是他放弃这样的努力，作出妥协，采用了这样的作息制度：有的时候紧守在办公桌旁，做一些琐细的事情，有的时候又连轴转日夜工作。人们不禁要问，究竟有多少人因为被迫适应每日8小时、早上9点至下午5点的时间表而葬送了自己的创造潜力，究竟这种牺牲造成的社会损失和人力损失有多大？

时间和空间在功能上是相互为用的。比如，倘若频频受扰，你怎能赶在最后期限之前完成任务？你的工作是否被人频频打扰，那要看你有多少时间是向他人开放的，是他人可以利用的。你被人利用的时间是否很多,那要看你的保护屏障能在多大程度上为你挡驾。又比如,如果没有屏障为医生挡驾,他又怎么能细心地倾听病人的主诉和病史呢？那是不可能的。我在此指的是理想的模式。许多人不得不忍受在狭小的空间里工作,他们的工作表现因此而受到损害。这种情况之所以发生,有时是因为时间和空间在官僚主义的等级系统中被控制得太死。比如,显而易见,福利部门的个案工作人员需要一间能保证隐私的办公室;然而,按照官僚主义习气来说,他们工作的级别和穷人的卑贱地位又使他们不可能得到一间办公室,因为办公室是给"要人"用的。在各个级别和层次中都存在这种不协调的情况,活动本身的需要是一回事,组织机构的需求是另一回事。这种不协调的现象使生活的许多领域带上了虚幻的性质,有一丝《爱丽丝梦游奇境记》的色彩。

在时空方面,不同的文化也适成对照。多元时间的民族,如阿拉伯人和土耳其人,从来不会静居独处,甚至在家里亦是如此,所以他们使用空间屏障的办法是不一样的。[18]他们同时与几个人打交道,持续不断地介入彼此的活动之中。对多元时间的人而言,除非他们已经掌握了一元时间,在技术层面上将其作为迥然不同的时间系统去把握,否则按时间表办事即使并非不可能,至少也是困难的。他们不会将这种技术性的一元时间系统与自己的时间系统相混淆,但如果情景合适,他们也能使用这种时间系统,颇像他们使用外国语一样。

从理论上说,考虑社会组织时,多元时间系统要求更大程度的集中控制,其特点是结构扁平而简单。原因在于,顶端人物连续不断地同时与许多人交往;其中的大多数人对眼前发生的事情都始终了解:他们都待在共同的空间范围之内,他们在成长过程中习惯于深刻介入彼此的生活。他们持续不断地发问以便于了解情况。在这样的环境中,无须权威的分配和多层次官僚机构的建立,就可以处理大量的公务。多元时间官僚机构的主要缺点是:随着职能的增多,小小的官僚主义就会增加,处理"圈外人"问题的难度也随之加大。事实上,在地中海沿岸各国旅行和居留的外国人发现,官僚主义反应之迟钝是异乎寻常的。在多元时间的国家里,人的身份可以是"圈外人""圈内人"或"朋友","朋友"的身份能办事。一切官僚主义都是面向圈内的,但多元时间的官僚主义尤其如此。

关于上述两种时空语境中的行政管理,也可以提出一些有趣的东西来研讨。对多元时间民族(近东和拉丁美洲)而言,管理和控制是一个如何分析工作的问题。行政管理的要点是:了解每位下属的工作,弄清构成他工作的种种活动。其活动逐一被安上各种名目,常常在详尽的图表上逐一注明。加上经常的检查,行政管理人员就可以确信,每一种职能都在履行之中。于是,他就觉得,他可以保证对每一位下属的绝对控制。至于每一项活动如何办,什么时候办,则由雇员自己去决定。如果给雇员安排时间表,那会被认为是专横,是对雇员个性的侵犯。

与此相反,一元时间的管理人制订活动日程、分析任务的工作则由个人去完成。至于多元时间里的任务分析,尽管其性质是技术性的,却总是能经常提醒下属,他的工作是一个系统,而且是一个大系统下的子系统。另一方面,由于他们对时空进行分割,一元时间的人就不大可能把自己的活动看作是一个较大整体的一部分。这并不是说,他们没有意识到"组织"的存在——事实绝非如此。这仅仅是说,工作本身甚至"组织"的目标,难得被置入较大的环境中去考察。再者,把"组织"置于它应该做的事情之上,在我们的文化中是司空见惯的现象。其典型表现是,我们容忍插播电视广告这种"特殊的讯息",连最重要的电视节目都可以打断,这就是组织至上的现象。与此相对,我曾经在西班牙看到,21 则电视广告被放在一起,等到一小时的节目播完之后才集中播出。多元时间的西班牙人把电视广告放在多个主要的节目之间播出,而不是插入一个节目去播映,显然是比较明智的。

两种时间系统都利弊同在。如果对各工种的任务都逐一分析,那速度总是有限的;不过,一旦逐一分析之后,由于实行恰当的报告制度,多元时间的行政管理人员就能够支配数量惊人的下属,然而,如果按多元时间的模式进行管理,组织的规模就受到局限,组织就要依赖富有才能的人来驾驭;在对付外来者时,这种组织的反应迟钝而笨拙。如果没有天才人物,多元时间官僚组织就可能成为一种灾难,这一道理众所周知。应对更高的要求时,多元时间模式对付压力的办法是滋生出更多的官僚主义。

一元时间的组织却与之反向而行。它们可以而且确实发展得比多元时间的组织机构大。但是,它们的发展方式是合并而不是滋生科层。这样的组织有合并的公立小学、联合企业和正在政府中形成的庞大部门。

一元时间组织显著的盲区,是无视其成员人性的需要。多元时间组织的缺点是,在处理偶发事件、控制局面时,它极端依赖领导者个人。一元时间型的官僚组织在膨胀的过程中,转向组织内部,对自身的结构视而不见,变成僵硬的组织,甚至会看不见自己原来的宗旨。突出的例子是美国陆军工程兵军团和农垦局。它们专心致志找事干、修筑堤坝,使河水尽快流入大海。在这个过程中,他们严重破坏了我们的环境。

一元时间系统和多元时间系统与时间和空间的组织安排方式有关,时空的组织方式直接影响着生存的核心。我们可以用超越文化的方式去审视万物,如此,我们就可以对文化的组织方式作一些概括和归纳。结论之一是,意义和语境之间存在微妙而复杂的关系,本书第六、七、八章对这种关系进行描述。另一个结论讲述人的延伸如何产生,以及延伸如何反过来塑造人的生活(第二章)。人类行为学家(ethologist)所谓的行为链(第十章)、情景构架和情景方言(第九章),都是无意识文化的结构特征。大概是因为人的延伸无所不在,所以我们将在下一章首先讲人的延伸。

## 第二章
# 作为延伸的人

19世纪的博物学家说,哺乳类分为两群:人为一群,其他一切哺乳动物为另一群。他们又认为,鸟类也应该分为两群:园丁鸟一群,其他一切鸟为另一群。上述分类法来源于这样的观察:人和园丁鸟都完善自己的延伸,而且在此过程中大大加速了自身的演化。园丁鸟生活在新几内亚群岛和澳大利亚北部的树林和灌木丛中。它筑的巢像一个凉棚,用来吸引并追求异性。精致的巢穴由树枝和草叶做成,饰有贝壳、彩虹色的昆虫遗骸、种子、粘土疙瘩、木炭和石子。还有五彩缤纷的其他东西,包括刚刚采摘的新鲜花朵。实际上,精致的鸟巢及装饰是园丁鸟昔日色彩艳丽羽毛的延伸,而且是求偶炫耀的一种延伸,正如托马斯·吉利亚德(Thomas Gilliard)[1]所言:"这些东西实际上已经**外化**为一组第二性征,它们与雄鸟的联系不是身体上的联系而是心理上的联系。"(黑体系引者所加)在这种鸟巢的背后,隐藏着社会组织和行为上的一些急剧变化。园丁鸟求偶、筑巢和育雏时,不再实行两两配对的单偶制(配偶固定)。相反,雄鸟相聚成群(与雌鸟分离的群体),雄鸟群形成等级制。每年春季,雄鸟围绕着一些"竞技场"形成群体,性炫耀和交尾就在此发生。每一只雄鸟都占有自己的炫耀场地。占支配地位的雄鸟占据着中心的位置,只有它们才能与飞到竞技场来的雌鸟交配。那些拥有饰着最多小玩意的、五光十色的巢穴的雄鸟,在等级系统中处在支配的地位,这使人想起有钱有势的人所处的位置。

园丁鸟进化的故事复杂而微妙。我们从中学到的东西是,一旦它开始靠延伸来进化,其进化就开始加速,这一点与人的进化相同。再不用等待自然选择的缓慢力量来发挥作用。在园丁鸟的身上,按照吉利亚德所言,其进化就可以"跨入一个新的适应区域……"[2] 人的进化正是如此,只不过更加彻底罢了。

园丁鸟进化的故事给人以很大的启示,它很能说明这样的道理:一旦一个物种开始把环境作为工具来使用,它就启动了一大串新型的、常常是难以预料的与环境的互动;反过来,这样的互动常常又要求物种作出进一步的适应性调节。迄今为止,只有朝生暮死的身体很小的生物才能很快地进化。[3] 然而,延伸物的进化却比生物体身体的进化快得多。汽车和飞机是从人脑中的梦想演化而来的,经过许多简单而不完备的形态以后,它们演变成了我们今日所熟知的复杂的机器。

对于延伸的整个机制,我们应该有更多的了解。人借助延伸而实现高级的进化,没有一个物种能望人项背。数量上也好,质量上也好,人与其他物种之间的鸿沟都太大。我们只能说,延伸过程一旦开始,进化过程就急剧加速。由于人在进化方面是独一无二的动物,所以他只能向自己学习。遗憾的是,把物质延伸作为过程的研究成果如凤毛麟角,因为几乎所有早期的人类学家都认为,从物质文化中能学到的东西微乎其微。然而实际上,物质文化却是最能信手拈来加以研究的延伸[4]系统之一。除了对原始艺术感兴趣的人类学家之外,早期的人类学家都是书斋型的学者,他们精于言辞,可是对于物质材料能告诉人什么道理,他们却没有什么感受力。

发明创造和科学突破是实实在在的东西。它们的胚芽萌发于从不同的视角去考察事物的过程中。它们不是在宙斯的眉头里发育成熟后蹦出来的,而是从非常脆弱和不完善的事件中缓慢演化而来的。现在我们来考察一下延伸机制。[4]请记住,我们考察的是对付环境挑战的方式之一。

凡是生物都必须改变环境方能生存,哪怕这种改变仅仅是重组环境中的化学成分。改变环境可以分为两种互补的过程:外化(externalizing)和内化(internalizing)。这两种过程都是无处不在的、继续不断的、正常的现象。在人的身上,这两种过程既可以是控制机制,也可以是适应机制。人用的是哪一种机制,这对于接踵而至的一切后果都将产生重要的影响。举例说,良心很能说明内化性控制,西方社会很倚重内化性控制。如果良心不发挥作用,就会发生所谓的精神变态,这对每一个西方人都是危险的。然而在人世间,此一地由良心控制的行为,到了彼一地却可能由外化控制来对付。一套控制机制在一种文化中被内化,在另一种文化中却被外化,其原因何在,这个问题尚无人研究。但是,即使在关系密切的几种文化中,也能看到内化和外化的差别。比如,北欧传统中的性控制目前一直主要由女性来承担,换言之,它靠的是内化的机制。南欧却不是这样,此地的性控制靠的是情景(周围的人)和物质结构(门和锁)。多年以来,拉丁美洲的中上层阶级都相信,男子的性冲动如此之强,女子的抵抗力如此之弱,如果孤男寡女闭门独处,就不能指望任何一方抵抗住男子势不可挡的性冲动。而北美的中产阶级将墙壁、房门、门锁视为道德的物质延伸,这样,作为物质延伸的外化机制就被内化地控制了。

延伸系统一开始时很有弹性,后来常变得非常僵化,且难以改变,这一点似非而实是。把延伸的产物和被它延伸的进程混为一谈的现象,能在一定程度上解释这种僵化的原因,但是它不能圆满地解释僵化的起因。年纪较大的读者也许还记得,英语老师试图使他们相信,真正的语言是书面语,而口语是掺了水分的、掺了假的一种形式。实际上,口语是原生的延伸物,书面语是第二代的延伸物。口语是一套符号系统,它用来表示已经发生的、可能发生的或正在发生的事情。书面语则是用来表示口语的一套符号系统。但是,说书面语是符号的符号,并不等于说,文字没有独立存在的资格,正如数学是独立的系统,不依赖人脑中的运算过程一样。

我提出了一个术语"延伸迁移",用它指称这样的精神活动:延伸的产物与被延伸的过程混为一谈,或延伸的产物取代被延伸的过程;延伸迁移因素,以及由它产生的实际的和精神的压力,耗去了西方文化中一些最有才智的人的精力。比如,詹姆斯·乔伊斯①5就献身于弥合上述两个系统之间的鸿沟。在《芬尼根的觉醒》中,他描绘了大脑言语区的活动。毕加索的许多画、摩尔②的许多雕塑,在视觉上和触觉上提供了类似乔伊斯文学形象的艺术作品,换言之,他们提供了大脑视觉过程的外化产物,倘若毕加索和摩尔不是才气横溢、聪明绝顶的人,倘若他们没用自己的目力穿透"延伸迁移"的帷幔,倘若延伸迁移不是什么真实的东西,他们就会被当作狂人而不是天才了。延伸迁移可能有许多形式,可以用许多方式去研究。阿尔弗雷德·科日布斯基③和温德尔·约翰逊④6这两位语义学的鼻祖找到了词语使用中的延伸迁移因素,发表了大量的著作,阐明延伸迁移因素的深刻影响;把符号误

---

① 詹姆斯·乔伊斯(James Joyce,1882—1941),20世纪最伟大的小说家之一,擅长用意识流手法,著《尤利西斯》《芬尼根的觉醒》《都柏林人》《一个青年艺术家的肖像》等。
② 亨利·摩尔(Henry Moore, 1898—1986),英国雕塑家,现代派大师,代表作有《母与子》《圣母子》《国王与王后》《内部和外部的斜倚人物》等。
③ 阿尔弗雷德·科日布斯基(Alfred Korzybski,1879—1950),波兰裔美国哲学家、普通语义学创始人,著《科学和健全精神:非亚里士多德体系和普通语义学入门》等。
④ 温德尔·约翰逊(Wendell Johnson,1906—1965),美国心理学家、言语病理学家、语义学家,著有《左右为难的人》。

认为符号所指的东西,给符号赋予它并不具备的性质,会产生深刻的影响。崇拜偶像是一切文化共有的现象,这是延伸迁移因素最古老的例证之一。我们在《圣经》里也看到这样的例子,它指示人们放弃偶像崇拜。

延伸物常常使人能满意地解决问题。能迅速地进化并适应外界环境而不必改变身体的基本结构。[7]不过,延伸还有另一种功能:它可以使人考察和完善脑子里的构想。一旦脑子里构想的东西外化以后,我们就可以审视它、研究它、改变它、完善它,同时又可以从中了解到我们自身许多重要的情况。至于延伸给我们的教益,延伸作为人的镜子所包含的全部命题,我们尚未充分认识到。

延伸背后的机制发生障碍时,延伸就成为一种形式的修补术。在当今的世人中,俄国科学家 A. R. 卢利亚①[8]也许是对人脑的奇异和复杂性了解最透彻的人。他的天才在于,本来可能被当作是毫无意义的琐事,他却能够认识其重要意义。他所做的大脑功能丧失的试验和测试非常清楚、直截了当、简单明了,连儿童也能理解。然而,他把所有的东西整合起来,使我们能在整体上把握人脑的功能。大脑与延伸的关系,是本章描述的中心。幸运的是,我们能用卢利亚的一个病例来说明延伸作为修补术的功能。在《生活在破碎世界中的人》(The Man with a Shattered World)[9]这本书里,他搜集并评论俄国工程师扎塞茨基(Zasetsky)笔录的东西。这位工程师的大脑在第二次世界大战中被德国人的子弹击中。他的额叶完好无损,这使他有毅力在 25 年中克服那可怕损伤的后遗症。子弹击中脑子,抹去了他的记忆,抹去了大脑把感性知觉组合为有意义整体的能力,抹去了大脑分析反馈系统的能力(他要靠反馈信息才能感知到四肢的活动),抹去了他的中期记忆和长期记忆,抹去了他的语法逻辑、语词与其所指(所指的实物)的关系。

---

① 卢利亚(A. R. Luria,1902—1977),苏联心理学家、内科医生、神经心理学家、记忆神经心理学家,著有《记忆大师的心灵》《生活在破碎世界中的人》《言语和心理的发展》等。

对他本人而言,他就像是没有精神活动的人。所幸的是,他的脑子里还储存着语词。在别人的帮助下,他开始使用这些语词。他非常痛苦而吃力地组词成句。这些写下的句子就成了他的世界。写话就成了他思维的方式。

写句子作为一种思维方式并非非凡之举。我们许多人不在脑子里储存语词,而是直接把思想转换成文字。然而,对扎塞茨基而言,这是他所能思考的**唯一**方式。他的病例非常清楚地说明了这个道理,因为他没有任何其他的思维方式。因为写下的话静止不动,宛若雕塑家加工的大理石,所以我们可以对思想进行加工,直到它塑造成形,能独立存在为止;在这个雕琢的过程中,它可以把我们自身的情况告诉我们。

萨丕尔和沃尔夫①是传统的描写语言学家,首先隐约提出语言和思维的密切关系中的一些新的变数问题。¹⁰沃尔夫同时又是化学家和保险公司的调研员。他最初对语言感兴趣,是因为误用词语可能给人们带来的灾难性后果。"空"汽油桶能起火爆炸,"空"油桶非但不空,而且里面"充满"了爆炸气体!沃尔夫对西方思想的最大贡献,是他对跨文化交流中语言与事件的关系所做的精细的描写。他证明,不同的文化有将语言和各种现实情况联系起来的独特方式。这些独特的联系方式可以成为了解文化差异的主要信息源泉之一。人世间发生的一切事情,无不受语言形式的深刻影响。比加,霍比印第安人相当讲究实用和精确,难以理解基督教的神秘世界;原因就在于,他们不参照其他感觉经验,就不能构想抽象而空虚的空间。天堂的概念不适合霍比人的思想。

很少有什么发现会真正得而复失。可是,由于沃尔夫开掘一块全

---

① 本杰明·L. 沃尔夫(Benjamin Lee Whorf,1897—1941),美国语言学家,结构主义大师,与老师萨丕尔一道提出著名的"萨丕尔—沃尔夫"假说,代表作有《论语言、思维和现实》。

新的领域时超前一百年,所以他的思想被人抛弃了,至为遗憾。他的著作和他的老师爱德华·萨丕尔[11]的著作当时并不时髦,然而它们确实光艳照人,在人类难以置信的丰富多样性方面打开了全新的视界。但是,尽管他们才华横溢,但两人显然堕入了延伸迁移的陷阱之中。换言之,他们相信,语言**即是**思维。如果考察语言对思维令人难以置信的重大影响,他们的论断在一定的意义上是正确的。如果要逃出这个陷阱,我们就必须考虑爱因斯坦之类的人。他们不借助语词思维[12],而是用视觉形象和肌肉运动思维。这一主题我将在第十二章里加以探讨。

延伸迁移主题有这样一个稍稍改头换面的主题:第二代、第三代延伸物里的延伸过程走到一定的程度时,第一代延伸物就会被它们掩盖起来,并且常常被视为没有结构的东西。这个现象是查尔斯·弗格森①(美国一位领头的描写语言学家和阿拉伯口语专家)发现的。他研究阿拉伯口语的正字法和语法时,发现了这种现象。在阿拉伯世界中,古典阿拉伯语(也就是阿拉伯古文)具有神圣的性质,阿拉伯语文言和流行的阿拉伯口语差别之大,犹如法语和拉丁语的差别。受过教育的阿拉伯人在学校里学阿拉伯文言,在一些正式的场合说文言,他们用文言讲话撰文,其流利优美程度决定别人如何判断其社会等级。在其他场合,他们使用的是通俗的白话。

阿拉伯白话没有书面形式。这就是说,儿童上学不仅必须学习一种新的文言,而且必须学会用它来读书写字。当时,弗格森在国务院属下的外交学院供职。学院认为,让一些美国外交官学会说"人民大众的阿拉伯语",总是有好处的。此前的观点是,语言专家和中东问题专家应该学会"有威望"的、"正宗"的语言——阿拉伯文言。

因为没有白话的语法书,所以有必要从活生生的白话中演绎出一

---

① 查尔斯·弗格森(Charles Ferguson,1921—1998),美国语言学家,社会语言学先驱,研究阿拉伯语双言制(diglossia),设计美国的"托福"考试。

套语法,这正是描写语言学家之所长,弗格森遂着手工作。他首先发现的一点是,阿拉伯人一致认为,通俗的阿拉伯话根本就不是一种语言,它没有语法结构!他怎么能研究阿拉伯话呢?给他提供情况的阿拉伯人告诉他,如何使用通俗的阿拉伯话,实在是无关紧要的问题。然而,只消听一个土生土长的阿拉伯人说 30 分钟的话,就可以发现,无论说什么东西都有正误之别。语法规则虽然未经言明,可是它们的约束力宛若混凝土一样地固化。

拉波夫①13等人描述了黑人英语中类似的情况,不过这种情况和阿拉伯语的情况并非完全一样。美国下层阶级的黑孩子上学时,已经掌握了一种丰富而**独特**的英语方言,它非常适合黑人文化各种各样的需要。老师却告诉他们,他们说的英语是低下的、不标准的英语。

我在世界各地都发现,延伸迁移因素是疏离自我(self)与传统(二者常常同义)的主要根源之一。老师告诉学生,他在学校里学习的东西是有价值的、真实的,他在家里所学的一套是错误的。学生可能会有模模糊糊的顾虑,会感到短暂的焦虑。可是他能干什么呢?从那一时刻起,一条鸿沟与日加深,使他感知的生活永远与实际脱离。14毫无疑问,读者能举出自己的例子来说明延伸迁移过程。

延伸迁移系统中还有一个经常发生的功能障碍,其特征是,它们可以被迁移并用于不恰当的情况。这是可以理解的,因为形成一种完美的延伸系统需要花费许多年甚至是许多代人的时间。(有时,当它们表现为语法形式、规则形式或模仿形式时,我们就称之为范式。)在日本开放之后的岁月里,美国传教士自编日语语法,并以此来互教互学。凡是看见过这些早期日语语法书的人都知道,传教士们把自己的印欧语语法投射到日语之上,完全不顾日语结构的事实。名词的主

---

① 威廉·拉波夫(William Labov,1927— ),美国当代社会语言学家,与弗格森齐名。

格、属格、与格和夺格在这些书里一应俱全,而且每一个格之下都写上对应的日语。迁移现象的一个特点是,人们把迁移了的系统当作唯一的现实,不加区别地把它用于新的情况之中。我曾经在东京与一位美国妇女邂逅。她非常不满美驻外事务处所搞的意在强化学习规范日语的语言操练,甚至到了我行我素的地步。她说:"让这些敬语全都见鬼去吧!我不学敬语,我只学词汇。"当然,她说的日语是日语单词加英语语法的大杂烩。

很大一部分社会科学中也出现了类似的情况。不仅发生了延伸迁移(资料数据不被当作科学,相反,方法论被当作真正的科学),而且,由于自然科学成效卓著,所谓硬科学的范式被原封不动地搬进了社会科学。在社会科学中,这些范式有可能但确实很难成为恰当的范式。加州大学桑塔·巴巴拉分校的生态学教授加勒特·哈定曾做过这样的阐述,他认为,社会科学的现状是借用物理学世界观的结果。他说,物理学家"……认为世界是由相互隔离的原子单位组成的,单位之间没有任何实在的联系……"[15]唯有并存和外部碰撞这样的关系是例外的实在联系。换言之,物理学家的世界使他自己以线性方式思维。这种思维方式成绩斐然、威望显赫,以致对其他学科具有加倍的诱惑力。

关于社会科学中的延伸迁移,马丁(Malachi Martin)[16]和安德烈斯基(Stanislav Andreski)[17]最近撰文著书作了精彩的描写。最后,当延伸迁移的扭曲太大,现实和延伸系统之间的差异显而易见,再也不可等闲视之时,人们就感到不大自在,并着手想法去对付它。然而,两者之间的断裂会发展到可怕的地步,直到出现巨大的变革。

现在人们普遍高兴地声称,延伸迁移过程在技术中也起作用,结果,技术本身成为目的,被视为解决今日世界重重困难问题的**独一无二**的研究领域。而且人们普遍认为,解决问题不是靠社会科学家,而是靠工程师。甚至连巴克敏斯特·富勒①[18]之类的先进思想家也认为,粮食和住房之类的世界问题也是技术问题。我赞同富勒说的,我们应该"用较少的资源办较多的事",然而事情并非到此为止,而且,阿尔文·托夫勒②[19]预言的未来也并非必然出现。

近来,人们放弃通过技术解决问题的办法,转向对生命过程动态的更具整合性的研究。对杀虫剂态度的改变即为一例。现在,一种害虫危害很大时,人们发现,生物学家和生态学家开始寻找其天敌。科学家不再杀死一切进入视界的东西(许多杀虫剂却是这样的),他们尽力研究特效的计划,集中对付害虫,不让杀虫剂的残留物随食物链上升并亿万倍地富集起来。[20]

公立教育和私立教育也是一个例子,它说明延伸迁移的扭曲能走得很远。不仅儿童,各个年龄段的人,都有自然而然的学习能力。况且,学习本身就给人以报偿。与食色一样,学习的冲动也是强烈的。然而,学习的过程在教育家的头脑里被扭曲了,他们把自己所谓的教育与学习混为一谈。流行的观念认为,学校里装填着学问,其职能就是如何把学习灌输给儿童。在美国,教育被严重扭曲,和性行为在弗洛伊德那个时代的维也纳被严重歪曲一样。于是,把人联系起来的自然、强大而愉悦的驱动力,成为令人既畏惧又憎恨的驱动力。这也许能解释美国人对知识分子所抱的一些态度。

然而,人们学习的方式和条件是非常之多的。在千百万年的悠悠岁月里,虽然没有学校的恩惠,人及其祖先照样学到了东西。[21]现代教育给我们造成一个幻觉:人们对学习的机制颇有了解,真正的学习是在学校里进行的;如果学习不是在学校里进行的或在学校的荫庇下发

---

① 巴克敏斯特·富勒(Bukminster Fuller,1895—1983),美国建筑师、工程师、发明家、哲学家兼诗人,被誉为20世纪下半叶最有创见的学者之一。
② 阿尔文·托夫勒(Alvin Toffler,1928— ),美国未来学家,享誉全球,对改革开放初的中国人产生影响,著有《第三次浪潮》《未来的冲击》《权力的转移》等未来三部曲,以及《财富的革命》等。

生的(如被校方派往国外学习一年),那么学习就没有合法性。霍尔特(John Holt)[22]、柯卓尔(Jonathan Kozol)[23]、伊里奇(Ivan Illich)[24]等人论述了这个过程。其实,教育只不过是又一例子,说明人开发出了一个繁复的延伸系统(此例中的延伸系统是复杂的制度),其宗旨是完成并加强过去那种自然而然的学习。

延伸的唯一目的是增强生物体的某一功能:刀子比牙齿的切割功能(然并非咀嚼功能)强得多。语言和数学在某些方面增强思维能力。但正如刀子一样,它们并不解决思维的全部问题。望远镜和显微镜使眼睛延伸,照相机使视觉记忆系统延伸。轮子使人能更快地移动,但是它们却不能跳舞,亦不能攀登峭壁;轮子由发动机驱动以后,重要的人体功能就可能萎缩了。

也许最为重要的是,延伸的功能能透露延伸过程的信息,使我们了解延伸的源泉。延伸物既有一种新事物的属性,又能使人有所发现。语言就是一个最好的例子。语言学家诺姆·乔姆斯基①[25]用语言证明,他设想的大脑的某些部分就像语言的结构。在我看来,他的主要结论缺乏证据,已有的语言知识或大脑知识都不能给他提供支持,然而,他希望通过语言去了解大脑某一部分的图式,这条路子则是正确的。

人的机械延伸不仅告诉我们有关人脑的情况,而且告诉我们有关人体的情况。在这一点上,读者也许难以用自身的体会去理解上述观点。人的许多延伸实际上是基本人性的表现,但是我们由此又认识到,人有**许多**基本的属性。透过人的种种延伸,我们可以窥探人不可思议的多种多样的才能。看看那些对机器既无感觉又一窍不通的人,再把他们和精通机器的人作一番比较。想想诗词歌赋的奇迹、作曲填

---

① 诺姆·乔姆斯基(Noam Chomsky, 1928— ),美国语言学家、转换—生成语法的创始人,左翼批评家,被誉为"永远的异见人士",著有《句法革命》《句法理论要略》《深层结构、表层结构和语义解释》《支配和约束论集》《失败的国家:国力的滥用和对民主的侵害》等。

词的神奇、数理计算的美妙,请比较这些奇迹对内行人意味着什么、对外行人又意味着什么。科学和艺术乃是中枢神经系统的直接产物。然而,延伸迁移的因素却常常蒙住了我们的眼睛,使我们看不见中枢神经系统的奇迹。倘若真要举例说明人脑的外化,这个例子就是科学。若要体会这个外化过程的影响,我们就必须回忆古代的情况。在中东的两个三角洲,埃及祭司和苏美尔祭司率先尝试把计量系统化,他们发明了计量和记录土地的系统。腓尼基商人记录星辰的位置,以此作为导航的依据。用我提出的术语来说[26],脑子里储存的共享系统叫隐形的系统;技术系统是外化的系统,即延伸系统,体外承载的系统。外化的过程是连续不断的,可以用爱因斯坦将脑子里的洞察力外化来说明,他将洞察力转换成语词或数学。[27] 其实,在他降生时,这两种延伸系统业已存在,只待他去利用。数学的玄妙使他入迷。他觉得这种大脑的外化形象非常亲切,虽然我不敢肯定他是否意识到,这就是数学。数学、科学、音乐和文学令人兴奋的地方在于,它们能告诉我们人脑的运转机制。其实,这些学科至少是大脑某些部分的模式。正如刀子只能切割不能咀嚼,镜头只能完成眼睛的部分功能一样,延伸物的功能是简化的功能。无论人类怎样努力,它绝对不能完全取代在延伸过程中被漏掉的东西。而且,正如了解延伸系统能做什么至关重要一样,了解这些被漏掉的东西也至关重要。然而,延伸过程中被漏掉的一面常常被人们忽视了。

一切延伸系统都具有这样的特征:它们被当作独特的系统,与使用者分离,且具有自己的个性。宗教、哲学、文学、艺术能说明这个道理。经过一段时间之后,延伸系统给自身加上了历史,加上了一套能供人学习的知识和技能。这样的系统可以作为独立的实体,供人研究和鉴赏。文化是最好的例证。[28]

延伸物的另一重要特征是,它们使我们能共享人类的才能,舍此之外别无他途。你未必会写诗、谱曲、作画,但你能够从艺术中得到享受。有技术天赋的人设计和制造汽车、收音机、电视机,他们使自己的才能增值到数以百万计的地步;每当打开电视机时,任何人都在分享数以百计的其他脑子的才能。

研究人就是研究其延伸。现在已有可能实际观察进化的过程,这个进化在生物体的体外发生;与内在进化相比,这个进化过程飞速向前。人类之所以能主宰地球,是因为其延伸物的进化速度很快,任何力量都不能阻挡其发展。当然存在着这样的风险:由于力量的极大增长,人处在能毁灭自己生存环境的地位,生存环境里包含着满足我们的需求的基本要素。遗憾的是,因为延伸物自有其生命,所以它们能取代人的地位。数学奇才维纳①[29]临终前不久,看到了其智力产儿计算机构成的危险,所以他告诫后人不要让计算机在人类事务中扮演太出风头的角色。汽车是另一个机械系统,许多人依赖它,很大一部分美国经济依赖它,除非遇到大的浩劫,看不到有任何扭转这个趋势的可能性,它正在取代人的许多功能。一切东西都败在汽车手下,城市的生存环境、田园风光、清洁空气、健康身体都败下阵来。

延伸之物使生活分割,使人与其行为脱节。这一后果很严重。现代战争是一个可怕的例子,机械系统可以远距离杀人,完全不必近距离地卷入其中。总统下令杀人,可以不费吹灰之力:"多投些炸弹,使他们就范。"

延伸系统最具潜在危害、最需要经常警惕的特点,可以用下面这位年轻心理治疗医师的例子来说明。老师在讲课中用一种新方法把一些基本的精神因素联系起来。这位年轻医师就如何运用老师的思想向老师请教,提出他的一个病例请老师指点。然而老师拒绝给他指教,不耐烦地挥挥手说:"你说的那个无关紧要,那是实际生活。"在这个例子中,师生二人在尽力克服困难,把复杂的实际生活与理论协调

---

① 诺伯特·维纳(Norbert Wiener,1894—1964),美国数学家、美国科学院院士,"控制论之父",获总统勋章,著《控制论》《人有人的用处》等。

起来;在漫长的抽象过程中,这个理论是从生活中抽象出来的第三步、第四步。危险在于,实际生活问题被弃之不顾,哲学和理论系统反而被当作真实的东西。每天我都在学生身上看到这样的东西。我的经验是,学生们在我们的教育制度里度过了 16 年以上的时间以后,他们已经被彻底洗脑,所以让他们走出课堂去就自己的见闻和感想作简单的观察和报告,也是不可能的了。面对现实生活时,他们大多数人都感到无能为力,因为他们事前必须知道自己去发现的东西是什么,必须有某种让他们验证的理论或假说。为什么?因为这就是他们接受教育的方式。而且,对那些攻读高级学位的人而言,这就是他们获取研究经费的办法,这就是他们争得好评出版著作的途径。

若要明智地在这个地球上生存,我们就必须知道不同的延伸系统如何运行,了解它们对我们产生什么影响。比如,在一个给定的社会系统中,信息如何组织和流动,这对机械延伸如何整合是有影响的。在一些文化中,人们深刻介入彼此的活动,美洲印第安人的文化就是如此。在这些文化中,信息得到人们广泛的共享。我们将其称为高语境(high context)文化。在这种文化里,意蕴丰富的简单讯息自由流动。这类文化可能会被机械系统压垮,丧失其整合一体的文化个性。[30] 低语境(low context)文化即那些高度个性化、人际关系疏远的、分割肢解的文化,瑞士文化和德国文化即为其例。在低语境文化中,人们相互介入的程度相当低,显然,他们能吸收和利用机械延伸,同时又不至于失去自己的文化个性。在这些文化中,人们越来越像自己使用的机器。即使在美国,也可以看见技术对乡间的影响。一百年前的小型村社虽然并未完全消失,但是已经日益罕见;年轻人进了城,那里有工作,还有刺激性的活动。

人学会说话、读书、溜冰、骑单车、开飞船、滑雪。人学会使用自己的延伸物,可是他们不注意这些延伸物背后隐藏的东西。有些延伸物异乎寻常地复杂,"科学"的工具和战争的武器就是如此。但是,它们能向我们透露许多有关人自己的信息。有一段时间(200万—400万年前),人的延伸仅限于少许粗笨的工具和语言的萌芽。自那时以来,人的基本性质几乎未变。文化是一个复杂的延伸系统。因此,文化要受制于延伸迁移的综合征,受制于这个综合征所隐含的一切后果。换言之,文化即是人的体验;反过来,人即是文化的体验。而且,人常常被当作他文化的苍白反映,常常被视为他文化的虚有其表的、不大够格的版本。在这个过程中,人的基本天性常常被忽视和压抑了。

　　从现在起,认识人的基本天性和受制于文化的控制系统,界定两者的关系,是极为重要的。因为在这个日益缩小的地球上,人再也不能对文化茫然无知了。

# 第三章
# 文化的一致性与生活

人的神经系统的演化，走在大众传媒、大众运输工具、飞机和汽车的前面。在一百多万年的时间里，我们的祖先知道周围一切人的一切举动的含义。狗的肢体语言容易解读；摇尾巴、举前爪欢跳表示"我们玩"，耸起背上的毛的意思是"滚开！"。同理，我们熟悉的人的身体信号和行为暗示也是容易解读的。人类社会繁荣、发展、演进到今天这一步，稳定性和可预见性是必不可少的。生活在今日迅速变迁、日益缩小的世界里，我们大多数人都难以想象，在一成不变的世界里成长和生活，那会是什么样子。在正在消亡的小城镇里长大的人，或多或少知道，人类过去的大部分时间里，生活必定是舒适而安稳的，但一切都在众目睽睽之下。你还没有干什么事，人们就知道接下来要发生的事情，甚至知道你就要干什么事。"杰克要买一匹马。""对。马一养肥，他就出手卖掉；肥马再继续喂，那就不划算。"

"迈克准备打人时,你总是看得出来的。首先,他站起身来回踱步,接着他站到窗前,背向大家,朝外看,取出梳子反复梳理头发。当他转身看着室内的人时,你就知道要出事了。"

动物的许多反应是先天性的。与此不同的是,在演化过程中,人的交际行为却与他的生理机制毫无关系。如果你接触的是陌生的文化,甚至不熟悉的亚文化,人们的交际行为将和口语一样难以理解。普天之下,人的身体一望而知都具有人的共性,尽管皮肤颜色、毛发形态、相貌和体型之类的外表特征会有所不同。除非你动手改变它,人类普遍相同的外形将千秋万代维持原样。变化的、演化的、赋予人典型特征的,事实上是他置身其中的文化;无论他生在何方,赋予他特性的是他的文化,即总体的交流框架,包括他的语调、行为、体态、姿势、语气、表情,他处理时间、空间和物质材料的方式,以及他工作、游戏、做爱和自卫的方式。上述各点及其他更多的东西,是完备的交流体系。只有熟知行为的历史、社会和文化背景,我们才能够解读这些交流体系的意义。[1]

人类所具有的一切和所做的一切都受到学习的修正,因而这一切都有可塑性。然而一旦学习到手,这些行为模式、习惯性反应、交往的方式,都逐渐沉入了大脑的表层之下。它们宛如潜艇编队的司令,从深层的地方进行控制。这些隐蔽的控制机制常常被感知为先天的东西,因为它们不仅无时不在、无处不在,而且已经习惯而成自然了。[2]

区别先天固有的东西和后天习得的东西非常困难,使之加倍困难的是,在成长的过程中,我们周围的每一个人都共享着相同的模式。当然,倘若生活在双重文化(bicultural)或三重文化(tricultural)的环境中,情况就不同了。多重环境可以成为巨大的财富,因为它使人习惯于这样的事实:人们在行为方式上实在是迥然殊异的。在双重文化的环境中,我看见人们在相互交往时从西班牙文化转到德国文化,而他们本人对这样的转移却习而不察。此外,我还看见过有人开始交往时

## 第三章
## 文化的一致性与生活

用的是希腊文化模式,后来又因为环境的需要自然而然地滑向一种日耳曼—瑞士文化模式。

神奇吗?是的,然而这又是颇为平常的。这是大脑信息加工和控制机制的一种功能。我们将在第十二章描写这些机制。实际上,鲍威尔斯认为[3],神经系统的结构方式决定,只有偏离原定计划时,控制行为和知觉的模式才会进入人的意识。管束行为的最重要范式和规则,以及控制我们生活的范式和规则,在我们的意识层次之下发挥作用,通常不可能供我们分析,其道理就在这里。这一点至为重要,它常常被人忽视和否定。文化无意识和弗洛伊德的心理无意识一样,不仅控制着人的行动,而且只有经过呕心沥血的详尽分析之后,才可能为人所认识。因此,人们自然而然地把他们身上最典型的东西(青年时代的文化)当作是先天固有的。人被驱赶进了这样一种思想感情的立场:凡是行为难以预料,凡是行为略显独特的人,都是有点漫不经心的人,教养不当的人,不负责任的人,精神变态的人,政治上不可救药的人,甚至就是低劣的人。

在跨文化交流的情景中,我们常听到这样一句话:"我就按本真的我行事,他们怎么行事我就怎么看。毕竟,他们也是成年人呀,是吧?"说得真好。在肤浅的社会交往中,"做你自己"(be yourself)的公式是适用的。但是,倘若你是盎格鲁血统的老师,学生是西班牙裔美国人,你面对看上去缺乏动力的学生,该怎么办呢?你这位非西班牙血统的美国人理所当然地认为,总有一部分学生想学好,想有出息的。所以,当你听说这样一种文化特征时,你会感到震惊的:对许多新墨西哥州的西班牙裔来说,在同龄人中出人头地,就是把自己置于非常危险的境地,所以他们要不惜一切代价地避免出人头地。突然之间,你原有的老框框带上了一层崭新的意义。

今天,人越来越多地处在这样的环境中:在解读他人下一步要做什么时,自己的文化再也不是可靠的依据。人经常处在与陌生人打交道的情景中,因此他必须迈出下一步,着手超越自己的文化。这是不能靠坐在椅子里完成的。

然而,一开始感到非常难的苦差事,结果可能会成为深刻、亲切、意义隽永的事情。在这个背景中,重要的是不断提醒自己注意,神经系统中处理社会行为的那一部分,是根据负反馈(negative feedback)原理设计的。换言之,只要遵循既定的程序,就必然产生一个控制系统;人们对这一点却是浑然不觉的。具有讽刺意义的是,这一点意味着,由于控制系统的运转,大多数人都无从知道自我里的重要成分。只有在事情不按照隐蔽的程序发生时,人才能觉察到控制系统的存在。这种情况在跨文化交流中经常发生。因此,人类成员之间珍贵的馈赠,并不是异域风情的经验,而是获得机会以了解自己文化系统的结构。只有与那些不和自己共享这个系统的人打交道,才能够觉察到这个控制系统的结构。所谓不和自己共享这个控制系统的人,包括异性成员、不同年龄组、不同民族和不同文化的人;他们都可以使人觉察到自己文化系统的结构。如果没有长期观察美国同胞如何对付其他时间系统的经验,我是不可能了解他们如何使用时间的。他们不仅用时间来安排生活,而且用时间来提供一个交流的语境。我在日本看到,我的同胞与日本人交往时感到受挫,他们说日本人"拐弯抹角"(indirection)。于是我豁然开朗:原来,严谨的逻辑、清晰的思维和人的天性并不是捆绑在一起的一个整体。同样显而易见的是,我们坚持把每一个"逻辑"步骤都说得明明白白、不参照事情来龙去脉的做法,日本人同样感到厌烦。一旦了解他们之后,你就会明白,他们的行为在很大程度上是始终如一的(consistency);如果不了解他们,他们的行为就是不可预料的。应当承认,要固执的美国商人对付"拐弯抹角"的日本人是有困难的,同样困难的是使美国人习惯日本人的方式:相比西方铁定的书面合同,日本人更倾向于口头协议的约束力,因为西方的书面合同也随时会被宣布无效,予以废除。

## 第三章
## 文化的一致性与生活

在海外，人们心目中的美国人的形象是：不相信人，而且他们彼此的关系常常是相互猜忌的，言辞对他们没有约束力。由此可以推断，创造性地运用跨文化的人际关系，能揭示心灵中一些非常深层的、高度个性化的、敏感的区域。这可以解释，为何文化中更加重要的方面，竟然经常被顽固地搁置到一边了。以不信任他人为例，我们到了要求一切事情绝对准时的地步。如果我们美国人坦诚地对待自己，我们与其他文化接触的经验就可以给我们启示，使我们明白，生活在一个信赖人的世界里是什么滋味。也许到了那个时候，我们就不会这样惧怕他人了。

用跨文化的技巧研究自我时，要以这样的观念为出发点：最不了解因而最难以研究的正是与自己最亲近的东西，如上所述，这些东西就是控制生活的无意识模式。过去在国内生活的日子里，使生活可预测的、赋予它处处可见的有序性的，正是那些人人共享的模式。

我们之中着手研究自己和外国人的学者，曾经遇见过一些令人难以置信的场面。和我们自己的投射系统赋予我们的期待相比，我们看到的完全是另一番景色。我们脑子里携带的地图以我们的文化经验为基础，相当粗糙，比哥伦布1492年向西航行去寻找印度时所携带的地图好不了多少。甚至还有庞大的大陆尚待我们去发现，这些大陆是西方人一无所知的、人的经验的浩瀚领域。请记住，我们掌握的地图是已知领地的地图，就像我们家乡邻里的地图一样熟悉，这是没有必要清楚绘制的地图。它们装在我们的脑子里就够了，就可以供我们使用。只有到了陌生的领地时，我们才需要真正外化的、看得见摸得着的地图。

多半的文化探险是以迷路的烦恼开始的。脑子里的控制系统发出信号说，出现了意料之外的情况，我们进入了尚未探明的水域，不得不关闭自动导航系统，由自己来掌舵。最意想不到的地方总是有暗礁。遗憾的是，人们在实际生活中并不真正这样看问题；人们几乎总是必然要作出这样的反应：否认有礁石存在，直到真的触礁搁浅为止。

在远东的一个小国，我曾有机会去破译一个异乎寻常的模式。当时待在那里的美国人非常少，美国使团的成员是仅有的美国人。这个国家风光绮丽，人民敦厚友好、温文尔雅，风景之美，近乎人世间的热带天堂。然而，璧中有瑕，美有不足。在正式的拜会中，他们让美国人无休止地久等，仿佛美国人根本不存在。有的人等候了几个小时，甚至新到任的美国大使也不得不硬等！在通常的外交场合，这样的待遇将构成对我国政府的侮辱。然而，有迹象告诉美国人，情况并非如此。有许多迹象表明与此相反的情况。此外，两国的关系是友好的，没有必要对每一个美国人表示不敬，在初次会晤之前更没有理由让人久等。当然，美国人感到大惑不解。他们之中熟悉东南亚情况的人，立刻会想到占星术，因为一切重要事情发生之前，占星术都被用来预卜吉凶，这就使事情更加复杂了。事实上，在任何形式的介入之前，他们都要求教占星术士。然而，在这个国家里，在接待室里令人难熬的、坐冷板凳的长期等待中，占星术似乎并不是一个重要的变数。因为该国的邻国虽然也信占星术，可是那里的外交官员并不需要久等。

最后，这个美国大使馆用它特有的官僚主义范式和典型的讲究时间的办法，向所有雇员训示，办公务时，他们只应该等候20分钟；如果仍然无人接见，就应该告辞，另找时间再去。这种做法既能表现他们对主人的尊重，又可以避免个人受侮辱去苦等30分钟、45分钟甚至一小时。这一做法考虑到了美国人的焦虑、气愤和歉疚，但是并未使他们明白苦等背后的原因。在对一种显然是莫名其妙和令人困惑的交往作出回应时，美国人提出的解决办法，乃人之常情，也符合自己的文化模式。然而，这样一来，他们就堵塞了学习的路子，既不能了解自己，也不能了解东道主了。

我觉得这个例子很有趣，因为它证实了过去的观察，美国人对自己安排时间的方式习而不察，不知不觉。关系不密切的人办公务时，美国东海岸中产阶级的时间模式是适用的;按照这一模式,人应该准时赴约。迟到5分钟应该说声对不起;迟到15分钟要明确表示歉意并说明原因;迟到30分钟是对别人的侮辱,如此等等。[4]等候别人时,大概也遵循这样的模式。对美国人而言,这些模式不只是较高知觉层次的"纯粹的习惯"(像英国中上层阶级的习惯)。对他们而言,这些模式既构成了组织活动的基本模式,还构成一个完整的交际系统。使馆把正式拜会的等候时间限定在20分钟之内,这并非哪位官僚随心所欲、信手拈来的主意。考虑到当时的情况,这一规定实在是在预料之中,它与美国人的隐形标准(informal norm)是完全吻合的。20分钟的等候长到足以表示礼貌,短到足以保全官方的面子。这类行为是固定不变的程序,一旦感知到它,遵守它就如同机械反应:一按按钮,指示灯就亮。只要运转正常,机器总是产生同一反应。在任何给定文化里,文化成员的行为也有固定的程序。否则,生活就难以为继了。

显而易见,把文化当作机器的比拟,是不能太轻率的,因为任何机器(包括最先进、复杂的计算机)也不能与人的复杂性同日而语,更不能与人的互动能力同日而语。况且,还有一个延伸省略(extension-omission)的因素。它表现了这样一个事实:任何延伸都不能复制出被它延伸的器官或活动的一切功能。然而,面对一种神秘的机器或生物,其性质又不清楚时,如果想发现它的功能,那么,唯一的办法就是变换输入的信息,看看它作何反应。设想有这样一种生物,它按照设计的程序和指令运行,完成对信息输入的控制,可它对程序和指令却浑然不觉。如果它要了解自己的控制系统,发现维持它输入稳定的控制系统是何性质,它只有一个办法,那就是有条不紊、一步一步地改变输入的东西,迫使它自己回归到正常的状态。

用来验证这一思想的生物实验非常简单。让实验动物在一只水箱里游动。在一天之中的某些时间里,它停留在紧贴水面的地方。如果我们向下压它的头部,它自己会调整,整个身子回到原来的位置。

但它也可能只用一种方式作出反应，即只抬起头部，身子并不动。所以，我们设计另一个测试手段——从下面将它的头部往上推。这一次，它又做出自我调整，整个身子回到到原来的位置。它始终在同一层面潜游，好比是按照日程表生活的人。如果按照日程表安排生活，规规矩矩，务求守时，人就会对日程表的存在浑然不觉，对日程表的需求也浑然不觉。除非意料之外的事情突然发生，打乱了他的日程表，否则他是不会注意日程表的。即使到了这个时候，他比较注意的也是生活被扰乱的情况，并不会很留意自己对日程表的需求。

上述情况基本上就是世界各国人民遇到的情况。北美的早期白人移民不能使印第安人顺应欧洲人的范式，他们的反应就是摧毁一切不能控制的、不按照可预见的方式起作用的东西。

靠损害他人来控制自己的信息输入，这样的代价最终会高得难以维持；不过，这种人也许（常常的确）没有觉察到，他们付出的代价实在是太高了。之所以不知不觉，是因为他们一心一意在难以控制的情景中控制自己的输入。

第二种控制信息输入的办法，是对存在另一种文化模式的可能性置之不理，或自欺欺人地说，世间的一切模式基本相同，或者说模式的差别无关宏旨，仅仅是习惯而已。这种办法非常漂亮地规避了问题，却加重了困难，使两种文化系统更容易撞车。

为了说明这一机制，让我再举一例，用比较实在的语言描绘另一种试验。其间，人的行为随着事情的发生而变化。首先，我们设想10个蒙眼人在室内捉迷藏。我们诱导他们相信自己能看见东西。结果，他们不断碰撞，始料未及。接着，我们告诉他们，为了避免意料之外的碰撞，他们必须卖劲，更加努力，跑得更快些，胳膊挥舞的动作更大些。而且，每次撞上之后，他们必须要跑得更快，要加大挥舞胳膊的力量。结果当然是个个鼻青脸肿，人人垂头丧气、七窍生烟。

再来看看，如果改变指令又会出现什么情况。我们告诉他们："你们是盲人,可是你们不知道自己是盲人。虽然看不见,但凭借一套装置和信号,你们学会了不彼此相撞。可是你们对这套东西不知不觉。所以,无论从哪一点来看,你们没办法知道,自己看不见。现在,我们带一些人进屋,他们也是盲人,而且和你们一样,他们也没有意识到自己看不见。差别在于,他们不避免和人相撞,因为他们凭借和他人的接触来判定自己的方向。他们宁可相撞,也不愿意避开。"

如果在心里想象这样的试验过程,就可以看见,两组盲人都觉得对方令人丧气。第一组人总是出乎意料地被人碰撞,被人触摸。第二组人则难以判定方向,因为其他人总是避免与他们接触。由于他们都不曾意识到自己是盲人,也不曾意识到他们是如何避免相撞或是相互接触的,所以他们都不会想到问题出在眼睛上。等到两组人遭遇以后,他们才意识到,为了定向,他们必须要注意暗示的信号,或以免相撞,或以便接触。乍一看似乎矛盾的是,只有在他们无法避免相撞或无法保持接触的情况下,这些暗示信号才能为人所觉察。一方面,只要人人都在用同样的信号系统,就不必清楚界定一种替代视觉系统,事实上这样做也是多余的。另一方面,避免相撞和升级为挥舞胳膊比赛的唯一办法,就是能辨认出两种信号系统中的冲突因素。这就是说,第一组盲人撞到人后,就不再跑得更快,也不再挥动胳膊,而是放慢速度,敏锐地感觉发出和接收到的信号,以便能有意识地解读和控制这些信号。这个教训有如下四重意义:

1. 有些人掌握了一种无意识的、非常有效的避免与人接触的信号系统。

2. 世上还有另外一些人,他们的目标是要观察人,而不是避免与人接触。

3. 和你一样,这些人既不知道他们是"盲人瞎马"——

4. 也不知道自己的行为是井井有条、始终如一高度一致、可以预见的。

事实上，盲人捉迷藏的比方是一个失之过简的例子，我们用它来说明，我们与其他文化的人或与自己文化变异体的人接触时面对的是什么情景。这就是说，如果你想在这个崭新世界里顺顺当当地过日子，不遭受意想不到的打击，你就必须超越自己的文化。为此目的，你必须知道两点:(1)你有一个文化系统;(2)你应该了解其性质。而且，精通其中任何一点的办法都只有一个，那就是找出与自己的系统不同的系统，把自己当作一台灵敏的记录器，注意每一种反应和升级的趋势。令自己回答一些问题，以便说明自己以前的处境，界定即将进入的处境。空对空是不可能达此目的的，因为可能性太多，行为系统太复杂。只有在具体的语境里或实际生活中，我们才能发现管束行为的规则以及自己文化系统的结构。

介绍了这一背景以后，我们回头看看美国人在那个亚洲小国的例子，探讨他们被迫苦等时究竟发生了什么事情。我最终找出了一个模式来解释这些东道主令人迷惑的行为。美国人之所以不得不苦等，那是因为他们不为人知，他们尚未获得实在的形象。履新的外交官在会客室枯等，他就像是一卷尚未冲洗的胶卷;人们对他没有实在的、感性的印象。谁也没有和他交过朋友，谁也不知道他这个人怎么样。你可能看见并听见他大喊大叫，抱怨久等，声称他的地位多么显要。然而，从那个小国社会系统里的关系来看，他顶多不过是一个影子，并不那么引人注目。愿意多次回来、在会客室里与东道主寒暄的美国人，有可能成为那个社会系统中有血有肉的、活跃的成员。最后，他们就会被引进办公室去和官员晤面。美国人看人时，用的是地位标准;当地人看人时，用的却是比较大的社会框架，这就需要更多的时间来整合。

这个例子里有两点突出的现象:(1)我们直接询问时，双方都不能解释会晤的情景，因为双方都以为，对方熟悉自己的文化系统;他们都没有意识到，还存在另一个系统。(2)一旦揭开秘密，从两个系统中冒出来的差异都令人难以置信。在寻求对这个悖论的解释时，有一点知识给我帮了大忙：我最初并不了解自己文化的内在运转机制，于是强迫自己去学习，以洞悉美国行为范式的秘密。我还知道，在整个远东，指引人们彼此相处的是人际关系，这是十分稳定、长期不变的社会系统里的人际关系。

问题是，如果身处上述那种与自己截然不同的文化环境时，美国人如何才能继续控制外界的信息输入呢？首先，他必须抛弃一些自恋的情绪，调整自己的日程，比如摆脱预定时间表的束缚，在交往中不设定先入为主的进展速度；相反，他必须按照当地人的时间表来培养人际关系，使自己的形象实实在在，花一点时间去让人感知到自己的形象，使自己成为可以信赖和预测的人，然后再做其他的事情。以维护刚性时间表而自豪的、固执的官僚主义者以及拼命节省时间的生意人，发觉这一点难以做到，也难以容忍他人慢腾腾地培养人际关系。他们认为，培养人际关系是代价高昂的坏习惯，是浪费时间；更为严重的是，它说明你"投靠人家了"。（让外交官换岗，正是为了不让他们与当地人建立持久的联系。）

根据我的经验，方才讨论的两种文化系统都需要花时间；这全然是把时间用于何处的问题。花在熟悉的人身上的时间后来能弥补回来，因为交上朋友以后，可以在较短的时间里办很多事情。这两种系统代表着我所谓的高语境和低语境（见第六、七两章）。高语境的文化要求人们彼此进行程序调控的时间比较长；一般地说，只有人对文化系统比较熟悉时，这些系统才承载较大的分量，并因此而比较容易预测。相反，对于不知道存在着另一种文化系统的观察者而言，尽管他可能不知道或不承认他被迷惑住了，但一种陌生的、高语境的文化可能全然是神秘莫测的。为什么？因为他自己的文化框框非常强大，足以扭曲他所目睹的文化现象，足以使他自欺欺人地说，他知道眼前发生的是什么。当然，这是既危险又冒险的情景，而且令人遗憾的是，这样的情景实在是司空见惯。

谁也不喜欢抛弃老框框(stereotypes)。但有人对国内的情况驾轻就熟,甚至是专家型的人才,如果你要他们承认对当地文化一窍不通,实在令他们大多数人难以容忍。我职业生涯里的大段时光花在文化行为的互译工作上。现在我知道,译解文化行为是一回事,让人相信我的译解却是另一回事。迄今为止,要克服个人文化控制系统中那种花岗岩一样的顽固,只有两种部分有效的办法。一是在外国待一辈子,天天与外国文化厮守。另一种是接受一种涵盖面很广的、精心设计的培训计划,包括语言和文化的培训计划。这样的训练要考虑以下几种因素:

1. 人的神经系统是根据负反馈原理组织的。换言之,整个神经系统的运转顺利而自然;唯有在输入的信号偏离常规时,控制系统才有意识地调动起来。由此可见,在大多数时候,人们都意识不到管束行为的模式和参照信号,个体的人是这样,集体的人亦是如此。

2. 终其一生,人们的大多数时光主要是用来处理输入的信息(这一事实与流行的观念刚好相反)。

3. 个人范式的实际情况和结构,只能一点一滴、支离破碎地被自己意识到,只有在非常特殊的情况下才能为自己察觉。一般地说,只有在面对外国文化、试图维持恒稳的输入信息却又反复受挫、败下阵来以后,人们才能意识到自己的范式。

4. 解读熟悉的亲友的行为很容易,就像是不必借用脑子里的什么地图就能跨越烂熟于胸的地区,就像是在文字发明之前就能轻松自如地说话一样。人不需要文字就能说话,不需要对口语规则的技术性知觉就能说话。然而,从活生生的文化行为中抽象出过去不存在的规则,却是一件令人望而生畏的艰难任务,这一智力成就可以与化学、物理学和天文学上的伟大成就相媲美。

5. 直到晚近一些时候,人都不必意识到他的行为系统的结构,因为他待在国内时,大多数行为都很容易预测。然而在今天,人们常常与陌生人交往,因为人的延伸既拓宽了人的活动范围,又使人的天下缩小了。因此,人就需要超越自己的文化。只有阐明其运行规则,我们才能超越自己的文化。

　　超越文化的复杂过程所涉及的部分内容,将在下面的几章里加以描写。为了完成这项艰巨的任务,我们必须要考虑的课题有:中枢神经系统的性质、人的几部分脑子、人如何形成表象、语境决定行为的作用以及基本的文化系统(如时间系统和空间系统)是如何用来组织行为的。

## 第四章
# 隐蔽的文化

**文**化有这样一个悖论:语言最频繁地用来描写文化,可是它难以适应描写文化的艰巨任务,这是由语言的天性决定的。语言的线性特征太强,其综合性不太够,它太受限制,太受拘束,太不自然;语言在很大程度上是它自身演化的产物,它具有太明显的人工斧凿的痕迹。这就是说,写作的人必须随时牢记,语言对写作的人施加了种种限制。然而,语言有一点却施惠于写作的人,它是使一切交流成为可能的媒介,而且是一切交流和一切文化依赖的媒介。换言之,语言不是(可惜人们常以为是)将思想和意义从一个脑子向另一个脑子迁移的系统,而是组织信息、释放思想、诱发其他生物体作回应的系统。世间一切表现洞察力的素材存在的形式,是初始的形式,它们常常尚未被明确地表述出来,不过它们已经进入了人的大脑。我们可以用各样各种的方法去把这些洞察力的素材释放出来,但是要把它们植入别人的脑子却是不可能的。代替我们

# 第四章
## 隐蔽的文化

行使这一职能的是经验,尤其是海外生活的经验。

在美国人可能造访和工作的国家里,有一些事情令美国人难以适应;在那里,信息的输入难以控制,生活中充满着使人诧异的东西。这样的国家我想不起多少,最典型的莫过于日本。显而易见,这个观点并不适合短暂观光之类的情况,因为全世界都为游客创造了宜人的环境,这样的环境像盾牌一样把游客保护起来,使之脱离东道国人民的生活现实。游客难得逗留很长的时间,他们被隔绝起来以免异域文化的全部冲击,他们为此而感到更加惬意。但实业家、教育家、政府官员和外事人员的情况,又另当别论。我的思想是针对这些人的,因为他们在活生生的环境中了解文化过程,从中学到的东西可能是最多的。理解潜隐文化的实际情况,在知觉的层次上去接受其实质,既不可能一蹴而就,也不会那么轻而易举,必须到生活中去体验,而不是从读书中去了解,也不是靠推理去探究。然而,有的时候,生活中最直接体验到的例证可以用来说明一些世人共享的最基本的模式。以下描述的事件是我在日本的亲身经历,或者是我在别的国家里与日本人打交道的亲身经历。其目的不仅是要说明文化之间的差别,而且是要给洞悉文化环境底蕴的过程提供一个自然展开的历程。无论你浸泡到另一种文化里之前已经做了多么充分的精神准备,接踵而至的惊诧总是难以避免的。

几年前,我在日本卷入了一连串的事件,它们使我感到大感不解、不可思议。后来我才知道,用自己文化的观点去观察的举动,如果换用外国文化的语境去考察,就可能获得截然不同的意义。

我下榻于东京闹市的一家旅店,这家旅店既有欧洲式的卧房,又有日本式的卧室。住店的客人有几位是欧洲人,但是日本客人占绝大多数。我在此已住了十天。下午三四点钟的时候,我要回自己的房间。在服务台要过钥匙以后,我乘电梯到了我住的楼层;走进房间时,我立即意识到出了差错。房里的东西被移动了。眼前的东西大不相同。我走错房间啦!不知是谁的东西放在床头上和桌子上。不知是谁的盥洗用具(日本男人的盥洗用品)放进了卫生间。首先涌入我脑子的想法是:"万一被人发现我在这儿该怎么办?我如何向一个日本人作出解释?他可能连英语也不会说呀!"

我几乎感到惊恐,因为我意识到,我们西方人的领地欲真是强烈得不可思议。我再检查一遍钥匙。不错,确实是我的钥匙。显然,他们把另一个人的行李搬进了我的房间。但是,我现在的房间在哪儿呢?我的东西在哪儿呢?我莫名其妙、大惑不解,于是就乘电梯到大堂去问个究竟。他们为何不在服务台告诉我,而是让我去冒难堪丢脸的风险,让我被人发现我钻进了别人的房间?首先他们就不该搬走我的东西!由于我对空间的作用颇为敏感且我的房间舒服,我不愿意放弃这个房间。毕竟,我告诉过他们,我要住将近一个月,为什么要干这种把我搬到另一个房间的事情呢?好像我是没有预订房间硬要挤进来似的。什么道理也说不过去呀!

服务台的接待员吸了一口气表示尊敬(是否有几分尴尬呢?),同时告诉我说,他们的确把我转到另一个房间里去了。他解释说,我那个房间有人预订,又给了我新房间的钥匙。我发现,我的一切行李物品在这个新房间里的位置,几乎和我自己摆放的一模一样。我心里油然掠过一丝难以名状的异样感觉:也许我精神不大正常产生幻觉了吧!否则,还有谁能把那么多鸡毛蒜皮的零星琐事做得和我一模一样呢?

三天以后,我又被搬到另一个房间。这一次我有了精神准备,所以我并不感到震惊,只不过意识到我又转到另一个房间了。我心里嘀咕,知道我原来房间号码的朋友,现在要找我就难上加难了。更糟糕的是,我这是在日本。有一件事情实在使我迷惑不解。早些时候,我在弗兰克·劳埃德·赖特①设计的帝国饭店里住了几个星期,在那里从未发生过如今在日本发生的情况。究竟有何不同之处呢?究竟是什么东西变了呢?最后,我习惯了被他们转来转去地搬房间,我甚至每天回饭店时都要问问,我是否还住在原来的房间。

后来,我与友人到海滨胜地箱根去游玩。住进旅店后发生的第一件事,就是请我们更衣。店员把特制的和服发给我们,我们换下的衣服被女服务员拿走了。后来上街玩时才知道,我们可以认出旅店的其他客人,因为大家都穿着一模一样的和服。每一家饭店的和服都有其特征,显然有一望而知的图案。

箱根之后,我们去京都,这里有许多久负盛名的庙宇和宫殿,它是日本的古都。

我们在京都运气颇佳,住进了一家乡间小客栈。它坐落在小山坡上,俯瞰着城里的景色。一个星期以后,我们彻底适应了陌生的日本环境。一天晚上,我们回到客店时,店主在门口迎接,他结结巴巴地对我们说着什么,流露出一副歉疚的样子。我立即意识到,我们的房间换了。于是我就说:"您这是万不得已。请别为此而烦恼,我们能够理解。请径直把我们带到新的房间,不要紧的。"我们抬脚走进大门,翻译先生边走边向我们解释,我们不再住这家客店,而是被换到**另一家**旅店了。真是当头一棒!而且,这一次又是不事前通知。我们心里嘀咕着新旅店是什么样子。在乘车下山进入市区的路上,我们的心越来越往下沉。最后,下到山脚最低处不能再下时,出租车把我们带进我们从未去过的一片城区。看不见一个欧洲人!街道越来越窄,最后拐进了一条僻静的小巷,小巷之窄仅能勉强让这辆微型出租车通过;我们挤在小小的汽车里很不舒服。显然,这是另一个等级的旅店。此时此刻,我发现自己像是患了妄想狂,在异国他乡是很容易过分猜忌的;

---

① 弗兰克·劳埃德·赖特(Frank Lloyd Wright, 1867—1959),美国著名建筑家,现代建筑的权威人物。

我心里说:"想必他们认为,我们的社会地位一定很低,所以才这样对待我们吧。"

结果,旅店周围的日本人,事实上是周围的整个城区,向我们展示了日本人生活的一个完全殊异的方面,它和我过去所见的日本迥然不同,其趣味性更加浓烈,日本味更加纯正。诚然,我们在交流中确实遇到过一些问题,因为这里没有一个人习惯和外国人打交道;但是这些问题多半都不严重。

然而,我像一件无人认领的行李一样地被人扔来扔去,这件事情自始至终还是让我百思不解。在美国,被移动的人常常是地位最低的那个人。这条原则适用于一切组织,包括军队。你是否被调动是由你的身份和能力决定的,是由你对该组织的价值决定的。未经预先告知就调动一个人,这是比人格侮辱有过之而无不及的侮辱,因为这意味着,他的感情不值得考虑。在这些情况下,调动能使人心神不安,能损害人的自我。此外,无论是整个组织移动还是其中一小部分移动,调动本身常常伴生着焦虑。使人焦躁的东西是,移动预示着组织变迁,移动所带来的调整中包含着变迁。自然,人人都想看看,他和别人比较价值几何。我曾经看见,一些显要人物拒绝搬进比相同级别者的办公室短小6英寸的办公室。同时我又听一些美国行政官员说,他们不愿意雇佣如此这般的某某人。事实是这样的:实际上,空间作为传达信息的手段是如此之重要,所以除非能得到相应的补偿,凡是头脑健全的雇员,没有一个会同意他的上司使他占有的空间降格的。当然,已爬到顶峰并开始走下坡路的人例外。

在美国,上述空间讯息绝不是一般的惯例——除非你认为自己薪水的多少是纯粹的惯例,除非你认为自己的名字在杂志的首页被排在什么地方也是单纯的惯例。级别的高低很难是人们会掉以轻心的问题,在美国这样流动性很强的社会里更是如此。每一种语言、每一种文化都有其独特的空间语言。空间语言和口头语言一样是独特的,而且常常是更加独特的。比如,英国的议员没有办公室,美国的众议员和参议员的办公室和办公楼却不断增加。他们简直就不能容忍没有办公室的局面。如果没有办公室,选民、朋友、同事和政治说客就不能恰如其分地作出反应。在英国,人的社会地位已内化到人们的脑子里,社会地位有它的表现和标记,上层阶级的英格兰口音就是一个佐证。在美国这个比较年轻的国家里,我们把社会地位外化为具体的东西。美国人在英国时,他们判断英国人的社会地位时会遇到困难,而英国人却可以凭借等级标记作出十分准确的判断。然而,英国人往往并不看重美国人赋予空间的重要性。以自己的观点去观察事物,去解读一个事件,仿佛普天之下都是如此,这是非常自然的倾向。

我知道,我在东京被人转到另一个房间时的感情,是一种下意识的直觉,是颇为强烈的反应。我的最初反应之中没有一点是理智的成分。尽管我的专业就是观察研究文化模式,可是我在京都从一家旅店被转到另一家旅店的意义是什么,我却一点也不知道。我非常明白,美国文化里空间位置的移动有什么强烈的含意;新生儿取代稍大的孩子成为父母的宠儿;企业搬迁时那种复杂的生活之舞蹈——所有这些移动所包含的意义,我都是非常清楚的。

我手里攥着几种钥匙,在日本乘电梯上上下下时,身上发生的事情是这样的:我在用脑子里专司文化的那一部分对外界作出反应,这是古老的哺乳类的脑子(mammalian brain)。虽然我的新脑(new brain),我专司符号的大脑即大脑皮层(neocortex)表达的是另外的意思,可是我那哺乳类的脑子却不停地说:"你得到的待遇太寒酸了。"我的新大脑皮层试图弄懂正在发生的事情。毋庸赘言,这两部分大脑的程序都不会给我提供日本文化里需要的回答。我不得不与自己进行一番搏斗,才能避免作出这样的解释:正在发生的事情仿佛说明,日本人和我一样。这是习惯性的、普遍的反应;即使在人类学家中,也常常见到这样的反应。无论何时,你都可能听人这样说:"唔,他们与我们国内的人没有什么不同嘛——他们和我一样。"尽管你能够理解这句话背后的原因,但是同时你又知道,这个人生活在单语境世界(他自己的世界)里,他既不能描述自己的世界,也不能描述外国人的世界。

"他们和国内的同胞一样"这种综合征,即使不是全世界的综合征,至少也是西方世界最顽固、最普遍的错误观念之一。在这一点上,任何外来者都帮不上忙,因为这种综合征表达的观点非常贴近人格的核心。只说说"文化差异",说说必须如何重视文化差异,那是空洞无物的陈词滥调。而且事实上,从理性的观点去看文化差异也帮不了大忙,至少在初期是这样的。不愿意迁入比对手的办公室短小6英寸的办公室的人,他的逻辑是**文化逻辑**。文化逻辑的运转是在大脑较低的、更基本的层次上,这部分脑子的功能是进行综合,而不管语言表达。他这种反应是整体的反应,对于尚不了解这一点的人,这种反应是难以解释的,因为正确的解释非常依赖文化语境。要解释这种反应,就必须解释整个系统;否则,此人的行为就毫无意义。他的反应看上去甚至是幼稚的行为。但可以肯定,他并不幼稚。

因为我执着于了解自己的文化模型,所以我多年来苦苦思考,我在日本旅店里被人调换房间是何含义。在日本获得深一层的体验并且和日本朋友进行了许多探讨以后,答案最终来到了。在日本,一个人要"有归属",否则他就没有身份。进入一家公司供职,他做的正是获得身份,即加入那个团体,甚至要参加进入公司的庆祝仪式。一般地说,他在此终生受雇。公司扮演的父亲角色,比美国公司重要。他们的公司常有自己的歌曲,全公司常常集会(通常是至少每周一次),目的是要维护集体的身份和士气。[1]

作为旅游者在日本旅行时(无论你是欧洲人还是日本人),你加入一个旅游团,无论走到哪里都跟随着导游。她打着一面小旗走在前头带路,让每一位团员看见她。这样的行为使美国人觉得像小羔羊;日本人绝不会有这样的印象。读者也许会说,这一模式在欧洲也适用,因为人们在那里也参加库克公司和美国捷运公司组织的旅游团。这一点是事实。然而,有一个很大的差别。我记得有一位漂亮的美国姑娘在日本与我同团旅游。一开始她如痴如醉,完全着迷了,连续几天参观神社和古迹以后,她却突然一变,说受不了日本人那种严格的军事化生活。显而易见,她发现了日本人军事化生活的线索;比如,我们那个旅游团的日本人走动时,要排成整整齐齐的队列,而不是像杂乱的一群人,总有人掉队。这些观光团的纪律性太强,一般的西方人既习惯不了,也不愿意接受。

归属于高语境文化的含义有何影响,我缺乏完全的理解,正是这一点使我错误地解读了箱根旅店里日本人的行为。我本该知道,我处在文化模式差异的钳制之中;住店客人全都穿同样的和服,这绝不仅仅是机会主义的生意经在利用客人做广告。一位日本朋友给我解释住旅店意味着什么以后,这个问题迎刃而解。在柜台登记以后,你就不再是外人。相反,住店期间,你成了一个大型流动家庭的成员。**你归属于那家酒店了**。我被调换房间就具体地证明,我被当作了家庭的一员——这样的关系使人可以"轻松愉快,无拘无束,不拘礼节"。这是日本人高度珍视的感觉,这是对公开场合正式礼节的一种补偿。他们不但不歧视我,反而把我当成家庭的一员。毋庸赘言,为美国人服务的大型、豪华饭店(如赖特设计的帝国饭店)发现,美国人顽强地谨守礼节,希望和在国内住饭店一样,被当作客人。美国人不喜欢被调换房间。被人支来支去会使他们感到焦虑。因此,这些豪华饭店里的日本人学会了不把美国人当家里人。

诚然,少数人在生活中随潮流而动;无论遇到什么风波,他们都带着天真烂漫的好奇心东张西望,但是绝大多数不可能如此怡然自得。他们就像怒海中的一叶扁舟,被抛来抛去,只能间或有机会瞥一眼周围的导向航标。

在美国,庞大的中产阶级关心的是在社会体系中前进,无论我们居于体系中的哪一个地方。也许,除了正在进入求职市场的年轻一代以外,我们美国人与工作拴得很紧。事实上,一个人在事业上越是成功,他就越是紧紧地围着工作转;与工作相比,家庭和个人关系只占有次要的地位。我们与他人生活的关系,仅仅是外表的关系。我们要花很长的时间,才能和他人的生活联系在一起;而且对有些美国人而言,这样的事情绝不会发生。

　　日本人的生活则截然不同。对时常与日本人打交道的美国人而言,日本人的生活使人迷惑不解的程度已到极端。他们的文化似乎充满悖论。他们交流时,尤其在商讨重要的事务时,常常是用迂回曲折的方式(外国人的圈子里常说他们拐弯抹角)。上述一切都指向用高语境方式切入生活的一面。然而,另一方面,他们有时又摆向相反的方向,转移到语境尺度的底端;在这一极,没有任何东西可以被认为是理所当然的。"务必要给我擦棕色的鞋油。"——这是军事占领期间美国大兵发现必须反复进行的叮嘱。若干年后,我需要送一些胶片到日本去加工。我被告知,**务必要**将自己的一切要求详详细细地说清楚,因为如果我遗漏了任何东西,那将是我的过错。我想我提供的指令详尽到了连计算机也能执行的地步。几周以后,我收到寄回的胶片。一切都按照我的要求办了——除了我忘掉的一点之外。我忘记告诉他们把胶片卷起来放进小铁盒,或用其他方式保护胶片。在邮寄的过程中,底片被折叠划破,再也不能使用了。我在日本人生活中低语境的那一面中触了礁。

　　读者也许记得那位女外交官吧,她拒绝做美驻外事务处的语言操练,拒绝学习日语中的敬语[2],她说敬语太不民主!可是,敬语的重要功能不仅是要让对方知道,你承认并尊重他的地位。在许多办公室里,一日之始用的是敬语,如果事情如意,敬语就慢慢地不用了,于是一日之终,同事相处就更亲密了。工作快结束时仍未放弃敬语,那就是事情不妙的信号。这一点和其他信号加在一起,使我们能勾勒出日本人生活动态里的一些方面。

　　日本人在生活中被拽往两个相反的方向。第一个方向是高语境的、深刻介入的、非常亲密的生活方向。这种生活起始于童年的家庭生活，可是它远远超越了家庭的圈子。有一种对亲近的深刻需求；只有亲近时，他们才自在舒服。另一个方向走到了生活的极端。在公开场合和举行典礼时（每天都有各种各样的典礼，甚至见面也有一定的仪式），他们非常重视自我控制和人体距离，非常强调要掩饰内心的感情。和日本人的大多数行为一样，他们对情绪的态度也深深地植根于悠远的过去。过去，武士和贵族恃强凌弱，所以人们控制自己的行为具有生存的价值，因为根据法律规定凡是让武士不快的人，凡是对他不够尊敬的人，武士都可痛下杀手。这种依据仪式的习俗扩展到生活的一切层面。不仅仆人要尊敬主人；而且，武士的妻子听说丈夫或儿子战死的消息时，也不能流露任何感情。直到前不久，日本人在公开场合，绝不会表现任何一点亲密行为和身体接触。

　　但是，在正式的、礼仪的一面，有一点对日本人非常重要：要能够把人放在恰当的社会地位。事实上，倘若确定彼此地位的事没有完成，交往是不可能进行的。因此，你的名片要写清楚你的身份，首先是你工作的单位，其次是你在其中的地位，你的学位、荣誉，接着是你的姓名住址，你要按照这样的顺序提供信息。[3]

　　在低语境方式下运转时，日本人守口如瓶，绝不主动吐一个字，即使他掌握着非常有用的信息。几年前我在东京结识的一个年轻人，有一次非常沮丧的经历。正当他要经香港飞欧洲时，他接到电话通知，他的航次取消了。由于旅馆不足、航班稀少（有时每周只飞一二班），脱班意味着一场灾难，且不说其他的，预订旅馆房间就是灾难。我猜想，他当时用的是低语境交际方式，所以我劝他立即打电话询问航空公司：是否有另一班飞机去香港？如果有航班，他能否登机？接电话的还是那个工作人员，他非常愉快地回答说有，除了取消的那个航次之外，另有一架飞机在一小时后起飞。工作人员当然是在为我这位朋友的地位着想，他绝不会建议我的朋友乘另一个航班，因为那样做无异于擅自代替他人思考问题。

通过上述的一切经验，我终于看清了把所有的事情串联起来的那根线索，这就是把日本人的行为放到语境中去考察。了解这一模式至为重要：在日本，人人都有两面：热情、亲切、友好、参与、高语境、不拘礼节的一面，公开、正式、有地位意识、讲究礼仪的另一面，外国人看到的是第二个方面。从我对日本文化的了解来看，大多数日本人对讲究礼仪的、低语境的、制度化的那种生活，是不大自在的（内心里埋藏得很深）。他们主要的驱动力是，从讲究礼仪的那一面转移到家庭似的、舒服、热情、亲切、友好的一面。甚至在办公室和图书馆里都可以看到这一点，在一天之内，敬语越用越少，直至一点不用为止。举这一例并不是想说：日本人不是精明的生意人，他们的组织不严密，如此等等。凡是与之打过交道的人，无不钦佩他们的办事能力。重要的是，他们亲近和了解他人的动机非常强烈——在有些情况下，喜欢与人拉开距离的欧洲人既不能适应，也无法忍受这样的倾向。在这一点上，有关的观察资料是非常清楚的。试想他们男男女女并排挤在一间屋子里睡觉的情景，试想他们男女集体共浴的同志情谊，就明白日本人的另一面了。

美国人的情况与之形成强烈的对比。美国人倾向于达到既定的目标，而不是倾向于发展密切的人际关系。他们难以理解日本人的想法，也难以据此而行动：在日本，顾客"卖给"商家以后，事情才刚刚开始。商家要常常给他"按摩"，否则他将另找商家。当然，日本人还有许多方面，比如他们很依赖传统，很依赖集体，而不是依赖个人和自我取向。

本章的要旨表面上简单，但是在一定程度上，它确实有赖于读者是否已经在跨文化交流中找到了恰当的语境。两样东西妨碍对本章主旨的理解:语言的线性结构,以及深刻的偏向和内嵌的眼障。每一种文化都造成这样的偏向和眼障。超越这两种障碍是令人生畏的艰巨任务。而且,文化的基础在数百万年前就奠定下来了,那是人类在地球上出现之前。无论是好是坏,这个根基与自然界的其他东西是永远拴在一起的。这个基础植根于古老的哺乳类大脑中,这是把事物当作整体的那部分大脑,它总是不断地进行综合,根据过去发生的一切提出解答。乍一看仿佛矛盾的是,这副古老的脑子在前语言的层次上(preverbal level)就能理解并综合自己的文化,另一方面它又妨碍理解和整合新的文化经验。

这就是说,如果你真愿意在我所指的基本层次上去理解某一特定行为,你就必须了解这个人的全部历史。没有谁能绝对了解任何其他人,没有谁能真正了解自己,情况太复杂;而且,我们又没有时间经常不断地去分析事物、观察事物。分析和观察是人际关系中智慧的开端。然而,了解自己和了解他人是密切相关的两个过程。若要了解自己,你必须要了解他人,反之亦然。

# 第五章
# 节律与人体动作

> 不存在绝对的知识，那些号称握有绝对知识的人，无论科学家或教条主义者，都敞开了通向悲剧的大门。
>
> ——雅各布·布洛诺夫斯基[①]1

人体能告诉我们什么呢？如果我们观察人们实际上如何运动，包括他们是否要做同步运动、他们运动的节律，以及交往过程中许多难以察觉的事件，人体就能向我们透露很多信息。1952年，伯德惠斯特尔（Ray Birdwhistell）的《身势语导论》（*Introduction to Kinesics*）问世，标志着对人体动作进行技术研究的开端。自此，许多人受到该书的激励和影响，这些研究的几种衍生成果，揭示了有关同

---

① 雅各布·布洛诺夫斯基（Jacob Bronowski，1908—1974），英籍波裔科学家、数学家、作家，著有《人类的发展》《科学与人类的价值》《人的特性》《人类的未来》《科学的常识》《自然与知识》《人的身份》等。

步运动的非常重要的资料,这些资料与我们大家都有关系。

电影术语中的"同步运动"(syncing),对一些读者而言可能是陌生的概念,但是对许多人来说它是非常熟悉的东西。[2]人们交往时有两种情况:或者同步运动(所有人或部分人同步运动),或者不作同步运动,并因此而给周围的人造成混乱。基本上,人们交往时作同步运动,如同在舞蹈。然而,他们对自己的同步运动浑然不觉,因为同步运动既无须音乐伴奏,也无须有意识的协调。"同步"本身就是一种交流的形式。身体的讯息,无论觉察到与否,无论从技术上去解读与否,都很难得作假"撒谎";和说话相比而言,身体传输的讯息更接近于人的真情实感,虽然这样的感情有时候是不自觉的。许多科学家研究了身势语言和同步运动及其意义。因为这一领域正在日益拓宽,越来越复杂,我在此只介绍一个人的研究工作。

20世纪60年代初,在宾夕法尼亚西部的州立精神病研究所供职的威廉·康顿[3],开始逐格逐格地分析用16毫米胶片记录的人们谈话时的情况。每一点身体动作,无论其多么细小,都按照时间顺序记录在一张大纸上,以便能指认任何时刻发生的一切动作。我们从这些研究结果中得知,人的一切动作都可以用这种方法来显示,证明它们是受"人体同步器"(body synchronizers)控制的。[4]

电影的摄制速度通常是每秒18格、24格和64格,所以,他研究的事件以1/18秒、1/24秒、1/64秒来计量。小于1/64秒的间隔,康顿发现再也不可能探察出人体的同步动作。然而,在这个相当狭窄的范围之内也可能看见人际交往中令人惊叹的特征。康顿[5]和伯德惠斯特尔[6]摄制的影片,以及我拍的影片,在各种各样的背景和环境中制作的片子一致显示,两个人交谈时的动作是同步化的。有时,这个同步化过程以勉强能察觉的方式发生;手指、眼睑和头部的运动同时发生,而且随着言语的展开而和言语代码(语词、抑扬顿挫)同步发生。在另外一些情况下,整个身体都同步运动,仿佛两人在受一位编舞大师的指挥,这样的舞谱就是劳伦斯·哈尔普林(Lawrence Halprin)所谓的"开放的舞谱"。[7]以很慢的速度观看电影,寻觅同步动作,你才意识到,我们所熟悉的舞蹈,实际上是人交往时慢速的、程式化的动作。

同步现象人皆有之。看上去它是天生的,因为它在婴儿降生的第二天已经牢牢扎根,而且它可能在婴儿降生那一刻即已存在。况且,康顿及其同事[8]所做的新生儿影片的定格分析和慢镜头分析揭示,新生儿一开始就使自己的身体动作和言语同步化,无论大人所说的语言是哪一种。比如,美国儿童与汉语的同步化和他们与英语的同步化是一样的。由此可见,同步化也许是言语的基本成分,是儿童稍后说话时一切言语行为的基础。

康顿[9]发现,人们的每一个动作都和说话同步,包括细小到眨眼和音节的同步;这给他留下很深的印象,所以他认为,可能有一种语义谱(semantic score)。为了验证这一可能性。他让受试者读无意义的音节。结果同步性依然如故。有意义和无意义的音节,读起来结果相同。唯一能破坏同步化的条件是,其中一位谈话人被第三者叫开,脱离了会话。于是,两位交谈者的同步动作随即停止。新加入的谈话人就启动了一个新的同步链。

为了弄清上述现象是如何完成的,康顿设计了许多试验。在十多年的时间里,他用一种时间/动作分析器(一架能以任何速度开动、在任何一格定位的放映机)进行研究,他的结论是:同步化的过程在许多层次上运行。在各种层次上,两个人的神经系统互相"驱动"。在一次引人注目的试验中[10],两位交谈者被接线到脑电图扫描机上,以查证两人的脑电波是否有可比较之处。两架摄影机分别对着谈话人和脑电图机的扫描针,两人说话时,两台机器的扫描针作同步运动,仿佛两台机器是由一个脑子驱动的。其中一个人被第三者叫走以后,指针不再同步运动。奇怪之至,是吧?然而,资料是无可辩驳的。现在已知的同步现象研究成果相当于一篇序言,其余的部分尚待撰写。之所以这样比方,是因为康顿所用的受试者是一般的白人。截至我撰写本书时,用黑人受试者所拍的类似的电影显示的模式却迥然不同,以致使康顿觉得,它们代表的是另一种全新的语言。这说明,尽管无论使用哪种语言的新生婴儿都会与大人的说话声同步动作,但是当他们长大以后都开始只习惯于自己语言和文化的节奏了。

多年用影片作微观分析的结果使康顿相信,把人当作"……互相隔离的实体,传送不相关联讯息"给他人,已失去意义。相反,如果认为人与人之间的"纽带"是在共同的组织形式中参与活动的结果,会更有裨益。这就是说,人借助各种层次的节奏联系在一起,这样的节奏**是因文化而异的**,是通过语言和身体动作表现出来的。

我的一项研究成果也支持康顿的结论。几年以前,我的学生和我用黑人做受控条件下的试验,我们发现,工人阶级黑人和多个阶层的白人(从工人阶级到中产阶级中的上层人物),在身体动作和空间关系[11]、语言模式和其他行为模式方面,都存在着很大的差异。这种难以察觉的区别,很可能就是黑人感到白人社会中存在着基本的种族主义的根源之一。

无意识行为层面的种族主义课题,棘手而复杂,常常又失之过简,且处理不当。比如,我那个地区的亚文化有一个习俗:在公开场合,陌生人近至12—14英尺后就要避免目光接触。所以,习惯在此距离之内保持目光接触的任何群体的一位成员,都会误解我的行为。有意识层面上的拒斥、偏见和歧视,再加上这类误解的信号,其结果可能使人难以招架,因为人们自然而然地把一切行为捆绑在一起,不区别显意识的、故意的种族主义和文化系统的差异。如果把一切行为都纳入种族主义的范畴,那就规避了这样一个问题:并非每一个白人都是有意识的种族主义者,甚至无意识的种族主义者也说不上。然而,无论他自己的感觉如何,他总要使用白人的交际(言语的和非言语的)形式。其原因是,他根本不知道其他的交际形式。也许黑人能教白人使用黑人的非言语交际形式,然而这一点是非常难以做到的,因为一切群体都有一种固有的趋势,那就是把自己的非言语交际模式当作是普天之下的模式。

白人的身体动作与工人阶级黑人不同,与波多黎各人、墨西哥人、普韦布洛印第安人、纳瓦霍印第安人、中国人、日本人都不同。每一种文化都有其独特的运动方式、独特的坐立仰卧方式,独特的打手势的方式。要证明这一点,只需用一架流行的小型超八电影机①,找一个民族构成清楚的地方,拍摄人们走路的姿态,然后再拍摄另一组人,用慢速反复放映并观察这些片子。经过反复的审视,人体动作的文化差别就会一目了然。我的一个学生,一位黑人女青年,用这种简单的方法识别出了白人和普韦布洛印第安人身体动作上的15种差异。[12]

同步动作、速度和节律是相互关联的。但是,大多数人都意识不到这一点。一旦意识到这样的关系时,他们就无法再去注意其他的东西。而且,注意自己的无意识行为往往会对无意识行为本身造成干扰。

按照伯德惠斯特尔的定义,身势学是人体移动与处理体态的方式。在各种交流方式中,最基本的方式之一就是身体动作。早在哺乳类出现以前,身体动作作为一种交流方式就牢牢地确立下来了。蜥蜴、鸟类和哺乳类用这种方式在同类之间进行交流,并且在一定程度与不同种类的动物交流。在相当的距离之外,人们也能识别身体的姿态和动作。但是,与其他哺乳类不同的是,我们把身势语特化,结果使身势语和我们所做的其他一切东西都整合而一、协调一致了。因此,身势语是由文化决定的,必须把它放到文化背景中去解读。换言之,在跨越不同的文化时,一种体态或一个动作的意义,只能在一定程度上解读。在陌生的情景中,你不得不非常倚重对非言语信号的解读。

---

① 超八电影机(super-8 camera)是使用超八胶片的摄影机,超八胶片齿孔小,拍出的影片画面增大。

在这样的情况下,文化距离加大,正确解读非言语信号的可能性相应地减小。即使像英美这样关系紧密的两个民族,在解读彼此的身势语中也会遭遇到一些问题。我不想给人造成这样的印象:没有诸如微笑之类的先天固有的人体反应(艾克曼和弗里森[13];艾布尔—艾贝斯费尔德[14])。然而,即使微笑也必须放入交际环境中去考察。二手汽车推销商笑容灿烂,要顾客放心,但那是推销蹩脚货的刻意欺骗。艾克曼和弗里森证明,他那种微笑有漏洞,露了马脚。[15]但那漏掉的具体形式没有普遍性,必须要到文化语境中去解读。

  动姿和静姿是容易看清的。同步动作却出现在一个更深的层次上。虽然人体的实际节律各有不同,但是一切群体都表现出节律。有一个群体同步动作的突出例子,是我的一个学生用电影抓拍的,这是他在课外做的一个项目。他藏在一辆废旧的汽车里,拍摄了午间一个小时内一所小学操场上孩子们蹦蹦跳跳的情景。起初,他们看上去在各行其是。少顷,我们注意到,一位小姑娘比其他孩子更加活跃。仔细观察之后发现,她跑遍了操场。这个学生仔细按照我布置的操作程序,用不同的速度反复看自己拍的片子。他逐渐觉察到,所有的孩子都在按照一定的节律蹦跳。那个最活跃的小姑娘就是指挥。她就是操场上活动节律的乐队指挥!孩子们的活动不仅有特定的节律和拍子,而且这个拍子似乎还似曾相识。我们向一位迷恋摇滚乐的朋友请教,他和我们一道审查这部片子,看了几次。我们发现了与这个节律合拍的一支曲调,于是就用这一曲调配乐。一旦合上之后,音乐与玩耍的同步性在四五分钟的影片中,自始至终都保持一致!

  然而,有些人看过片子、听到我们对这次试验的解释时,却觉得难以理解:把这群孩子连在一起的,是一种同步化动作的无意识潜流。因为他们不理解这种潜流,所以他们觉得不得不作出自己的种种解释。一位小学校长看过片子、听过解释后说,孩子们在"伴着音乐蹦跳"。另一个人读了文字说明后想知道,是否所有的孩子都在"哼这支曲子"。他们两人都错了。孩子们在大喊大叫,大闹大笑,在尽情喧哗。他们按照自创的拍子在蹦跳嬉戏,自己却浑然不知。但这并不是说所有的孩子在所有的时候都在作同步运动,正如有时乐队的乐组需要暂停演奏一样。这群孩子有一位"指挥"在维持节拍。

这种同步化的过程是不容易理解的,因为我们大多数人太习惯去对付第二代、第三代、第四代的传播系统了,语言和文字就是这样的系统。这个学生找到了音乐的源头,原来,人们谱写和演奏的音乐就来自这样的同步运动。我相信,有的作曲家立刻就意识到我的话是什么意思;同理,有些人不理解我的意思,因为他们所受的教育使他们希望由音乐家来提供音乐;他们不理睬那节律的汪洋大海,其实他们在日常生活里就浸泡在这样的汪洋大海中。不过,人们游泳的海洋是不同的。我们中那些在北欧传统中长大的人对节律不够敏感。我们只有一种拍子,我们跟着这个节拍起舞。然而,尼日利亚的蒂夫人却有四种节律鼓,一只鼓管身体的一部分。每一位鼓手敲打出一种独特的节奏,天才的舞蹈家能同时合着四位鼓手的节律翩翩起舞。[16]

这类发现具有深远的意义。音乐舞蹈可以用新的观点去审视,就是一个例子。别人也许会填补其他细节,不过,在此勾勒一下人体节律的一般性的意义,倒是值得一试的。有一次,我在密柯诺斯岛上注意到一群青年,他们在人行道边的一家咖啡店里,围着一张桌子坐着听摇滚乐。我拣了一张相邻的桌子坐下来仔细观察,结果发现他们并未有意识地听音乐,而是把它当作一种同步活动的手段,借以使自己的动作同步化;这是提升和增强群体联系的一种方式。

甚至口语也可以用作实现同步动作的手段。几年前,我给自己的住宅加盖一间办公室时发现了这一点。我雇了几位西班牙裔美国人来干活,他们是我的邻居。由于各种各样的原因,我这一天的大多数时候都在与他们一道干活。不一会儿,有几件事就明白显示出来。谈话在连续不断地进行,他们从来没有停止过谈话。然而,谈话的内容是毫不搭界的。他们是为谈话而谈话。如果谈话停顿,工作就迟缓下来。两三个人借助谈话可以在一块非常狭小的区域干活,而且似乎并不会发生相互干扰。他们在一起干活很亲密。无论是砌砖,还是抹墙灰,还是抹平水泥,整个的操作过程犹如一场芭蕾舞;谈话的节奏提供了无意识的乐谱,这篇乐谱强化了群体的纽带,使他们避免了相互的干扰。

在一个迥然不同的层面上,大多数美国人都熟悉黑人的劳动号子。它们曾经(现在大概依然如此)被用来使劳动同步。我相信,大多数人将其视为黑人用来减轻劳动强度的手段,显然是同步手段。但很少有人意识到,他们自己也使用同样的手段,只不过他们的做法远远不如黑人那样明显罢了。

我在世界各地与不同的文化打交道时,给我留下最深刻印象的是每个人动作的节奏。你若是想顺应环境,不太扎眼,你就应该按照当地的节律动作,就应该顺应当地的节拍。一切生物都内化了数以十计的节律,并能对之作出反应。这些节律包括昼夜相继、月亮盈亏、四季交替、年度周期,还有呼吸、心跳等较短的周期和节律,以及脑电波的节律——饥饿和性的节律更自不待言。研究报告显示,如果在一起的时间比较长,集体宿舍和社团房屋的女子的月经就趋于同步,同病房病人的基础代谢就趋于一致。尽管如此,有一段时间,我还是没有料到,人们会使自己做的一切事情同步化。如果他不协调,那就表明出了很严重的差错。

在高语境的文化里,同步性非常明显。它在很高的意识层次上发挥作用,人们有意识地重视同步性。高同步、高语境文化的成员,在和低同步、低语境文化的成员打交道时,常常感到格格不入。根源也许是,他们不知道如何与动作不协调的人打交道。

上述一切说明:

1. 人们处理同步性的方式,既植根于生物性,又受到文化的修正。

2. 同步性缺少与否是一个指数,说明事情进展的情况。如果同步性较低或缺失,或同步性的种类不合适,它就可能成为高度紧张情绪的无意识的源头。

3. 从实用的层次来看,同步性缺乏或受干扰时,就可能干扰工作和集体活动,比如体育运动、生产线上的活动等。也许,生产线不人性化的表现之一,是它们不可能而且总是与工人不协调、不同步。

4. 由于延伸迁移的作用,音乐和舞蹈被认为是艺术家创作的活动,是与听众和观众不相干的活动。有关同步性的资料有力地说明,事实并非如此。受众和艺术家在同类过程中不可分割。

如果形式或艺术风格不讨你喜欢,或使你厌恶,那有四种可能:艺术家在捕捉感觉或节律时干得不好;他表现的是行为或认知里非常规的一面(蒙德里安描绘的大脑皮层视像图即为一例)[17],或者他的艺术风格鲜为人知;他表现的是分裂的行为,使人不舒服;也许他有异邦的色彩,他给我们展现的陌生模式不可能使我们"共振"。当然还有其他原因,诸如拙劣的技法、不完全的主题或讯息、不协调的层面等。考虑到有这么多容易出错的地方,艺术家能成功简直是一个奇迹。

在一定意义上,有关人的同步性的新见解说明,人与一切艺术形式的关系比一般人的想象要密切得多;人如其艺,艺术如其人,无法将两者分开。人与艺术分离的观念是延伸迁移的又一个例证(而且可能是西方文化的一种偏离吧)。

人的一切属性及行为都具有意义。然而在西方,我所描写的人体节律和同步动作,却被纳入意义不大的范畴。但这可能仅仅是因为,西方文化相对而言是低语境的文化。对高语境、高介入的文化而言,节律确实是有意义的。

最近,关于非言语交际的书纷至沓来,成一时之尚,人人争先恐后著书撰文。投机取巧者从专家的著述中搜集样品和例证,趁机利用这一课题的及时性,结果只描绘了图景的一部分,而且是歪曲了的一部分。诚然,对寻求深刻理解非言语交际的人而言,这样的兴趣是令人满意的。但是,普及又给这个研究领域帮了倒忙,甚至可能使一些人感到更加紧张,他们怕自己的动作会泄露天机,让人窥探到自己不为人知的、不受欢迎的一些信息。过去,整个领域都不为人知,任何人都无优势可言。现在,有顾虑的人害怕,自己的行为可能被别人利用,对自己不利;他们又担心,非言语交际的洞察力会成为工具,可能被那些想操纵他人者利用。

和其他任何东西一样,关于非言语交际的知识可能被误用。危险在于,人们可能会而且已经给无意识的非言语交际赋予独特的意义——"架腿表示紧张不安","架胳膊表示将人拒之门外","摸鼻子表示对方其人其话臭不可闻",如此等等。《如何像读书一样地看人》(*How to Read a Person Like a Book*)[18]之类的书名完全会使人加深误解,因为它们试图对复杂问题提供非常明确的答案以满足公众需要,但复杂的问题是没有简单答案的。首先,谁也不会像读书那样地解读任何人。一个人说话时可能会用手摸鼻子,要判定引起他这个动作的因素,那是不可能的。既可能是他的感知产生了某种联想;也可能是他注意到对方的领带、对方的语气;还可能是对方的体姿使他想到自己的父亲。事实上,摸鼻子的诱因可能很多。非言语行为必须放到当时的环境中去解读;实际上,它们常常构成交际环境最突出的一部分,交际讯息中的言语部分也嵌入了交际环境之中。环境绝不会具有专一的意义。然而,交际过程的意义总是要依赖环境。

行为的"语言"异常细腻微妙。大多数人有幸掌握了一种亚文化系统——反映他性别、阶级、辈分和地区的亚文化。因为它复杂,所以分离出非言语交际的"语素",归纳其规律的努力,注定要失败。企图通过鸡尾酒会去观察人的行为,在转瞬之间把读者变成专家——诸如此类的文章和书籍都会使人误入歧途。近来普及人体语言的著述有一个主要的缺点：体语被当作独立于人的东西，仿佛衣服一样可穿可脱，仿佛把词汇用来造句一样。非言语系统绝不是一种可以有意识地操纵的表面的交际形式，而是编织进了人格和社会的交际系统，甚至植根于个人的性别感觉之中。在日常千变万化的邂逅和接触中，如果没有这些不成文的微妙系统去管理，人就只不过是一台机器。

非言语系统与民族背景关系紧密，事实上，它们是民族特性的实质。这给美国人带来一些问题。我们在接受国内的多民族构成上反应迟钝，因为我们不能宽容文化差异，我们相信，有别于我们的差异就是等而下之的。

我发现，这一点在黑人和白人之间的关系中最为明显。多年来，黑人被当作欠发达的白人，然而实际上，黑人文化是非常丰富的，[19]它有独特的控制行为的不成文规则。承认黑人文化的地位始终是至关重要的问题。如今，它成了一个关键问题。

82　　在任何相遇的情景尤其在跨文化或跨民族的相遇中，正确解读对方的言语行为和非言语行为，是一切层面交往的基础。事实上，正确解读一切感觉输入，将其整合成一幅协调一致的画图，是我们所做的最为重要的事情之一。有时，这一点很难做到，因为行为系统直接与自我形象系统相联系。因此，对我们大多数人而言，要接受另一个人的系统是有困难的，因为别人的形象有别于我们，所以我们甚至要改变自己的形象才能接受他人的系统。然而，只要人们能培养相互学习的欲望，而相互学习是了解自己的主要方式之一，民族成分的多样性就可以成为伟大的力量源泉和无价之宝。跨越文化或民族的接触能使人豁然开朗，觉察到自己行为中隐蔽的结构；跨文化交流揭示隐蔽结构的速度快，比在一般生活情景下快许多倍。在国内时，人们也犯错误，也违规。但是，他们所犯的错误既不如在国外犯得多，也不像在国外的错误严重。倘若我没有机会在国外观察美国人，我绝不可能在

《无声的语言》(The Silent Language)和《隐藏的一维》(The Hidden Dimension)里辨认和描写美国人的时间行为和空间行为。我观察到,海外的美国人在苦苦适应国外当地人相异的行为习惯:让他们久等;提前一小时赴宴(出于尊敬);与他们站得太近(美国人觉得在这样的距离内呼出的气都把眼镜弄湿了)。文化干扰方式如何起作用,可以用以下例证予以说明。

有一次,我拜会一位同事和朋友,他正在研究纳瓦霍人保留地这个有趣的课题。他让这些印第安人在无人指导的情况下拍摄了他们感兴趣的各种事件;通过这种方法,他揭示了纳瓦霍印第安人世界里未经言明的一些东西。("未经言明"或"隐蔽"都不能解读为"秘密",因为谁也不会对秘密感兴趣,不想卷进秘密中。)他研究的意图是弄清纳瓦霍人视觉世界中潜隐的、未经言明的语法。后来的结果却是,研究纳瓦霍人制作电影的方法时,研究者对自己的电影摄影和剪辑技术中未经成文的、未经阐明的结构了解得更多,而不是对纳瓦霍人的情况了解得更多。在这场试验中,我扮演了一个小小的角色。我的朋友叫我看看他的笔录。笔记里满是关于印第安人什么没有做的评论。我提了这样一条意见:"你在此似乎有自己的系统。每当纳瓦霍人违反了你这个系统时,你的反应是说他们没有做什么。既然你有了这样的经验,为何不把你的系统表述清楚呢?这对我们大家都大有裨益。"他的研究结果载入了很有价值、颇有新见的一本书[20]中。本书论述了西方世界电影制作里的一些常规。

我们从中了解到,要真正看懂纳瓦霍人拍的电影,你必须是在传统的纳瓦霍生活方式中长大的纳瓦霍人。白人和纳瓦霍人在视觉感知上的差别,在电影制作中几乎表现在一切层次上。比如,白人制作电影时,剪辑是一件大事。我们以小块切割的方式思考问题,试图把小块的成分整合成一个和谐的整体,所以传授电影剪辑成了白人制片人训练之中的重要部分。纳瓦霍人却不是这样的。他们着手拍片以前,脑子里已经酝酿好了许多完整的序列,然后一边拍一边在头脑里进行剪辑!纳瓦霍人的节律比我们的节律整合得更加彻底。无疑他们是这样运动的。这使他们能以更加整合的、整体的方式去感知生活(甚至是感知电影制作)。与此相比,我们把事物切割成小块,在这种被分割肢解的世界里,生活可能是艰难的。

第六章
# 语境与意义

**文**化的功能之一,是在人与外部世界之间提供一个选择性很强的屏障。在许多不同的形态中,文化选定我们要注意什么,要忽略什么。[1]这种筛选功能给世界提供了结构,保护着神经系统,使之免于"信息超载"(Information overload)。[2]信息超载是用于信息加工系统的术语,它描述这样一种情况:系统接受的信息量太大、无法完全处理时,系统就发生崩溃。任何一位母亲,要应付各种需求,比如育儿、持家、与丈夫一道寻欢,同时又要维持起码的社交生活时,她都知道,有的时候,千头万绪的事情同时发生,整个世界似乎都塌下来压在她身上了。此时她感到的信息超载,与困扰企业经理、行政官员、医生、律师和空管人员的信息超载是一回事。股票交易所、图书馆和电话系统之类的制度和机构,同样会遇到这样的情况;对系统的要求(输入的信息)超过系统的处理能力。人们可以通过分派和确定先后顺序来对付这样的困境。制度性困境的解决办法比较而言不那么显著,但是高语境定律的解决办法似乎是适用的。换言之,如果在增加信息处理能力的同时,不增加系统的体系和复杂程度,那就只有一个办法:使系统记忆库的程序只需要较少的信息就足以启动系统工作,就是说,使系统像结婚达35年之久的老夫妻那样心有灵犀一点通。对付系统增加了的复杂性,对付向它提出的更高要求,似乎只有一个解决办法:给个人或组织预先编制程序。预先编制程序要借助"语境化"(contexting)的机制,这是第一章介绍的一个概念。

在传播领域,语境角色的重要性得到广泛的承认。可惜,很少有人充分描述这一机制;即使有时得到充分的描述,也没有人去实施其中的洞见。论述语境作为对付信息超载的一种方式之前,让我描写一下我是如何设想"语境化"这一过程的;这是一种新兴的功能。换言之,我们正在发现它是什么东西,它如何运转。和"高语境—低语境"这个连续体紧密相关的,是对于我们和外部世界之间的选择性屏障,我们究竟有多大程度的知觉。[3]在这个连续体阶梯上从低到高移动时,我们对这个选择机制的知觉程度随之而增大。由此可见,我们注意的东西、交际环境和信息超载,在功能上都是相互联系的。

在50年代,美国政府花费了数以百万计的美元,去开发俄语和其他语言的机器翻译系统。国内一些最杰出的语言学家经过多年的艰苦努力,终于断定:最可靠、最迅捷的"翻译机",是既精通语言又非常懂行的人。翻译机可以打印出篇幅很长的译文,但是这样的译文意义不大。不错,词语和一些语法都译出来了,然而语义却被扭曲了。这项工程之所以失败,其原因并不是试用不够、时间不足、资金短缺、人才匮乏,而是另有一些原因。这些原因就是本章主题的中心所在。

问题不出在语言代码上,而是出在语境之中,上下文具有程度不同的意义。没有上下文,语言代码就不完全,因为有一部分信息包含在上下文中。如果你能记住,口语是从已经发生的事件或可能发生的事件中抽象出来的,或者是从打算要做的事情中抽象出来的,你就明白这个道理了。任何作家都知道,事件和用于描写它的语言相比较,通常是无限复杂、丰富的。况且,文字又是从口语中抽象出来的;实际上,文字只能提示,某人说过什么话或可能说过什么话。和计量事物相比,人们在抽象的过程中只吸收某些事情,对其他事情则弃之不顾。这正是智能的本质:注意应该注意的事物。语言的线性必然产生这样的后果:强调一些东西,牺牲其他东西。有两种语言给我提供了有趣的对比。有人用英语说:"昨晚下雨了。"听见这句话时,我们无从判断,他是如何作出这一结论的,也无从判断,他是否在说实话。相反,霍比印第安人谈雨时,就不能不说明他和这件事的关系——是第一手的经历、是推断,还是传闻。这一点是语言学家沃尔夫30年前指出的。[4] 然而,选择性注意和选择性强调不仅是语言的特征,而且是文化的其余部分的特征。

在生活的过程中,哪些东西你感知到了,哪些东西你熟视无睹,其中的规律并不简单。至少要考虑五套迥然不同的事件的范畴。这五套范畴是:主体(人的活动)、情境、人在社会系统中的地位、过去的经验、文化背景。决定这五个方面如何组合的模式,是人在幼年期学会的,这些模式多半被人们视为理所当然。活动主体或话题与人注意和没注意到的东西关系密切。由于硬科学是研究物质世界的,从事"硬"科学的化学家和物理学家能注意和整合观察之中的重要事件,相比而言,他们在这方面胜过研究生物系统的科学家。自然科学家对付的变数要少一些;他抽象出来的东西更接近真实的事件;对他们而言,语境就不是那么重要。当然,这样的表述失之过简。然而,记住这一点有重要意义:和人类行为的规律相比而言,物质世界的规律是相当简单的,只是对外行人来说相当复杂。另一方面,对物理学家来说,语言的复杂规律看上去却相当简单,因为他和任何人一样一辈子都在说话。据此,完全掌握一种行为系统(如语言)的人,非常容易把他的能力和这个系统混为一谈,和该系统未经阐明的规律混为一谈。我在本书中使用的观念模式,既考虑到人吸收和屏蔽的东西,也考虑到他对该系统的情况所不了解的东西,虽然他已能驾驭这一系统。人们混淆的这两种东西绝不是一回事。迈克尔·波拉尼[5]把这一原理表述得非常精彩,他说:"机器的结构,是不能用它利用的规律来界定的。"

人有意无意吸收的东西,给世界赋予结构和意义。而且,他感知到的是"他想要感知的东西"。如果把其余四方面的因素(情景、地位、经历和文化)搁置一边,从理论上说,把人的一切活动排列成一个连续体是可以办到的;在这个连续体的一极排列的事件中,影响活动结果的很大一部分事件,处在人的显意识之中;排列在另一极的事件中,只有少数的事件是人们有意识地考虑的。在美国,人际关系常常排列在这个连续体较低的一级。每一个美国人都有这样的经验:起初以为自己给人的印象不错,后来却发现并非如此。这种时候,我们注意的是不该注意的东西,我们屏蔽掉的是应该观察的东西。老师和教授有一个常见的失误:他们对题材的注意胜过对学生的注意。而学生常常又对教授给予太多的注意,他们对所学的课题却注意不够。

"情景"这一范畴也决定着你吸收和略去的东西。在美国法庭上,律师、法官和陪审团受习俗和法律惯例的驱使,只注意法律上有关的记录。按既定的设计,语境只被赋予很少的分量。试把这一情景与努力解读老板行为的雇员作一比较:老板是否高兴,他是否要给雇员加工资。此时,每一点细微的线索,本身就有意义,这就是雇员对老板过去行为的了解。

你在社会系统里的地位也影响你必须留意的事情。系统顶端的人注意的事情,与中层和底层的人留意的事情,是不一样的。为了生存,一切组织,无论其大小,都必须形成一套技巧,既包括更换领导者的技巧,也包括改变新领导注意力的技巧,使他身处于中下层时的内在关怀,改变为一种全局的视野。这样的总体视野使首领能为本机构指引航向。

人所关注的事物具有深远的影响,这可以用西方思想里的一个典型缺陷来说明,这一缺陷发轫于古希腊哲学家。我们的思维方式十分武断,它使我们审视观念,而不是事件——这是非常严重的缺陷。而且,线性思维会妨碍相互理解,把人的注意力不必要地转向无关的方面。我描写的这些过程在社会科学中尤其常见。不过,年轻的社会科学逐渐接受了这一事实:一个人谈论一个层次的事件时,并不意味着,他没有考虑不同层次的其他许多事件。这仅仅是因为,他只能在一个既定时刻谈论某一事物的一个方面(这一事实正好说明了语言的线性特征)。

这一综合征(使用单一层次系统时又必须考虑多层次)的后果,反映在现代精神病学里一位最有才气、最被忽视的思想家沙利文①⑥的言论中。他说,他撰写文章、讲稿和专著时,他的对象(心中想到的对象),是兼低能者和严重猜忌的批评家于一身的人。多浪费精力!读者想弄清他要说的究竟是什么时,该是多么的迷惑不解呀!

在复杂程度较低、变化较慢的时期,相互理解是不难做到的,因为大多数的交往者是与说话人或撰写人非常熟悉的人,是背景相似的人。在任何情景之下,无论谈话的领域是什么(恋爱、公务、科学),有一点至为重要:会话人的熟悉程度要足以使彼此知道,对方考虑到的和未考虑到的是什么。这一点是关键所在。然而,很少有人愿意真正努力去相互理解,因为生活简直变得太快了——也许这能够解释当今世界人与人隔膜疏离的部分原因。

我所指的编程在一切正常的人际交往中发生,也在高级哺乳类的交往中发生。它构成交流中不能计量的那一部分信息。接下来自然

---

① 哈里·沙利文(Harry Stack Sullivan,1892—1949),美国精神病医生、精神分析学家,编辑《精神病学》杂志,著有《现代精神病学概论》《精神病学的人际理论》《作为人的一种过程:精神分裂症》。

要说的是,我们现在可以探讨语境和意义,因为人是否注意某事某物主要是一个语境问题。请记住,"语境化"也是对付极为繁复的人际交往的一个重要办法,它使系统不致因信息超载而陷入困境。

和许多同事一样,我观察到,意义和语境密不可分。虽然语言代码可以脱离语境在一些层次上分析(这就是机器翻译的目的),但是**在实际生活中,代码、语境和意义只能被看作是同一事件的不同方面。**计量方程式的一面而忽视其他方面,会顾此失彼。[7]

我在前面说过,高语境讯息分布在连续体的一端,低语境讯息分布在另一端。所谓高语境交流或高语境讯息指的是:大多数信息或存于物质环境中,或内化在人的身上;需要经过编码的、显性的、传输出来的信息却非常之少。低语境交流正与之相反,就是说,大量信息编入了显性的代码之中。例如,一道长大的孪生子的交流能够而且确实更节省精力(高语境交流),他们的交流比两位律师打官司时的交流更节省精力,比编制计算机程序的数学家、立法的政治家、起草规章的行政官员的交流都节省精力,比孩子向母亲解释他为何打架更节省精力。

尽管没有任何一种文化是专门停留在语境阶梯(context scale)的某一极的,然而,有的文化却处在较高的位置,其他一些又处在较低的地方。美国文化虽然不在底层,但是它确实靠近这一阶梯的底端。在日常生活所需的语境信息量中,我们比日耳曼血统的瑞士人、德国人和斯堪的纳维亚人所处的位置要高得多。繁复的、多机构的文化(技术上先进的文化)必然是低语境的文化。然而,情况并非总是如此。中国,这个拥有伟大而复杂文化的国家,却处在这个阶梯上高语境的极端。

在中国的书面语中,尤其可以看出上述特点。中国的文字有3500年的历史,在过去的3000年中它的变化微乎其微。这一共同的书面语是一种团结的力量,它是联结数亿中国人、朝鲜人和日本人的纽带,

## 第六章
## 语境与意义

甚至把说汉语的越南人纽结在一起。使用中文字典的人,必须懂214个部首(印—欧语言中没有与部首对应的成分)。比如,查"星"这个字,你就要知道,它收在"日"部之下。要粗通文墨,就必须熟悉中国的历史。此外,还必须熟悉汉语的语音系统,因为汉字有四声,所以声调变意味着语义变。相反,学英语、法语、德语、西班牙语、意大利语等印—欧语言时,不必知道如何发音就能看懂书面语。汉语书写系统还有一个有趣的特点:它同时又是一种艺术形式。[8]就我所知,没有什么低语境交流系统能成为一种艺术形式。优秀的艺术总是高语境的,低劣的艺术总是低语境的。优秀的艺术经久不衰,一切讯息同时释放的艺术绝不能持久。

语境的层次对交际性质而言是决定一切的,它又是一切后继行为(包括符号行为)赖以存在的基础。近年的社会语言学研究证明,语言代码对语境的依赖是很深的。语言学家伯恩斯坦[9]的研究是最好的例证。他区别所谓的"受限"代码(高语境交际代码)和"复杂"代码(低语境交际代码)。在这两种代码中,词汇、句法和语音都发生了变化:在家庭亲密环境中使用的受限代码里,词汇和句子被瓦解和压缩。甚至语言的音位结构也发生这样的变化。单音开始融合,词汇也开始融合。相反,在课堂教学、法律事务、外交工作中使用字正腔圆、用语明快的复杂代码时,在一切语言层面上都需要更准确的区别。而且,我们使用的代码指示情景,并且与情景相一致。一旦代码转换,继后一切随之转换。"以居高临下的态度对人说话",就是把对方置于低语境中——对他说无须被告知就已知道的事情。这一点可以很巧妙地做到,只需从受限代码的一极移向复杂代码那一极的谈话形式就行了。

从实际的交流策略来看,你必须确定花多少时间给对方提供语境。这样的时间免不了是要花的,目的是要让总体讯息中的显性部分所包含的信息,既非不足又非过分。大多数官僚主义者之所以非常难以对付,原因之一是,他们写东西是为圈内人用的,他们对公众了解语境的需求麻木不仁。他们起草的文字条例一方面常常是高度技术化的,一方面又只提供极少的信息。换言之,这些条例把不同的代码混在一起,或者说,它们的代码与接受者不和谐。现代管理方法主要是管理顾问们提出来的,其效果未尽人意,因为他们试图把一切东西都说得明明白白(又是低语境),他们推荐这些方法时常常没有顾及人们已经知道的东西。这是顾问的一个通病,因为很少有顾问花时间(也很少有客户愿意花钱买时间)去熟悉企业的复杂情况。

20世纪60年代,世界范围的行动主义(activism)和不同文化在语境阶梯上所处的不同位置之间,有一定的关系,因为有些文化比其他文化脆弱。由其定义本身决定,高语境行为植根于过去,变化缓慢、高度稳定。人类学家洛伦·艾斯利①[10]评说历史的稳定效应时,采取了反对行动主义的立场,并指出我们的文化是多么脆弱:

> 由此可见,他们的世界(行动主义者的世界)日益成为原始初民那种暴烈的、难以预测的世界。原因很简单,如果对历史缺乏信心,就必然抛弃人按计划行动的动物的本性。简言之,人的历史[11]基本上是这样一种动物的历史;他抛弃本能,用文化传统和日益增长的深思熟虑来取代本能。历史的教喻是相当牢靠的构建,我们借此应对未知的将来。[12]

实际上,行动主义在高语境—低语境的连续体的任何一点上都可能发生。不过,行动主义的定向和聚焦都欠清晰,可预测性也较差,对低语境系统中的机构而言,它构成较大的威胁。然而,大多数高语境系统都可以消化行动主义,它们的根基不会动摇。

无论考察什么领域,都可以探查到语境的微妙影响。日常的感知又怎么样呢?在感知颜色的生理层次上,可以看到大脑根据环境去感

---

① 洛伦·艾斯利(Loren Eisley,1907—1977),美国人类学家,著有《漫长的进化》《达尔文的世纪》《意料之外的宇宙》《夜行人》等。

知和调节一切需求时的力量。凡是搞室内装潢的人都知道,一幅感染力强的油画或铜版画,一张壁画,都可以改变人对周围陈设色彩的感知。颜色心理学家费伯尔·毕伦(Faber Birren)[13]用试验证明,人感知到的色度依赖于该颜色周围的色彩环境。他测试的办法是逐步改变多种色彩的样品周围的色彩背景,来演示人对色调的感知。

有人通过试验证明,大脑有提供缺漏信息即补足语境的能力,给人印象最深的是埃德温·兰德(Edwin Land)的试验。他发明了兰德照相机,用红色的单色滤光镜,研究彩色摄影,开发出一种简单的流程,可是要解释这一流程并不容易。兰德试验之前,人们一直认为,只有用三原色(红蓝黄)分别拍摄的三张照片的透明影像叠印在一起,才能印出彩色的照片。兰德拍彩照只用两个影像:黑白影像提供明暗,一个红色的单色滤光镜提供颜色。两种影像投射、叠印到屏幕上时,尽管红色是唯一的颜色,叠印出来的影像给人的感觉却是三原色组成的、具有各种色度变化的、色彩丰富的画面![14]更令人惊叹的是,拍摄的物体是他有意识选取的、在色彩上不会给人以任何暗示的物体。为了确保观看照片的人不下意识地投射颜色,兰德拍摄的是塑料卷筒、毛线卷筒和几何形体,观者不可能得知这些物体的颜色。眼睛和大脑视觉中枢如何运转去提供这一内在语境的奇迹,迄今尚未完全弄清。不过,实际的刺激只起到部分的作用。

语境机制大概至少涉及完全不同却相互联系的两种机制:一种在生物体内,另一种在生物体外。第一种机制在脑子里发生,它可能是过去经验(程序化、内化的语境)的功能,可能是神经系统的结构(先天语境机制),也可能是两者兼而有之。第二种机制是外在的过程,这个外在的过程包括事件发生的情景和(或)环境,也就是所谓的情景性语境机制(situational contexting)和(或)环境性语境机制(environmental contexting)过程。[15]

人们对外在环境与行为关系的兴趣日益增长。一个例子是对公房灾害的普遍关切。圣路易斯市的一个住宅区(普鲁特—伊哥住宅区)仅为其中一例。这个工程耗资 2600 万美元,强加于黑人,却遭到惨败,现在几乎已被完全废弃。除少量的几幢建筑之外,全部住宅已经损坏,因为谁也不想住在那里。

为贫困家庭修建的高层住宅遭到许多人的反对,且存在着许多缺陷。母亲不能照看孩子,常常没有社区服务机构、商店或市场,也没有公交系统。没有青少年的娱乐中心,儿童游玩的地方非常少。每遇财政拮据,首先被砍的就是维修费用,土崩瓦解随之开始;电梯和走廊成为死亡陷阱。反对为低收入家庭修建高层公寓这个例子情况复杂,突显人们日益加深的认识:环境对行为的影响并不是中性的。

虽然近年才有人研究情景性语境和环境性语境,但人们早已知道,环境的影响是行为的一个要素。普尔曼[16]之类的企业家发表的言论当时听起来非常先进。他认为,如果给工人提供舒适的环境,提供清洁、通风、建设良好的住宅,就会对他们的健康和幸福产生积极的影响,而且也能使他们提高生产效率。普尔曼的分析不错。他只是没有把他阐述的理想付诸实践。他的公司宛若一座城市,大街达到了他承诺的一切标准,但那是管理人员的居住地。然而,工人的居住条件却不好。他们孤零零地隔绝在城中一隅,紧靠管理员的豪华住宅,相比之下,他们不充裕的生活条件更加显得寒碜。最后工人举行了大罢工。还有许多人性的、经济的和政治的需求普尔曼没有考虑周全,这引起工人的不满。普尔曼宣称的理想适得其反。很少有企业家了解工人的实际生活条件和工作条件,这给正在萌芽的、脆弱的环境保护主义者的立场造成的损害是难以估量的,给"精明""务实"型的企业家和经理提供了炮弹,这些人只关心赚多少钱。

程序化语境机制(programmed contexting),即经验或先天语境机制(innate contexting)的影响,常常被掀到一边,搁置不理。我们要考虑个人对空间的需求和感情。比如,我认识一些妇女,她们需要有一间一人独处的房间,她们的丈夫却不赞同这一特殊需求,他们对妻子的感情置之不理,认为这样的感情幼稚。有这一经历的女士,请不要因为我这番话而血压上升。因为要一个人在未经言明的、非正式的需求上与另一个人达成共识,要他觉得这一需求是实在的、有道理的,实在是非常困难的事情;在北欧传统的人中,唯一普遍为人接受的身体距离需求,是与社会地位相联系的。然而,社会地位又是与自我连在一起的。因此,尽管人们承认,处在顶端的那个人应该有一间大办公室,但每当空间需求这个问题冒出来时,都可能被当作是孤芳自赏的表现形式。地位和组织上的空间需求受到人们的承认,内心对空间的需求却没有得到承认。

然而,无论地位高低,人们都有空间需求。有些人只能在喧闹中工作,但有些人只有在紧闭房门、切断听觉干扰和视觉干扰时才能工作。有些人对环境极为敏感,仿佛身上的触须伸向了四周的一切。有些人不受环境影响的干扰。对这些差别的认识给建筑师带来麻烦。他们关注的主要是审美价值,我在此讨论的则隐藏在审美价值之下,处在一个更基础的层次上。

事情往往是:今天的问题是根据昨天的理解来解决的。除了极少数例外,大多数关于人与环境关系的思想都没有指明人与环境的互动,遑论考虑这一因素。精明的建筑师口头上表示要注意人与环境的关系,可是他还是继续我行我素。这再一次说明,人们的文化需求或个体需求,比如希望一间屋子独处的需求,并没有被当作实在的需求。只有房子才是实在的!(这又是延伸迁移的例子。)

当然,这一过程比多数人想象的更加复杂。直到不久前,人与环境的整个关系还无人探索。[17]也许,回避这个课题的人下意识地、直觉地意识到它的复杂性。此外,处理资金平衡表或建筑外表设计方案这类简单的问题,要容易得多。着手研究交际环境及其形成机制的人,很快都会发现,他考察的许多东西,即使就在眼皮底下发生,也因为许多隐蔽的因素而出现了意义的变化。这些研究得到的支持微乎其微；研究对象不仅是非常微妙的，而且被认为是非常琐细、微不足道、不值得认真考虑的。

有一次，我去拜访一位医院的行政负责人，但被他赶出办公室，因为我想研究空间效应对病人的影响。他不仅对大量已发表的文献不感兴趣，而且还认为，我的建议本身就是疯狂之举。使情况更加复杂的是，体距学研究需要很多时间。人们使用每一种距离时，至少有 5 种因素影响人的感觉（恰当与否的感觉）。试以"侵扰距离"（intrusion distance）为例。两人谈话时，为了引起二人注意又不干扰谈话的进行，想要插话的第三者就应该保持适当的距离。这个距离的大小、插话人应该等候的时间取决于以下因素：正在进行什么（活动）、插话者的地位、插话者在社会系统中的关系（夫妻关系或上下级关系）、谈话人的情绪、插话人需求的紧急程度，等等。

尽管有了相当可观的新信息，社会科学和生物科学中的研究还是对语境避而不谈。事实上，人们常常刻意排除语境。所幸的是，有少数人愿意迎着心理学界的主要思潮逆流而上。

其中一人是罗杰·巴克尔①。他穷尽 25 年时间在堪萨斯州的一座小镇进行观察，写成一本书《生态心理学》（Ecological Psychology）。[18] 一代人之前，他携学生迁入小镇，记录市民在各种情景和环境中的行为，这些情景和环境范围很广，包括教室、杂货店、主日学校②、篮球赛、垒球赛、俱乐部聚会、企业办公室、酒吧、公共聚集区。巴克尔发现，人们的许多行为受制于情景（受背景控制）的程度，远远超过原来的设想。实际上，作为心理学家，他向自己学科领域里的许多核心而重要的信条提出了挑战。他说：

---

① 罗杰·巴克尔（Roger Barker,1903—1990），美国社会科学家，创建生态心理学，著有《生态心理学》。

② 主日学校，基督教会在礼拜天为儿童所办的学校，有浓厚的宗教色彩。

## 第六章
## 语境与意义

心理学家普遍有这样的观点:行为的环境是客体和事件置身于其中的舞台,这是一个没有结构的、消极的、或然性的舞台,人们根据体内的程序在这个舞台上行动……倘若我们把行为的环境当作值得研究的现象,而不是当作展现体内相关程序的工具,情况就会截然不同。从这一观点来看问题,环境就是由客体与事件构成的;客体与事件虽然结构谨严,但未必排列有序,它们迫使人的行为与其动态模式一致……我们发现……了解儿童在杂货店、算术课、篮球赛等场合的行为以后,就可以更准确地预见儿童的一些行为;如果只了解个体儿童的行为倾向,我们的预见倒不是那么准确。

稍后,巴克尔又说:

理论和资料都支持这样的观点:从行为背景来看,环境对环境里的人,绝不只是随机输入的一个信息源泉,也不仅是固定阵列和流动模式的信息输入源泉。而且,理论和资料还说明,环境对输入的信息施以种种控制:一方面,这些控制机制根据环境的系统要求调节输入;另一方面,它们又根据环境里人的行为属性来调节输入。这就是说,同样的环境给不同的人提供的输入是不同的;当同一人的行为变化时,环境给他提供的输入也是不同的。而且,还有这样一层意思,环境输入的整个程序随着其生态属性的变化而变化,比如说,随着环境中人口的增减而发生变化。[19]

巴克尔证明,在研究人时,不可能将个人与他活动其间的环境分离开来。相互影响心理学(transactional psychology)家,如艾姆斯、伊特尔森、吉尔帕特里克的很大一部分研究工作,[20]以及我早些时候的著作[21],都得出了同样的结论。

总之,无论考察什么领域,都可以发现,讯息系统的普遍特征是,意义(期待接受者所做之事)由以下要素构成:交流、背景、接受者按预定程序作出的反应,以及情景。我们将最后这两个要素称为体内语境(internal context)和体外语境(external context)。

由此可见,接受者实际上感知到的信息,在了解语境的性质上是至为重要的。请记住,生物体感知到的信息受四种因素的影响:地位、活动、背景(setting)和经验。但是对人而言,必须加上另一个关键的要素:**文化**。

任何交流都表现为高语境、低语境或中语境(middle context)。高语境互动的特色是,预制程序的信息贮存在接受者身上和背景之中;此时传达的讯息(message)中只包含着极少的信息(information)。低语境互动则与之相反:大多数的信息必须包含在传达的讯息之中,以弥补语境(内在语境和外在语境)中缺失的信息。

一般地说,和低语境交流相比而言,高语境交流是经济、迅速、高效、令人满意的;但是,它要求在程序编制上花时间。如果没有编程,交流就是不完全的。

高语境交流常常被用作艺术形式。这种交流是统一和内聚的力量,寿命长,变化慢。低语境交流不具备统一的力量,但可以轻易和迅速地加以改变。靠延伸而实现的演进之所以快得令人难以置信,其原因就在这里。延伸物在发展的初级阶段是低语境的。将这句话略加修正,就可以说,有些延伸系统比其他一些延伸系统在语境阶梯上所处的位置略高一些。一个防御导弹系统还没来得及部署就绪,就可能已经过时。因此这个延伸系统是非常之低的低语境。然而,教堂的建筑在数百年间都牢牢地植根于过去,成为保存宗教信仰和思想的物质焦点。直至今天,大多数教堂在设计上仍然富有十足的传统风格。你不得不怀疑,是否可能提出一些方略来平衡两种显然是矛盾的需求:适应和变化(向低语境方向移动)的需求与稳定(高语境)的需求。历史上这样的例子俯拾即是:国家和制度坚守高语境方式的时间太长,所以不能适应变化的情况。然而,低语境系统的非稳定性,在当今时代,对人类是崭新的问题。而且,没有任何储备的经验能告诉我们,如何对付这样快速的变化。

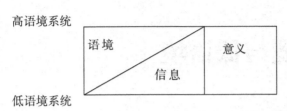

延伸物在人的世界中占去了大部分空间,大多数的延伸是低语境系统。问题在于:人对自己和延伸物之间的紧张状况能够忍受多长的时间?《未来冲击》(*Future Shock*)[22]和《理解媒介》(*Understanding Media*)[23]所讲的正是这个问题。仅举一例加以说明,汽车在各方面都完全改变了美国的外观,它使社区爆炸,撕裂了人际关系,掀翻了城乡平衡,改变了我们的性习俗和上教堂的习惯,使我们城市、犯罪、教育、福利、卫生、葬礼都发生了变化。(一位殡仪馆的老板最近试用乘车瞻仰遗容的业务!)

现将本章内容小结如次:

1. 人与现实之间插入的信息屏障,是现实世界构成的方式之一。

2. 人要以理性的姿态控制行为,就需要了解上述现实世界的结构。这种意识与低语境的一端相联系。

3. 然而,获得这种意识是要付出代价的。不稳定、过时和快速的变化就是代价,由此而产生的后果难以应对,其结果就是信息超载。

4. 在快速演变的、低语境的系统中,事情必然日益复杂,所以,人们最终不得不使生活和制度掉转方向,向更稳定的高语境那一极前进,以此作为对付信息超载的一种方式。

## 第七章
# 高语境与低语境

还有比不能推动想做的事更使人沮丧的事吗？我想到的事有儿童吃力地系不上鞋带的情景和中风病人的各种痛苦：他费力地让人理解自己的意思、努力地掏口袋里的零钱甚至自己吃饭都有困难。同样使人沮丧但不很明显的事情，是日常生活里常见的问题，如迷失空间方向、不能按计划到达目的地、学习没有进步、工作没有进展、不能控制自己所在的社会系统。在上述情况下，生活从自我膨胀的、令人愉快的过程变成了凋谢的影子世界，令人心灰意懒，不值得去努力。

在美国文化中，依据我们的哲学取向，我们把这样的失败归咎于个人或社会系统。我们很少注意自己对这些过程缺乏了解的事实，我们很难得有这样的观念：我们的制度设计中有不妥之处，人格和文化啮合的方式存在缺陷。许多挫折和沮丧产生的根源在于，人们对自己创造的制度里更为明显和外表的现象并不十分了解。请记住，维持生命可以不了解生理学,说好一种语言可以不知道语言学,甚至不懂老师传授的语法,使用电视、电话和汽车也可以对电子或机械一窍不通。同样,在一种文化中成长的人,也可能对其运转一无所知,对使之有别于其余一切文化的基本规律知之甚少或全然不知。

然而,文化是异常繁复的,比电视、汽车甚至人体生理都繁复得多。那么,如何着手了解文化的底层结构呢?从哪里切入并不要紧,只要在观察中始终如一就行。任何基本的文化系统和亚文化系统都可以作为观察的中心。这些系统和子系统包括诸如此类的社会现象:物质文化、企业制度[1]、婚姻家庭、社会组织[2]、语言甚至于军队(一切军队都打上了文化的烙印),以及性行为(我认识的一个人曾专心研究黄色电影中的文化差异)和法律。这些活动和其他许多活动既反映了文化,也体现在文化之中。我选择在开庭审判中运行的法律去进行比较,看看它们和不同文化语境的关系。

之所以挑选法律来论述文化语境,是有几个原因的。首先,美国实施的许多法律在说明问题时脱离语境的倾向非常强烈,实际上它们已从一种积极的指导力量变成接近赌博的东西,而不是公正的系统。[3]我没有在此暗示情况总是如此,也没有暗示律师们愿意如此。我的意思仅仅是,法律运转其间的大文化,以及受习惯势力强化的主要决策,造就了这样一座大厦:在这座大厦里,要保证诉讼程序与实际生活相联系,是异常困难的。其次,在法律面前并不是人人平等的。存在着性别、社会经济水平、权势和民族背景的区别。许多美国公民的文化祖先不在英格兰和北欧,而是世界的其他地区。在世界其他地区,法律是迥然不同的。

在美国,我们的理想是有一个法治的政府,而不是人治的政府,许多美国人总体上同意这个意见。由于和法律打交道的第一手经验,另外一些人的看法不同,他们认为美国法律不仅带有歧视性,而且是冷冰冰的、没有人情味的、不公平的。我认识的美国律师们认为,法律与实际生活有一定距离,换言之,法律比实际生活完美(延伸迁移又添一例)。律师们自认为,他们具有独特的思维方式,这种思维方式普通人是不懂的。尼克松任副总统时曾说:"对,我可以与他打交道——他也是律师。"

有时,律师给一般人的印象是,法律有特殊的性质。在美国文化中,事实确是如此。但是,法律有特殊性的原因在文化,而不在法律本身。文化是法律的基础。通过研究律师对待法律的方式,我们可以解读并理解许多东西。和美国文化的许多其他方面一样,法律设计的宗旨就是让法律在脱离生活的情况下运行。美国法庭不允许提供关于案情来龙去脉的证词,包括传闻的证据,这就使我们的法庭与生活分离开来,常常使之严厉粗暴、不近人情、不近人性。法学和精神病学教授拉尔夫·斯洛文柯[4]认为,其祸首是"舆论律"(opinion rule)。[5]根据这个定律,只有既成事实即剥去所有背景资料的事实,才能被当作证据。读者听见法官说这样一句话,不知有多少次:"你回答,是,还是不是。"法官这样的话说明,美国法庭是典型的低语境系统。对比较法(comparative law)的深层意义感兴趣或通晓比较法的人,有识别模式的能力的人,如果能研究美国法制,必将获益匪浅;通过研究美国法制如何实际工作,而不是它应该如何工作,他们就可以体会到其他低语境系统是如何运转的。

低语境系统尤其复杂社会里的低语境系统有一个缺陷,随着系统的膨大,它们就尾大不掉。而且,低语境系统容易受操纵,因为结果证明,有权势的人有计划、有步骤地影响各地法庭的断案的先例,就可以制定出自己想要的法律。在此,又需要使用高语境系统的比较背景,才能恰如其分地理解这句话,因为高语境系统不容易受操纵。低语境系统对诉讼当事人不一视同人,而是偏爱口齿最伶俐、手腕最高明的律师。此外,低语境系统要正常运转,就必须要有技巧非常娴熟的、深思熟虑的陪审团,他们既富理智,又不轻信,足以把事情的来龙去脉带入系统。只有这样,才能查清实际发生的事情,而不是单凭律师和证人的言论。[6]

与此相比,我所了解的法国民事法庭,在承认证词是证据时却容许很大的余地。法庭想尽量知道使当事人出庭的表面行动背后的情况。法庭听取一切陈述和证词,包括事实、传闻、流言。法庭想知道,案子还涉及什么人(在美国法庭上,确定被告有罪之前,通常这是与案子无关的)。[7]简言之,与美国的审判相比,法国的审判在语境的阶梯上高得多。乍一看似乎矛盾的是,法国的法制赋予法官很大的权力。这与法国文化高度集权的其他方面是一致的,但是它排除了实现语境平衡的一个源头。在美国,法律可以是低语境的,但是陪审团却不能是低语境的。

同样,我在此无意给人这样的印象:一种法制胜过另一种法制。我只想说,它们有所不同,它们代表着各自的文化,并且与其他一切文化成分都是一致的。比如,美国的陪审团可以绕开法制里反对提供语境的偏向,以便得到基本的资料,而在法国,这样的情况则较少见。问题仅在于此,两个系统的结构不同,因而其运转也不同。

尽管法国的法制允许审判中听取当事人双方你来我往的攻防,然而在一般的法国文化中却可以发现,法国人比美国人更受制于官僚主义的专横。但是,法国人在生活中和人际关系中有程度更高的相互关联,这种现象在美国白人中并不多见。你可以在企业界看到这种差别。然而,许多美国企业界人士难以接受这一事实:法国企业家与美国同行大不相同。一般地说,法国企业家与雇员、顾客和客户的关系要密切得多。他们觉得,除非他们对雇员和客户有较好的了解,否则他们不能为雇员和客户提供充分的服务。直至今天,尽管我们所处的是加速变化的世界,然而一旦在法国和客户建立了关系,我们仍然可以指望在几代人的时间里维持住这一关系。美国人的"高压"推销术与法国人的推销术决然对立。结果当然是,如果法国国内已有一个固定的市场,美国人在此做生意会遇到前所未有的阻力。你不可能一夜之间打进法国市场,赢得法国人的欢心。[8]

高卢人从来都不容易被北欧人、美国人或英国人理解。答案也许在于,法国文化是高语境和低语境制度和情景的混合物和大杂烩。外国人总是难以预测,这些制度和情景将以什么比例和什么顺序出现。

美国人更难理解的是日本人。自从美国海军舰队司令佩里1853年在东京湾迫使日本人门户开放以来,日本人的语言、风俗和服饰一直使西方人心驰神往、迷惑不解。我的一位朋友是第三代的美裔日本人,他会日语和英语,然而就是他这样的人,竟然要随时记录一套在日本生活的注意事项。他不断发现新的东西,几乎每天都要记下新的心得。日本法庭和法律尤其使西方人感到莫名其妙,但是它们在日本却运转正常,完美无碍。

让我们来研讨一下一个案例,它能给我们恰当而有益的洞见,使我们窥见日本文化的一个方面。一般来说,人们很少听说外国法庭审判的情况,除非案子是政治案子,因为审案子被认为是人民与政府关系的内部事务。然而,第二次世界大战以后美国人占领日本的初期,西方世界得到一个无与伦比的机会,去观察日本法庭审理案子的情况,去窥探日本人一个重要的行为模式。在关系正常化的过程中,"美国驻军地位协议"规定,日本人有权审判在日本犯罪的美国公民(含美国军人)。美国列兵吉拉德在看管实弹演习之后的空弹壳时,杀死了一位日本妇女。于是就发生了必然交日方审判的案子。这一不幸事件之所以发生,是因为军方派哨兵看守空弹壳,不让日本人当废品拿走。哨兵们无所事事,想出了一种恶作剧,他们把拾破烂的日本人当作游戏中的卒子。每一天,实弹射击完毕,哨兵布置好以后,日本妇女就会冒出来拾铜弹壳。哨兵们把枪榴弹发射器套在步枪筒上,把这些空弹壳吊射向这些妇女。妇女们躲闪着四处散开退让,空弹壳呼啸着从她们头上飞过,或扎入她们身边的泥土里。在这场游戏中,吉拉德玩得太起劲,他击中了一位妇女的后心窝,杀死了这位妇女。

这个案子是明明白白的"美国驻军地位协议"中规定的案子。吉拉德必须由日本法庭审判。美国人相信,吉拉德必死无疑。案子自然引起美国国内广泛的注意,报界情绪激昂。吉拉德聘请了一位美国律师,审判终于开始了。

按照新闻界的报道,吉拉德非但不悔罪,反而像一只即将参赛的斗鸡。他趾高气扬、昂首挺胸,对着摄影机挥手,显然因引人注目而洋洋得意。几乎无一例外,美国各报利用公众的无知和畏惧来煽动偏见。在典型的两极对立格局中,形成了**我们**对付**他们**的局面。

日本人感到瞠目结舌。对于丝毫不知如何在法庭上收敛举止的人,对于嘲笑你最神圣的制度的人,你能作出什么反应呢?看到吉拉德在审判中的行为和他的辩护律师的行为(这位律师对文化之间的关系的意义和微妙亦全然无知),经过仔细考虑以后,他们决定不再受理此案。他们宣判被告无罪,要求美国政府把吉拉德遣送回国,决不允许他再踏上日本的土地。

这两种(美、日)法制是高语境和低语境司法的典型。日本法庭审判的目的与美国法庭审判的目的完全不同。因为高语境的无所不包性,所以日本的法庭审判避开了美国法庭特有的正反两方相斗的格局。高语境系统,根据其定义,考虑的东西要多得多。结果,它把被告、法庭、公众和受害者放在同一边;从理想的角度看,他们能共同努力解决问题。审判的目的是提供一个环境,使政府的权力能成为各方表演的舞台背景,把犯罪的后果和影响展示在被告的眼前。同时,它又给被告提供一个机会,让其规规矩矩地向公众表示悔罪;对破坏有条不紊的生活、对未能遵守正派人应该遵守的规范、对引起社会秩序混乱的严重后果,老老实实地表示忏悔。简言之,审判的功能是将罪行放入社会环境中,以明确的方式展示出来,让罪犯清清楚楚地知道自己犯罪行为的后果。关键问题是,罪犯要表现出很大程度的悔悟。

吉拉德出庭时的行为在美国得了几分,可是毫无疑问,它深深地、明白无误地侮辱了日本人。

吉拉德这个案子早已被人遗忘。然而,它几乎以经典的形式说明:高语境系统和低语境系统在同一环境中相遇时,究竟会发生什么事情;当决定信息处理和人际交往关系的未经言明的、未经表述的、隐而不显的规则是处在语境阶梯的两个极端时,究竟会发生什么事情。当然,吉拉德的案子里既有大问题又有小问题,有深刻的政治和民族中心主义的弦外之音。在下意识的层次上,美国还在继续征服日本。据我所知,美国驻军军官并没有因为士兵玩恶作剧杀人而被送上法庭,这个问题没有被提出来——这又是一个低语境行为的线索。倘若情况刚好相反,你可以担保,一位日军高级将领就会引咎辞职,在过去的岁月里,他会切腹自尽的。

如果读者不明白法国法庭和日本法庭的区别(因为两者在文化环境上都处在比美国法庭更高的一端),那么它们的差别在此:法国的整个文化系统是高语境和低语境杂糅而成的。在日本,对生活、制度、政府和法律的总体态度是,在潜隐层次上发生的事情,人们应该知道得很多,这和西方不同。在日本,纠正你说错的话,或者给你作什么解释的情况,是极为罕见的。人们期待你懂得事理。倘若你不知道,他们会感到很不舒服。而且,日本人的忠诚是颇为具体、十分明确的。人们属于某一个公司,在更大的意义上说,人们属于天皇。对公司和天皇,他们觉得欠情,永远报答不完;一旦确立了这种关系,他们的忠诚就绝不受到怀疑。而且,除非一个人的确有归属,否则他就没有实在的身份。[9]这并不意味着,人与人关系的各个层次(从人际关系到民族关系)之间不存在差别。这仅仅是说,人与人关系的表达方式和解决方式,是有所不同的。正如在一切高语境系统中一样,人际关系中使用的形式也是至关重要的,误用形式本身也构成一种信息交流。

在一定的意义上,语境仅仅是考察事物的一种方式。然而,不考虑语境化的差异,就可能给生活在日本的美国人带来问题,有时甚至给受保护的旅游者带来诸多不便。高语境文化对圈内人和圈外人的区别胜过低语境文化。和低语境中的人相比而言,高语境系统中成长起来的人对别人的期待多。高语境里的人谈自己心中的思虑时,往往期待与他交谈的人知道他遇到的麻烦,他用不着把话挑明。结果,他转弯抹角兜圈子,把所有相关的东西都触及了,唯独不谈最关键的一点。把最关键的一点摆到最恰当的位置,这是他的谈话伙伴应该扮演的角色。代替谈话伙伴去扮演这一角色,是侮辱其人格,是侵犯其个性。

在高语境系统中,有权势的人要亲自实实在在地(不仅仅是理论上)为下属的行为负责,下至最低的部属,他都要负责。在低语境的系统中,责任分散到整个系统之中,因而难以明确指认出每个人的责任;尼克松总统在水门事件后的自我辩护中就利用了这一点。乍一看矛盾的是,低语境系统中出什么事时,人人都急忙躲避脱身,"系统"则被认为应该给自己的成员提供庇护。如需寻求替罪羊,就尽可能选择级别最低的替罪羊。在美莱事件①中,替罪羊是一位中尉。

从法律到文学,也可以发现大量的资源——堆积成山的文化资料;不过,这是未经加工的素材,要经过开掘和提炼才能够弄清其意义。日本小说饶有趣味,有时又使西方人感到困惑。对未入殿堂者,丰富深邃的意义未经注意就一晃而过,因为他们不深谙日本文化之神韵。诺贝尔奖得主川端康成②给我们提供了极好的例证。《雪国》(*Snow Country*)的主人公岛村到僻静的乡间客店里去逃避生活的压力,他在此与妓女驹子邂逅。驹子没有坦露自己对岛村的爱慕,其实她不用溢于言表。只有西方读者才体察不出她强烈的爱慕。在一场

---

① 美莱事件(My Lai incident),越战期间美军对美莱村村民进行的野蛮屠杀。
② 川端康成(Kawabata Yasunari,1899—1972),日本小说家,1968 年诺贝尔文学奖得主,主要作品有《雪国》《睡美人》《千只鹤》《山之音》等。

描写中,驹子咕咕哝哝地念叨着她方才离开的一场聚会,跌跌撞撞地闯进岛村的房间,大口大口地喝水,然后又踉踉跄跄地走回去参加聚会。对日本人而言,这一场面令人难以忘怀,因为川端康成使读者感到,在驹子语无伦次的咕哝之后,隐藏着炽烈的、烧灼心灵的强烈爱情。[10]我初次读《雪国》时,这一幕使我困惑。我不得不让作者给我提供语境。如果脱离语境,这一幕就毫无意义。放到日本文化的语境里看,作者描绘的场景构成不可思议的冲击力,因为日本文化压抑情感的公开表达。

首屈一指的日本问题权威唐纳德·基恩(Donald Keene)[11],研究川端康成的另一部作品《睡美人》(Sleeping Beauty)时所进行的文化对比,抓住了高语境经验的实质。兹引他描写之一部分如次,

> 江口到一所妓院寻乐,这是专供六七十岁的男子寻花问柳之地。它给男宾们提供裸体的处女,她们服用大剂量的药物,沉睡不醒。鸨母警告嫖客不得"淘气"。江口在此度过了六个晚上,与六位处女同席共枕。这一描写是川端康成大手笔的典型范例,非常成功。虽然六位女子一字未吐,丝毫没有吐露自己的身份,只是袒露自己一丝不挂的玉体,江口六个晚上的体验却迥异,幕幕有别。江口躺在这些睡美人身旁,联翩的浮想涵盖了他的生命历程,尤其包括他对年轻女郎肉体美的依恋。

一个男子用六位美丽的裸体处女,一夜接一夜地追求消极的肉体感受,目的仅仅是释放出一连串的思想和回忆。在高语境情景中,不用很多刺激也能释放讯息。用酣睡不醒的裸女来揭示一个男人的思想和情感,这就是川端康成天才的标志。

人类学家韦斯顿·拉巴里(Weston La Barre)[12]对我们了解人做出了重要贡献。他不仅叫我们注意,人在进化中发展的与其说是人的身体,毋宁说是人的延伸;而且他对"人这种动物"在其自然生态环境中的观察,也是一个重要的贡献。现将他的一种观察征引如下。因为它

充分说明,即使在最世俗的行为中,比如在用面包圈蘸汤吃的动作中,我们不假思索视为理所当然的东西也是很多的。[13]

在上一次大战(第二次世界大战)中,北美版的《星条旗报》刊出一幅新闻图片,据称它表现的是一位美国大兵把如何用面包圈蘸汤吃的优雅艺术传授给阿拉伯人。这位美国士兵显然流露出以此自娱的表情。图片的整个语境的含义是:"美国人与世界上的任何人都能交朋友,真是太好啦!"交朋友的办法是把美国文化中家常生活的一面告诉外国人。然而,文化人类学家却提出了异议,它所表现的真是美国的实际情况吗?这位美国大兵真的在……把关于面包圈蘸汤吃的**一切应该知道的东西**都传授给阿拉伯人吗?因为面包圈蘸汤吃还有其他的信息:使人想起艾米莉·波斯特①传授的社交礼节,使人想起为摆脱女性羁绊和社会升迁而奋斗的男性的生活,使人想起漫画中的吉格斯和麦琪②夫妇,使人想起在一个新型的母权社会里,美国男子汉用资源和材料融合的方式来反叛"妈妈",如此等等。这里隐藏的信息,是美国这个没有阶级分化的社会。在这个社会里,人人都永不停息地为改变自己的社会地位而奋斗,每个人都要使他人相信,自己是"好样的",是不那么顺从传统规范的人。用面包圈蘸汤吃的含义就是如此丰富——而且还不止这些!

拉·巴里对一个美国男性文化中的次要模式所做的评述绝妙地说明,在面包圈蘸汤这样似乎鸡毛蒜皮的行为背后,可以看见社会不安定的种子。诸如此类的高语境行动,本来是可以用来预测一代人以后的情况:预测年轻人的爆炸性反叛背后所隐藏的精力和情绪。他们

---

① 艾米莉·波斯特(Emily Post, 1872—1960),美国作家,著有关于社交礼貌的书籍多种。
② 吉格斯和麦琪(Jiggs and Maggie),美国漫画家乔治·麦克曼纳斯(George McManus)的漫画《抚养父亲》(*Bringing Up Father*)中的一对夫妇。

反叛的不只是"唯妈妈主义"(Momism)的高压,还有一切他们视为压抑人性冲动的东西。一代人之前,儿时的父亲用面包圈蘸汤吃,是象征性地表示对母亲的训诫嗤之以鼻。如今,他的孩子把父母控制的整个制度翻了个底朝天。今天,面包圈蘸汤的这个例子似乎成了一种滑稽得近乎无效的反抗行为,甚至是胆小如鼠的反叛行为。然而,拉·巴里的观点仍然能站住脚,我们要充分弄清事情的来龙去脉,才能阐释清楚日常习俗的含义。一位士兵把普通的面包浸在咖啡里吃早餐,心中暗暗感到舒服,可是他不能告诉你,他为何在这个简单的行动中得到了如此之大的心理满足。他的行动的背后潜藏的东西越多(在环境阶梯上所处的位置越高),他能告诉你的东西就越少。

# 第八章
# 语境为何重要？

内化语境机制(internal contexting)使人能完成一个极其重要的功能：自动校正讯息中扭曲或缺失的信息。研究这一机制的是里查德·沃伦(Richard Warren)和罗丝玲·沃伦(Roslyn Warren)[1]，两人都是心理学家。沃伦夫妇抹掉录音带上的一些语音，用日常生活中的背景噪声(如咳嗽声)去填补。受试者初次听磁带时，听不出有抹掉的语音。他们依然能"听见"已被删去的语音，难以准确认定咳嗽声在语句里的位置。起初，沃伦夫妇只抹掉一个音，正常语流中的"Legislatures"正中的那个"s"。[2]然后他们小心翼翼地抹掉前后的相邻音，以消除相邻音过渡的提示。后来，沃伦夫妇抹掉了整整一个音节，"Legislatures"中的"gis"；这个词也是用在一句话中的。试验结果依然如故。受试者可以随心所欲地反复听录音，他们始终维持着该词结构上的完整性，依然"听见"了缺失的那个音节。为了弄懂这场试验，读者必须构想这样一幅画面，一位受试者头戴耳机、坐在屋里听录下的句子。磁带上录的是正常会话的情景，伴有背景噪声；受试人开初不知道录音带是经过修正的，所以他们填补了空缺的语音，因为他们的听觉语境机制（他们对之没有察觉）使他们能做到这一点。更令人称奇的是，当告诉他们，某一句话抹掉了整整一个音节时，受试人难以准确指出咳嗽声的位置，甚至不能确定这一缺失的音节是从句子里的哪一部分抹掉的。沃伦夫妇说：

　　语言上下文……**完全可以对幻觉中的语音进行综合。上下文清晰**，部分语音刺激缺失时，依然能够听见经综合而恢复的语音。语音刺激清晰，语言上下文缺失时，又出现另一种幻觉。（黑体系引者所加）

　　然而，如果将一个脱离语境的单词重复到三分钟以上，就没有任何东西能维持恒稳不变了——受试者平均要听到 30 种左右的变化，包括 6 种不同的形式。听过一会儿之后，同一单词听上去不再是相同的词，而是成了几个不同的单词。将"tress"（一束头发）反复不停地重复，让受试者听清楚读音。不久，受试人就把它听成了 dress（衣服）、stress（重音）、Joyce（乔埃斯）、floris（无此字）、florist（花匠）和 purse（女用钱包）。[3] 有一场更加晚近的试验，研究的是感知的整体功能。约翰斯顿（Johnston）和麦克勒兰德（McClelland）[4] 将试验报告发表在《科学》杂志上。一个字母作为一个词的一部分，比它单独出现时，更容易感知和识别。他们说："（人脑）处理任何刺激字母（stimulus letter）的过程，在很大程度上依靠含有该字母的更大的刺激信号。"coin（硬币）和 join（参加）这两个词在屏幕闪现片刻。字母 j 和 c 则分别单独打在屏幕上。受试者能更准确地在更短的时间里识别这两个词，而不是这两个字母。

　　显然，语境机制深深地嵌入了神经系统和感觉器官的进化之中，尤其嵌入了决定眼睛和耳朵的进化之中。事实上，新皮质（人脑的新皮质高度发达）进化的主要成果之一，看来是使人能在识别和使用模式上超过其他的物种。这不是教育家和心理学家测量的那种意义上的"智能",而是更加基本的一切正常人都需要的技能。模式识别的能力使人能够完成下述任务:能够识别 ÂâA∧aAa∧ 等符号都是同一符号的变体,能阅读与标准字符仅仅是略有关系的手迹,能听懂发音器官(如舌头)严重缺损的人说话。倘若人不能识别和运用模式,复杂的生命形态要演化出来,是值得怀疑的。

在种系发生阶梯上低于人的生物,更容易受模仿的愚弄,模仿是和语境机制对立的机制。事实上,自然界中这样的例子俯拾即是,被猎杀的物种形成保护色或其他特征,以智取胜,斗败猎食自己的物种。反过来,它又推动猎食者补偿能力的发展,去识破猎物的保护色。一个例子是天蛾。受到惊扰时,它们就展示翅膀上酷似猫头鹰眼睛的斑纹。自然界中的模仿态为数很多。比如,黄蜂对鸟类而言绝不是美味佳肴,因为它们吃起来是苦的。于是,许多昆虫模仿黄蜂黑白相间的斑纹,以保护自己。[5]用蚊蝇为钓饵的渔人都知道,他们所用的饵料不必毫厘不差地模仿蚊蝇的外形。他们只需在饵料中复制出鱼儿识别其食物的那些特征就够了。

在沃伦·S.麦卡洛克(McCulloch)的指导下,麻省理工学院的团队[6]沿着同样的路子进行了一连串重要的研究,以确认青蛙通过眼睛送入大脑的信息。研究结果显示,因为它的低语境视觉系统,青蛙很容易被愚弄。凡是处在一定范围内的黑色的、运动的东西,都被青蛙当成了蚊蝇。活的蚊蝇被麻醉后不会动弹,就不会被青蛙吃掉。相反,烧黑的火柴头、任何黑色的小物体,放在转动的圆盆边上时,总会立即被处在一定范围之内的青蛙吃掉。沿着种系发生阶梯向上移动时,就会发现,越来越多的语境机制(因此而具有的越来越强的模式识别能力)嵌入了整个视觉系统之中,不仅嵌入了眼睛,而且嵌入了大脑。

谷拉斯和毕晓普(Gouras and Bishop)[7]对视网膜的神经传导线路

提出了研究报告。随着生命形态的进化,视网膜不断变化,以适应增加了的信息需求。他们说:

> 不同脊椎动物视网膜的差别,不是新型的视神经突触造成的,而是因为同样类型的突触有不同的比例。这些差别在视网膜的产物即神经节细胞中表现得非常明显。低等脊椎动物的神经节细胞,在刺激需求上比高等脊椎动物的神经元细胞更专一。特化程度越高的细胞,运载的潜在信息就越少。结果,由于把特化的过程推迟到更加重要的中枢神经系统里去,而那里的神经细胞更多,高等脊椎动物就占了优势,它们能从外部世界抽象出更多的特征。

通过延缓神经元所需刺激的特化,动物在进化过程中越来越不容易被愚弄了,它们的生存机会因此而增加。

人的视觉器官使他能同时朝许多方向看。用机械方法复制人眼尚未实现,其道理就在这里。视网膜的中央部位分为两个区域。中央凹(fovea)的视觉能力非常精确,不可思议。这是一个显微水平的小点,它大约能容纳两万个对颜色敏感的锥体,每个锥体都有自己的神经细胞。中央凹周围是一个菱形的结构,它对颜色也很敏感,叫作黄斑。黄斑的视觉和中央凹的视觉一样清楚,但不如中央凹的视觉鲜明。显然,黄斑为中央凹的视像提供一种视觉环境。

从视网膜中部往外,柱体(色盲细胞)和锥体(色敏细胞)的比例逐渐变化。神经细胞与神经元连接的方式也发生了变化。锥体数量增加,它们以丛结的形式和单个的神经元连接,其效果是放大外围视野中的动觉。这是一种至关重要的生存机制,因为它使原始人能发现两侧的危险;迄今在快车道上驾车时,在密切注视平行车道的疾行汽车时,它仍然是至为重要的机制。然而,察觉动态的功能,仅仅是外围视野的许多功能之一。在夜间,柱体比锥体的感光性强。因此,正如在第二次世界大战期间的灯火管制中所发现的那样,可以用感光性超强的柱体在夜间寻找方向。既然眼球中部的感光性不如眼球外围部分的感光性强,在夜间看任何东西,都不应当瞪着眼睛一动不动地直视。这样的直视肯定是看不清物体的。使用夜视的正确方法,几乎完全是凭借视野环境来辨别方向。使用这种夜视法需要时间学习。但是,正如学会了的人所知道的,我们可以靠环境和记忆来填补视像的细节。此外,外围视觉使我们能发现非常微小的物体,它可以借助中央凹来给物体定位,比如寥廓天空中的一架飞机。如果要知道不用外围视觉是什么样子,请你试试用管子看一个小时是什么滋味。

和一切机械延伸一样,大多数照片和所有的电视图像都是低语境的东西。用镜头摄取的图像使事物呈斑状视像。[8] 其后果之一是,观者不可能了解照相机镜头之外发生的事情。这就可能使观者上当,就像鲑鱼追逐鱼饵一样;一切低语境系统里的情况都是如此。

尽管我们对人的视觉系统已相当了解,然而,对于该系统如何运转,不仅存在许多误解,还存在一无所知、富有争议的广大领域。现在,让我们从人类视觉系统的形态、功能和演化出发,心里记着上述听觉语境机制,接着去考察,现代科学如何开发高语境系统和低语境系统,看看分类系统又如何分为高语境模式和低语境模式;这样的考察是饶有趣味的。

科学和分类学关系密切。事实上,每一种分类系统里都隐隐约约有一种理论,暗示被分类的事件或生物的性质。然而,如果回顾生物分类学的历史发展过程就可以揭示一种悖论,西方人把分类搞得越细,其分类系统的用处就越少。通俗分类系统(folk taxonomies)[9] 和科学分类系统(scientific taxonomies)分别是高语境系统和低语境系统的例证。比如,在最近一篇研究分类课题的文章里,谷拉斯和毕晓普写道[10]:

……我们使用的分类系统**似乎**传递了关于生物对象的许多信息,然而事实上它传达的信息却非常之少。因为,在绝大多数例子中，只有描写者才看见过被描绘的生物，在他的传播对象中，没有人对生物的了解和他完全一样。

与此相对，通俗分类系统的功能则截然不同，其目的不在信息检索，而在信息交流；而传播对象已经对生物的重要文化意义有所了解。作者进一步指出：

> 在研究数量庞大的现存生物中，我们往往过分强调分类过程，过分强调分类过程作出的决定，从而牺牲了**关于**生物的信息……（黑体系引者所加）

换言之，现代分类法给人提供的大量信息难以整合成一个可用的、清晰的模式。这是低语境信息一个典型的例子。而且，在现已归档的一百万左右的物种分类工作之中，已经投入了数以百万计的工时。分类系统无法处理数量庞大的现存生物。显而易见，现在需要一种新的范式。

读者不免会问，分类系统与我们的主题有何关系？分类系统最好地说明，绝大多数西方人的思维习惯是如何训练而成的。自林奈①的时代以来，这种分类系统一直受到高度的尊重，在西方的思想大厦中，它占有一个名望很高的位置。事情不可能以任何其他方式发展。然而，其结果却是，无论西方人转向什么道路，都发现自己执着于专一的属性（请记住眼中的神经元），而不及其余。今日我们的四大制度，都是如此。这四大制度吸收了国家的大多数精力和才干。它们是：企业、政府（含防务机构）、科学和教育。甚至应该明白事理的生态学家，也常常争论不休，因为每一个头面人物都认为，他在真理方面占有一隅。我们必须回答如下一些问题：到哪里去寻求总览的视野？谁负责把事物联系起来？谁是高语境和整合系统中的专家？谁知道如何进

---

① 卡罗勒斯·林奈（Carolus Linnaeus, 1707—1778），瑞典博物学家，创立双名法，近代分类学创始人，著有《自然系统》《植物属志》等。

行必要的观察,以构建整体思维系统(整体思维系统能告诉我们自己所处的位置)?

我们不仅要学会如何将两种或多种观察系统联系起来,而且要勇于赞同语境导向的思维(contextual thinking)和语境导向的研究(contextual research)。这样把事情颠倒过来是不容易的,因为科研机构和审批科研经费的委员会建立起来的目的,是处理和评估过去的研究,它们难以评估未来的研究,难以评估任何不适合西方科学线性范式的研究。要成为受到承认的高语境型的思想家,你必须要成为爱因斯坦或森特·哲尔吉①[11]似的人物。诺贝尔奖得主森特·哲尔吉根据古希腊的一种分类系统来划分这种类型的研究方法:阿波罗型(日神型——译者)"趋于完善既定路子的研究"(低语境),狄俄尼索斯型(酒神型——译者)趋向开辟新路子的研究(高语境)。他说:

> 这些问题岂止是学术问题。它们具有非常重要的必然结果和影响。人类的未来有赖于科学的进步,科学的进步有赖于它能寻找到的支持。支持多半采取补助金的形式。当前分配科研补贴的方法过分有利于阿波罗型的研究。申请科研补贴以起草研究计划开始。日神型的人清清楚楚地看见自己科研工作的未来路子,他起草一份计划毫无困难。酒神型的人情况不同。他只知道前进方向,他想闯入未知领域,他不知道他将在此发现什么,亦不知道如何才能发现他想知道的东西。界定未知的东西或写下潜意识的东西是荒诞的矛盾……大量显意识的或自觉的思索必然是酒神型的观察的前提……

酒神型的科学家必须深深地在他的工作环境中扎根,方能写出一份建议。森特·哲尔吉接下去说,为了得到科研补贴,他被迫对他的意向

---

① 阿尔伯特·森特·哲尔吉(Albert Szent-Györgyi,1893—1986),匈牙利裔美国人,维生素C的分离者,生物化学家,1939年诺贝尔生理学或医学奖得主,著有《疯猿》《亚分子生物学导论》等。

说假话,被迫拼凑他确信能被接受的建议书。他说:

>……早些时候,我所有说假话的研究计划全部得到批准。老老实实写下自己想从事的研究时,我的申请总是毫无例外地被拒绝了。

继续沿着这个路子写下去时,他说:

>……坐在安乐椅里,任何时候我都可以杜撰出一份研究计划,并且使它必然带上诱人、清晰又合乎逻辑的色彩。然而,倘若我走出门去进入自然,进入未知领域,走到已知领域的边缘,一切东西都仿佛混成一团、相互矛盾、不合逻辑、没有条理了。这正是研究所做的工作:它抹平矛盾,把事情化繁为简,使之成为合乎逻辑、有条有理的东西。因此,当我把实际情况写入研究计划时,我的计划似乎是朦朦胧胧的,并且因此而不能得到批准。审批人觉得要对"纳税人的钱"负责任,他们批钱给这些老老实实的研究项目颇费踌躇,因为申请者本人对其研究路子都不太清楚。
>
>就其定义而言,发现必然与现存的知识不一致。我这一辈子做出了两种发现。两种发现都立即遭到各自领域的学界"教皇"的拒斥。

对上述讨论的一个注脚,是霍尔登的一篇报道[12],说的是心理学家中日益增长的无所作为和缺乏自信的感觉。这是她最近在美国心理学会年会上发现的现象。很少有心理学家感到,自己的工作是有重大意义的,由此看来,也许酒神型的科学家还有希望。

用低语境方法去研究高语境的行为反应,有一个矛盾。事实上,沃伦夫妇着手研究时,既不是为了调查,也不是为了证明语境在识别意义或决定意义中的作用。他们在这次研究中获取的结果有一定的偶然性。但是,我可以预料,如果知道个中秘密,你就可以发现,绝大多数的研究结果取决于环境。恕我冒昧,这一类发现得到发表的机会不多,其原因不过是:大多数的西方科学争取的,是方法的可重复性和严谨缜密,目的在于排除研究过程中的外部语境。但是,正如科学里有模式一样,科学家中也有一些诸如森特·哲尔吉和杰出的病理学家杜波斯①[13]这样的人。他们两人都看穿了常见的、阿波罗型的科研程序。杜波斯一举成名,是因为他证明:在无菌、可重复的实验室环境中培养的微生物并非原来意义上的微生物,它们与那些不得不接受正常而复杂环境挑战的微生物决然不同。在一定的意义上说,我所研讨的这一点是物理学家海森堡②"测不准原理"(uncertainty principle)的变异理论。"测不准原理"证明,甚至在分子物理学的世界中,观察行为都会改变一切观察对象。

从物理学家的亚原子粒子世界转入生物界时,你可以看到,沿着种系演进的阶梯上升时,事物越来越不容易测准,越来越不容易预料。生物的实质就是测不准的。认真对待不确定性的态度,对复杂生命形态的研究方法会产生影响,这是明白无误的。显然,生物的行为越难以预料,观察者和观察对象之间的纠缠就越深,甚至会产生全然人为的实验环境[14],所以观察者必须付出的注意力就更多;不仅要更注意观察,而且要更注意描写的精确和充分。

回头来考虑上文提及的缺乏综合模式问题,心理学界的现状又涌入脑际。不用倾听多久就可以听见抱怨之声;除了斯金纳③[15]对巴甫洛夫行为主义的经典解释,再没有一个综合的理论模式。在某种独特和有限的意义上说,斯金纳的模式是综合性模式,因为他对行为作出

---

① 勒内·杜波斯(René Jules Dubos, 1901—1982),美籍法裔微生物学家。
② 沃纳·海森堡(Werner Heisenberg, 1901—1976),德国物理学家、哲学家、社会活动家,提出测不准原理和矩阵理论,1932年诺贝尔物理学奖得主。
③ 斯金纳(B. F. Skinner, 1904—1990),美国心理学家,新行为主义代表人物,著有:《有机体的行为:一种实验的分析》《科学与人类行为》《言语行为》《自由与人类的控制》《超越自由与尊严》等。

一整套解释。他追随华生①，认为人所做的一切都是由环境决定的。但是，许多人反对斯金纳的理论，以为它们太狭隘了。我们无法调和意见分歧的弗洛伊德的心理分析和斯金纳的环境决定论，也不能把它们纳入一个参考框架之内。这是我们文化的特征。我们的行为方式仿佛说明，上述两种理论只能有一个是正确的，然而事实上，两者都行得通，在恰当的视野中两者都意义重大。对两种态度的整合，是行为科学家必须学会接受的东西。

所幸的是，我们所需的一些知识已为人所知。比如，面对高语境系统时，如置身于日本时那样，系统发挥着这样的力量：只有从技术层面上和无微不至的细节上去接近新的情景，你才能了解它。因为习惯于和繁复的低语境系统打交道，所以我们西方人面对新东西时，可能有很大的创造活力，而且不需要非常多的详细的程序控制。另一方面，在自己的系统里，高语境系统的人可以发挥创造活力；但是，对付新东西时，他们就不得不降到语境阶梯的底部。相反，低语境系统的人对付新东西时可能富有很大的创造精神和革新精神；但是，在旧系统的界限之内工作时，除了落入窠臼之外，他们就很难有所作为。上述一切均有局限和例外。然而，在跨文化交流的情景中，与高语境系统的人打交道时，低语境的人被迫进入的细节，远远超过他的习惯行为。（请记住那个例子：占领日本期间的美国大兵送皮鞋出去擦时，必须具体说明他要的鞋油是什么颜色。）低语境系统的人与高语境文化打交道时，如果他不认真地三思而行，不努力预见可能发生的一切，他就会遇到麻烦。

和高语境文化相比而言，低语境文化更容易预见麻烦和即将发生的冲突，因为在低语境文化中，人与人之间的纽带是比较脆弱的，所以

---

① 约翰·华生(John B. Watson, 1878—1958)，美国心理学家、行为主义奠基人，著有《行为主义心理学》《行为：比较心理学异论》等。

事情不顺利时人们就避让或退缩。在高语境文化中,根据许烺光①[16]等人类学家的意见,因为人与人之间的纽带非常之强,以至有一种容忍系统发生相当程度扭曲的趋势。爆炸的发生,可能是在没有预警的情况下来临的。不得不越过边界时,你就必须走得很远,以至没有回头路。如果低语境文化者在不了解高语境的情况下就去认真介入高语境文化,那实在是愚蠢之举。这是西方与东方打交道时的危险所在,尤其是美国国务院对中国文化的鸵鸟政策的危险所在。

本章描述的原则适用于人与人交往的整个范围,包括从个人到企业再到政府的整个范围;然而,我们只能以基本的模式对之进行速写,因为在审视文化、考察其信息/语境方程式的结构方面,我们的经验还不太多。虽然在这个方程式的结构中,各文化有所不同,但是我们只能从整体上猜想其中一些隐含的命题。

---

① 许烺光(Francis Hsu,1909—1999),美籍华裔人类学家,曾任美国人类学会会长,代表作有《美国人与中国人两种生活方式比较》。

# 第九章
# 情景：文化的积木块

**在**与我们的文化一样繁复的文化中,情景构架(situational framework)即使不以千计,至少也要数以百计。这些情景构架包括情景方言、物质财富、情景人格和行为模式,它们出现在公认的背景之中,适合于特别的情景。一些常见的背景和情景有:招呼、工作、进食、议价、争斗、管束、做爱、上学、烹饪上菜、闲逛等等。情景构架是最小的、能独立存在的文化单位。它可以作为一个完整的实体分析、传授、传输、传承。情景构架包含着语言、身势、身体距离、时间、社会、物质、人格和其他成分。

情景构架的概念之所以重要,不仅是因为它提供了指认分析单位的基础,使之成为专家手里得心应手的工具,而且是因为它对学习一种陌生的文化有所助益。此外,这一概念终将成为未来市政建设和建筑规划的基础。情景构架代表着物质材料和环境,行动就在其中发生,情景构架是一切规划赖以为基础的模块。如果将目标只限定在学习实际发生的自然框架之内,不去试图超越它们,那么学习一门新科目,掌握一种新文化,就可以收到事半功倍之效。这一点既微妙又重要,而且在克服外语教学中陈腐的教学法时,其成功业已得到证明,仅此一例就足以说明问题。这一领域的开拓工作已在美国国务院下属的外交学院之类的地方顺利完成。①

与情景教学法相比,传统的语言学习和许多现行的习惯令人遗憾,它们仅仅是重复外语老师读书时使用过的方法。外语老师的范式在西方世界司空见惯,充斥于一切教学领域。老师给学生不完整的部件,要求学生根据硬记的规则加以组合。由于这样那样的原因,即使规则并不恰当,只要有规则依靠,在欧洲传统中成长的人就觉得更舒坦自在。这一点很重要,因为依赖规则和权威去行动的人,在体验另一系统的现实情况时总是反应迟钝。他们把过去学到的东西投射出去,把外部世界硬塞入自己的模式之中。

语言学的例证和原则有助于说明这一观点:

1. 一个美国人试图在法国用他在中学学到的法语时,他既听不懂法国人说话,也无法让人听懂自己的意思。法国人说的话和他所学到的法语完全不一样。原因在于,悠悠往昔的某一位业已被人遗忘的权威传播的语言学习规划,由晚近的某位权威几乎一成不变地传授给今天这代人的时候,几乎一无例外,都是错误的。[1]

2. 人们学习时,不能按照死记的规则将部件加以组合,不能在交往的过程中一边用一边去想规则;无论是学习一门陌生的语言,还是学习滑雪,或者是战时学习发现敌人的飞机,都不能使用这种方法。这样的方法太缓慢,太复杂。此外,人们学东西是借助完形即完整的单位。完形置入了情景的上下关系,能够以完整的形象在脑子里被回忆。

---

① 这一努力的结果是20世纪40年代至60年代风靡世界的听说领先外语教学法。

3. 每一种文化不但是一种集成的整体,而且有独特的学习规则。使这些独特规则受到强化的,是总体组织上的独特模式。了解一种不同的文化时,有一点至为重要:了解事物在其中是如何被组织的,并学会在其中去了解这些事物。如果硬抱着自己文化传承的学习模式不放,了解另一种文化就是不可能的。

4. 之所以不能用"把部分拼装起来"的办法来洞悉另一种文化的精髓,是由于任何文化在总体上都是非常复杂的。在西方,我们固守着这样一个观念:"典型的"英语、"典型的"法语、"典型的"西班牙文化、"典型的"纳瓦霍印第安文化这样的东西是存在的。这种独一无二的"典型"模式失之过简,既不符合语言的实际,也不符合文化的实际。最后,使用这种模式只能导致挫折和失败,因为语言或文化里很少有许多人喜欢的那种铁定不变的东西。

上述几条事实是我几年前所痛切认识到的原则。我和妻子(她与我共事)应邀去评估英语测试方案。这些测试是为来美接受各种培训的外国人设计的。从理论上说,外国培训生需要会说会读会写英语。因此,在美国开始接受培训之前,他们应该接受英语能力测试。这听上去挺合乎逻辑的。麻烦在于,那些在海外通过考试的人进入美国的教室里听课时,或者是不得不与美国老师交谈时,往往听不懂。事实上,他们甚至不能在最基本的、最简单的情景里用英语交际。部分原因在于:普遍实用、基本的语言形式是不存在的。

我们在研究中得出结论:世界任何地方的人都掌握着我们命名为"情景方言"的数百种方言,情景方言用于专门的情景构架之中,没有一种情景方言是课堂里传授的那种语言。更为重要的是,课堂是唯一能看到那种课堂用语的地方。[2]但人脑能克服课堂讲授的障碍,并转入活生生的语言,这真是人类智能的不朽丰碑。

在餐馆点菜有一套相当复杂的情景方言,其复杂程度要看说话人所在的圈子,还要看他在多大程度上是一位美食家。如果他吃普通的饭菜,或在美国较大的城市光顾简易餐馆吃午饭,那么少许恰当的词汇就足够交流之用。但是,倘若他想在豪华的饭店里出尽风头,他就需要一大套全新的词汇,也需要各种使用这些词汇的方略和谋划。

如果使用得当,情景构架就处在环境阶梯上较高的位置。这就会事半功倍、节省精力,使人能利用对方已有的知识。但是,你必须掌握恰当环境中使用的恰当的语汇,因为情景方言能当即确定说话人的身份,表明他是某组织的成员,是圈内人,不是圈外人,因此他知道该系统的运转机制。上述情况甚至适用于上公共汽车、买火车票之类的简单情景。初来乍到者可以靠观察老顾客或老乘客去学习这样的情景方言,这些交往速度很快、费力很少。只需说"两张一等票,去兰兹恩,回程"就够了。绝不会啰唆到说这样的话:"请您卖给我两张往返票,一等的,去兰兹恩,今天的。"飞行员和塔台人员使用的语言是高语境的情境方言,很典型,设计时就尽量简约、减少歧义,以适应特定的需求。应当承认,这种语言的使用范围有限。但对那些熟悉者而言,则非常适合这个交流模式。这些类型的情景方言常常使用受限代码——请记住,受限代码是圈内人用的。在这种代码中,一切都受到紧缩:语法、词汇、语调。课堂里学到的一切规则都被弃之不顾了。

初到者和圈外人需要知道的是:我在这一特定环境中用体态、语调、手势和穿着"说"的是什么?传达的信息是什么?而且,他必须会解读对方的言语和行为,无论对方是否与他的文化背景相同。新的情景需要人学习新的情景方言,比如,与新的姻亲会晤,而双方的阶级或民族背景不同时,就需要学习这样的情景方言。事实上,凡是你第一次做的事情都需要这样做。[3]

有时,新的情景方言纯粹是刚加入一个组织的结果。20年前,我在东海岸一所大学的科研培训分部供职。这里的人员配备分两种类型——领博士衔的教授和年轻的女秘书,他们使这个分部正常运转。我刚在办公室里安顿下来,就意识到一些紧张关系的征兆。这些饱学之士显然把女秘书放在比自己低得多的位置。而女秘书又觉得,教授痴迷于打印材料的准确性和外现形态的许多要求,是出于孤芳自赏的动机,是没有必要的。我对女秘书是同情的。所以,我觉察到她们开始以近乎粗鲁无礼的态度对我时,我感到大惑不解。我不知道我怎么会冒犯她们。而且,对那些教授,她们却表现出彬彬有礼、讨人喜欢的样子。所幸的是,我带来的女秘书对各种言语和行为的语境有深刻的了解,而且她为人处事比我轻松自如。她破译了女秘书们的态度,告诉我说:"姑娘们喜欢你,你这个傻瓜。这里的教授中,只有你把她们当成人。"

在一定的意义上,言语中的情景行为这一观念并不新鲜。从苏格拉底到彼得·德鲁克①这样的博学鸿儒,始终都强调入乡随俗,用别人的语言进行交谈。但是,不仅应当用人家的语言来交谈,而且要以人家熟悉并感到轻松的情景来交谈,要以符合交往的情景来交谈。说起来容易做起来难;但只要习惯于这样看问题就不是太难;别人感到不自在,也许不是说话者故意要造成的结果,而是不恰当的情景用语引起的。如果你能恰如其分地使用他们的情景方言,巴士司机、柜台服务员、塔台导航人一定会对你表示赞赏。

如果佯装模仿情景方言,那就是另一回事了。事实上,除非情景方言是认真学到手的,佯装就可能是居高临下的一种态度,常常有一种虚假的味道。比如一个从底层爬到上层的人就是这样的。他想重新成为"老伙计们中的一员"时,仍然是一位普通人,他就用情景方言来说明这时的情景。其他时候,他又应该被尊称为史密斯先生。人们知道这样的区分,因为他使用的情景方言是某一次打交道时特定的交流方式(a communication about a communication)。

---

① 彼得·德鲁克(Peter F. Drucker,1909—2005),美国企业管理顾问、教育家和作家,被誉为"大师中的大师"。代表作有《经纪人的目的》《工业的未来》《美国未来20年》《公司的概念》等。

## 第九章
## 情景：文化的积木块

情景行为似乎是一切脊椎动物的基本行为。谁也不知道在种系进化阶梯上，情景行为能回溯到多低的层次。也许，它可以回溯到单细胞生物的层次。单细胞生物有活跃期和被动期，活跃期它们聚合，被动期它们分裂。此时，它们的行为会交替变化。然而，情景行为的复杂性似乎是进化的一种功能。比如，在鸟类和哺乳类以下的低等动物身上，游戏并未以一望而知的活动显露出来。哺乳类身上一望而知已出现游戏，尤其在幼仔身上能明显看到游戏。虽然洛伦兹①5声称观察到寒鸦做游戏，但是在鸟类身上区分游戏与非游戏，比在哺乳类身上区别这两种行为更为困难。不过，人们给长尾小鹦鹉买"玩具"的确是事实。虽然这种做法有一点将它拟人化的成分，然而我在山区看见的渡鸦所做的特技飞行确实是一种游戏的形式。

凡是与动物接触过的人（哪怕他接触的是实验动物）都知道，动物表现出物种独特的行为，这些行为与动物身上的激素变化有关（比如雄性在发情期的行为就是这样）。这些行为常常与具体的心理状态和具体的时间空间有联系。饥饿的动物觅食和进食时的行为，与吃饱了的动物的行为是不一样的。正在发情期的动物和发情期已退潮的动物表现出来的行为，也是不同的。其他的"基本的原型情景"（basic archetypical situations）有：降生、死亡、等级行为（支配与臣服）、争辩行为或攻击行为、游戏、领地行为、教与学的行为，还有各种类型的交际行为。[6]

西方世界压抑人的情景需要，未能认识到这种需要，结果造成我们生活方式、生活的意义和人格发展方式的扭曲。以性冲动为例，它潜藏在一种基本的原型情景的背后。要不是压抑性欲，使弗洛伊德理论应运而生的行为偏离本来是不会发生的。如今又产生了走向另一

---

① 康拉德·洛伦兹（Konrad Lorenz, 1903—1989），奥地利动物学家、现代行为学创始人，诺贝尔医学奖得主，主编《动物心理学杂志》，著有《所罗门国王的戒指》《人与狗》《攻击性》《动物与人类行为研究》等。

极端的摇摆。性不再维持其情景意义,而是悄悄地潜入了从包装总统到包装汽车的一切领域。另一种基本的原型情景,游戏,如今被当作工作去追求,它在美国变成了价值以数十亿美元计的产业,其结果是,很少有白种中产阶级美国人知道如何名副其实地游戏。这对我们的日常生活和政治的影响是难以估量的——我们对生活的态度太一本正经了。

现在来考虑一下时间。虽然时间系统在美国文化中没有像在瑞士和德国那样被推向极端,但是时间是美国文化中占支配地位的组织原则。时间观念滥觞于一系列的自然节律,这些节律与日、月、年的周期相联系。如今,它却成了一种外在强加于人的限制,它的触须甚至伸进了我们最隐私行为的每一个角落(我们的胃肠运动和性行为都要由钟表和日历来调节)。正如我们的许多年轻人所发现的那样,我们的时间系统在使西方人异化中起了很大的作用。人们生病的一个原因,就是要挣脱时间的枷锁,回过头去重新体验自己的节律。然而,这是多么沉重的代价呀!

在《无声的语言》和本书第一章里,我描写了一些文化中形成的有别于我们的时间系统。如果说有什么能改变生活的性质,这种东西就是处理时间的方式。有些英国人类学家想让我们相信,时间并非一种"纯粹的习惯",而是生活里最基本的组织系统之一,因为一切情景行为都具有一个时间和空间(人体距离)的要素。

在讨论西方的时间时,有一点至为重要、不可忘记:没有时间表,就不可能有工业社会。依赖时间作为组织系统的需求,可以回溯到运输相当慢的时代里人们协同活动的需求上。如今,电子革命不仅有利于各种事件在全世界同步传播,而且有利于将其储存到录像带上,以至于任何时候都可以看录像;我们再不受时间紧箍咒的压力。多年来,装配线被认为是反人性的可憎之物,它只能引起混乱、愤懑和厌倦,而今它终于进入了慢慢变化的过程之中。问题始终是该如何对付它。所幸的是,产业界已主动开始向工人请教解决办法。在瑞典,汽车工人以班组为单位组装全部汽车。其他一些工厂,包括外国和美国的工厂,正在努力让工人们交换工种,以便于变换工作和节奏。

这些日子,攻击性和领地欲很引人注意——太多的注意。重要的不是人是否富有攻击性,人与别的动物一样,也富有情景性的攻击性。然而,和别的动物不一样的是,人用许多不同的方式去对付和疏导攻击性,这些不同的方式取决于文化,取决于文化构建和整合攻击性的方式。亚利桑那州的霍比印第安人居住在山区台地上,相当拥挤。他们告诉白人说自己没有攻击性,他们自称为"爱好和平的人"——这是他们的理想。然而,你熟悉他们之后(我在他们之中生活和工作了几年),就会发现,霍比人中的攻击性发生了分裂,这一点显而易见。他们在成长中被灌输的信念是,攻击性是不好的。如果我们相信对他们说的话是真的,那么他们似乎体会不到自己的攻击性。然而,有证据表明,攻击性不断在霍比人中出现,就像成群的蝗虫在沥青里打洞总要冒出来一样。阿瓦托维,台地上最靠东的霍比村子,被自己的相邻同胞夷为平地,村里的人被斩尽杀绝了。新俄拉伊比村之所以存在,是由于老俄拉伊比村发生了宗派分裂。在台地脚下的墨恩科比、巴卡维、波拉卡等村子,同样是分裂的产物。闲话和污蔑是攻击性的一种形式,它们像地方病一样在霍比人中蔓延。我的猜想是,霍比人不得不压抑攻击性,因为他们在台地上居住之拥挤是令人难以置信的。(第一台地容纳三个村子,整个台地似乎比一艘航空母舰的甲板还要小。)如果霍比人的文化不是异乎寻常地僵硬和不屈的话,他们本来是能够容忍上述一切的。在霍比文化里,偏离文化规范的自由是极其微小的。可见,霍比人在台地的村镇里居住时,不仅在身体上是非常拥挤的,而且在心理上也是十分拥挤的。明目张胆的攻击性会使整个地区四分五裂,所以他们就干脆压抑住攻击性。

倘若人人都按照共同模式的指令去行事、说话、思想和体验,极端的拥挤是可以容忍的。文化和社会的僵硬对人是有害的,因为人是地球上最千差万别的物种;然而,在拥挤的情况下,文化和社会的僵硬显然又是必不可少的。由于差别而产生的攻击性,在居住密集的情况下可能会带来危险。在此情况下,人的能量要用来疏导攻击性,使之不至于随时一触即发。如何疏导攻击性,这一点从有些印第安人的生活中就可以看出来。白人杀尽野牛,把比较喜欢游徙的印第安人圈进保留地之前,平原印第安人生活在广袤的地域里,他们在战争中认可略经修正的攻击性,并且使之成为固定的惯例。当时他们可以这样疏导攻击性,现在就没有这样的条件了。

在另一个小群体里,可以看到情景行为对人的束缚。这个群体是精神病人。《科学》[7]有一篇文章说明了这个问题。罗森汉(David Rosenhan)及其同事佯称自己有病,去 12 所医院"就医",这些医院分散在美国东西海岸的五个州里。这一群精神健全的科学家三言两语地对入院处的医生说,他们有幻听,听见"砰""哐""嚎"之类的声音。除此之外,这几位科学家的所作所为,包括他们的病史,全都是自己的真实情况。在所有的情况下,听见说话声已构成让他们入院治疗的充足理由。一旦入院,无论其行为正常与否,罗森汉和同事们都被诊断为精神失常,并接受相应的治疗。他们是病人,进了精神病院,这一简单的事实就足以扭曲医护人员的每一点感知。病人脱离医院、与医院分离——这样的事情是不存在的。

人并非天生就是或仅仅是好斗的、合作的、充满爱心的、性欲旺盛的、勤劳的、贪玩的、分成等级的、有领地欲的、受时间控制的、有竞争精神的、重物质欲望的、爱做学问的或善于交流的。以上各点他兼而有之,不过他通常是每次只强调一两个方面。视情景而言,人是充满爱心的、勤劳的、分成等级的,如此等等。不仅如此,而且在不同的人身上,这些特质的比例是不一样的:有些比较积极,有些精力比较旺盛,有些比较喜欢社交,有些比较善于交流思想感情。然而,倘若这些

## 第九章
## 情景：文化的积木块

特质受到文化的情景构架的压抑，就可能导致麻烦，引起深沉、特征不明的性格，就像栽在不合适的泥土里的花木一样。

这使我们自然要介绍精神病学（尤其心理分析）和人类学合流的问题。这两门学科在下列研究领域里重叠：人的制度需求是如何构造、处理、升华、压抑、压制、体验和利用的。如果这些需求失去平衡，人会得神经官能症；精神病是对人天性的否定。

我熟悉的和我从书本中了解到的文化中，没有一种在人的制度需求上达到了完美的平衡。部分原因在于，在自我教化的过程中，人对他自己的基本天性知之甚少。在教化自己的成员时，有些文化似乎比其他文化做得更好；然而情况是否果真如此，却是难以断定的。就我所知，在满足自己的制度需求方面，人类在不同的文化背景里究竟做得如何，这个问题尚无比较研究问世。

第二次世界大战以后，对人的"基本需求"的兴趣势如泉涌。这种从需求入手的研究方法成效甚少，因为文化对需求施加着压倒优势的影响。如此之多的社会科学家被吸引去使用这种方法，说明这一方法确有道理；然而我们的确没有能力去对付这一课题，因为我们受到了当时的概念模式的局限。差不多与此同时，人类学界的"价值"研究也很时兴，这种研究从各种基金会得到广泛而慷慨的赞助。遗憾的是，价值研究有点像研究词汇而不参照语法。当然用这种方法可以了解一些东西，而且其中不乏有趣之处，但除非价值研究的清单穷尽无遗，因而给模式分析奠定了基础，否则这样的研究就是鸡毛蒜皮的。

情景行为（含基本行为、原型行为和衍生行为）研究与需求研究和价值研究的不同之处在于：它集中研究一个完整的情景；这一情景是由所有的基本讯息系统①的要素构建而成的，它遵守模式的有序律、选择律和一致律（laws of order, selection and congruence）。情景行为是

---

① 霍尔在《无声的语言》中将人类文化分为十大基本讯息系统（primary message systems），提出模式的三条定律：有序律、选择律和一致律。

一次交往过程的构造成分,就是说,情景行为有反馈信息。换言之,情景是一个完整的实体,正如句子是一个完整的实体一样。情景构架既是个人生活的积木块,也是制度的积木块。它是三者合一的汇聚之点:个人及其心理构造、制度(包括从婚姻制度到庞大的官僚组织的各种制度)以及文化这三者合一的汇聚点;使个人和制度富有意义的是文化。

　　由此看来,指出这一点是饶有趣味的:沙利文用情景语言来界定人格。对情景构架进行分类整理,弄清其如何用于构造较大的整体,这是摆在我们前面的极其艰巨的任务。我们进行这种分析的经验还非常之少。以我而言,我就不知道它会把我们引向何方。

第十章
# 行为链

行为链（action chain）是从动物行为学（ethology）中借用的术语，它在概念上与情景构架关系密切。所谓行为链是一连串接连发生的事件，通常有二三人参与这些事件。它使人想起这样的一场舞蹈：这场舞蹈被用作达到一个共同目标的手段；只有这一链条中的每一个环节被锻造好之后——而不是在此之前，才能达到上述共同目标。和情景构架一样，行为链也可能有简单的、复杂的和衍生的三种分别。一个情景构架里的行为链有开头、高潮和结尾之分，并且包括若干个中间阶段。如果其中的任何基本行为被省去，或者是受到了很大的扭曲，行为链就必须从头开始。准备早餐、会见朋友、订婚、购物、作诗写书，全都是行为链的例子，它们的复杂程度各有不同。

研究行为链有实用的理由，有些行为链与建筑师和市政规划者的任务有特别密切的联系。因此，研究空间是如何使用的结果说明，如果不占有行为链和情景构架（行为链是在情景构架里发生的)的详细资料,就可能导致打断行为链的后果。建筑师的空间不适合人的活动时,行为链就会中断。拥挤之所以具有如此之大的破坏力,并不是因为它本来就是坏的,而是因为它产生的结果是使行为链瓦解和中断。对那些记得卡尔霍恩①用老鼠所做的试验[1]的人而言,不断增加拥挤密度的结果,是严重混乱的建窝、求偶和育仔(这三种东西都代表着行为链)。

为了让读者重温行为链的概念,现将我在一本书②中介绍过的一个有名的简单行为链简要地概述如下,荷兰动物行为学家尼可拉斯·廷伯根③[2]对这个行为链做了详尽的研究。

**第一阶段**(第1—4步)

春天,(第1步)刺鱼划出一块圆形的领地;(第2步)多次保卫领地,反对一切不速之客;(第3步)筑窝;(第4步)它那不显眼的灰色发生变化,嘴部下方和腹部呈鲜红色,背部呈蓝白相间的驳杂色,眼睛变蓝。颜色的变化有助于吸引雌鱼、赶走其他雄鱼。

**第二阶段**(第5—10步)

腹部膨大的雌鱼进入鱼窝的领地范围时,(第5步)雄鱼向她蜿蜒游去,交替展示其面部和色彩丰富的侧面;这个分两步的仪式要重复许多遍。(第6步)然后,雌鱼尾随雄鱼进入鱼窝,于是,视觉交流转变为更基本的触觉交流。(第7步)雄鱼用鼻部有节奏地戳雌鱼脊柱的底部,直到她产卵为止。(第8步)雄鱼进窝给卵受精。(第9步)赶走雌鱼。(第10步)雄鱼重演这一行为链,直至四五条雌鱼在窝里产卵为止。

---

① 约翰·卡尔霍恩(John B. Calhoun,1917—1995),美国生态学家和实验心理学家,以研究种群密度著称。

② 霍尔,《隐藏的一维》(*The Hidden Dimension*)(1966)。

③ 尼可拉斯·廷伯根(Nikolaas Tinbergen,1907—1988),荷兰动物学家及行为学家,1973年与洛伦兹和弗里施分享诺贝尔生理学或医学奖,著有《动物的社会行为》《动物的行为》《本能的研究》等。

**第三阶段**（第11—15步）

（第11步）至此，交配冲动开始退潮，又可以看见雄鱼做一套新的反应。（第12步）雄鱼又恢复不显眼的灰色。（第13步）它现在的角色是保卫鱼窝。（第14步）用胸鳍拍打水，借以继续不断地给受精卵提供氧气。（第15步）鱼卵孵化以后，雄鱼护卫小鱼，直到小鱼长到足以自卫为止。它甚至会抓住那些游荡得太远的小鱼，用嘴把它们衔回鱼窝。

率先研究刺鱼的尼可拉斯·廷伯根注意到，雄鱼蜿蜒游向雌鱼的动作是一种略受压抑的攻击冲动。只有完成这一步骤，性冲动才会出现。使雄鱼释放出求偶反应的，是雌鱼因怀卵而膨大的身段。雌鱼怀卵临产时，吸引她的是雄鱼的红色。一旦产卵之后，红色再也不能引起她的注意。然而，除非雄鱼戳她，她是不会产卵的。既然这一行为序列很容易预测，所以廷伯根能够进行几次试验，研究拥挤及其与行为链的关系。雄鱼过多，意味着领地太多，且太密集；结果就产生太多的保卫领地的行为，以致产生严重的混乱，有时雄鱼竟相互残杀致死。环境里的红色太多使求偶序列混乱，会打断行为链；结果，其中一些步骤就被省略。于是，雌鱼就不能进窝产卵，即使进窝产卵，鱼卵也不能受精。这一例子中的拥挤反应与卡尔霍恩用老鼠所做的拥挤试验是完全吻合的。

在人的层次上，也可以找到类似的行为链。事实上，我非常怀疑，人所做的社会性的事情里会有不涉及行为链的。有些行为链长得令人吃惊，需要比人生更长的时间去完成，其他一些行为链却只延续几秒钟。

较短行为链的一个例子是握手。一个人伸出手。对方握住这只手，施以恰当的力度。用力的大小在美国是由一连串非常迅速的反应决定的，这些反应又由对方用力的反馈信息控制。当然也有例外。所谓例外指的是那些使这一过程过分简单的人（常常为男性），他们把握手简化为一种力的较量。握手礼的时间长度和最后放手的时间由情景因素来决定,情景因素与实际的握手无关。这些因素有:目光接触的程度、彼此的反应是热情还是缺乏热情。整个握手的过程在10秒钟之内即可结束。

只要是实际的而不是坐在沙发里空想出来的,一切规划都构成一套繁复的行为链等级系统,而且,一切规划都必须考虑这个等级系统。凡是不从这个角度去考虑的规划都是没有活力的,因而是注定要失败的。

行为链代表着相互影响的过程。这里所说的相互影响是杜威[①]和相互影响心理学家所说的那种相互影响。这种相互影响大致可以分为三种类别:

1. 人与无生命的环境和人的延伸的相互影响,这里的环境和延伸包括从做饭到修住宅、筑堤坝甚至修建一整座城市。

2. 人与生命体的相互影响,生命体包括植物、动物和其他的人这样一些有生命的东西。

3. 心理内部的相互影响(intrapsychic transaction)涉及心理的各组成部分。比如,用弗洛伊德的话来说,就有本我、自我和超我之间的相互影响、生死欲望之间的相互影响等等。又比如,如果你追随沙利文[3],那就可以举出无意识和分裂人格的各个侧面之间的相互影响;换言之,就是有意识地体验到的行为和仅仅靠间接方式体验到的行为之间的相互影响。

心理内部的相互影响,也发生在前面两种类别的相互影响之中。而且,既然人花费许多时间考虑各种事情,相互影响还可以发生在错觉(虚幻)的语境中。

---

[①] 约翰·杜威(John Dewey, 1859—1952),美国哲学家、教育家和心理学家,实用主义学派创立者之一,机能主义心理学先驱,实用主义教育的倡导者。代表作有《经验和自然》《学校与社会》《心理学中的反射弧概念》等。

在此应该提醒读者,将自然划分为无生物、有生物和心理内部(intrapsychic realm)这三大领域,全然是西欧的思想。其他文化划分宇宙的方式是不一样的。比如说,霍比人在认识人与动植物的相互影响时,不会有任何困难,因为他们对庄稼、绵羊和一切生长的东西讲话,正如他们对自己的孩子说话,使之健康成长一样。[4]霍比人说,除非受到人的爱抚、关照和鼓励,否则任何东西的成长都是难以想象的。此外,他们使用时间的方式与白人极其不同,过去也许至今仍然截然不同。在北美定居的欧洲人把自己的时间系统强加于一切有机的和无机的事物。白人关于书籍、住宅、堤坝、办公楼等等的概念是具体的,所有这些东西都要有一定的日程表才能完成,正如儿童要在一定的年龄学步、学语和上学一样。在霍比人看来,每一种有生命的事物都固有自己的时间系统;但是,涉及人的无生命的物质延伸的任务,是没有内在时间表的。所以,霍比人并不觉得有任何压力在明确规定的时间表内去完成某些工作。

20世纪30年代,我当领班与霍比人一道搞工程。白人搞一切工程都有时间表,而霍比人则没有时间表,于是就造成了相当紧张的气氛。按照日程,建设工程如堤坝必须在规定的时间里完成。霍比人弄不懂为什么老是催他们快干,为什么堤坝要按规定的时间建成。当然,在四十多年后的今天,毫无疑问情况已有变化。在我说的20世纪30年代里,一幢住宅可以用20年的时间去完成。

卡斯塔内达[5]告诉我们,索诺拉河的雅基人(Yaqui)巫师对上述三种类别的相互影响不加区别,把它们笼统地看成是一种东西。在巫师的眼里,人与自然是不可能分开的。人根据一个繁复的知识系统与其他人和一切东西打交道。这个系统需要详尽的知识,需要对植物、动物以及人的习惯、属性和特点都有了解。对他们而言,所有的动植物和人,都分为适合打交道和不适合打交道两个范畴。某个人也许不得不避开一种范畴的巫术,不得不避开一切与之联系的动植物和知识。

猎手与一组有生命的东西有关系,有学问的人又与另一组有生命的东西产生联系。有学问的人既要驾驭他自己身上的力量,又要驾驭自然的力量,而且要理智地平衡这两种力量;这样的驾驭能力至为重要。人与一切东西都有个人的关系。他需要从生活中得到的是力量。但这一力量只能被用于某些方向,只会在某些方向上运行;这些方向是由他的因缘际会决定的。

和许多我们研讨过的事物一样,行为链也可以排列成一个连续体。一端是未必能完成的行为链,虽然有完成的约束力,但那种约束力是非常随意的。另一端是那些只能向前不能转向的行为链。连续体中的一条行为链可以用两种因素来解释:生物体的内在状况和外在的文化。

受训灭鼠的猫完成行为链的方式是独特的、很容易预料的。它看见老鼠后,悄悄地跟踪,准确地扑到老鼠身上,用爪子钳住老鼠,必要时摆弄几下,然后准确地咬住它头颅底部的地方,咬断其脖子。然而,猫不饿时,行为链就随之而变。猫在扑老鼠时就会避免使它受伤,然后就与它一道戏耍,而不是狼吞虎咽把它吃下肚子。只有饥饿时,猫才以扑杀的方式去对付老鼠。[6]

人有一些驱动力并不像饥饿之类的基本驱动力一样容易得到满足。富有攻击性的女子挑逗男子时,她的行为方式是很容易预料的。而且,一旦追求开始,她会采取的步骤,她追求的结果,都不会有什么疑问。与此相似,做母亲的人,眼睁睁地站在一边看着丈夫和儿子的争吵逐步升级,看着他们从偶然不对劲的一句话上升到仿佛要闹出人命的地步,而她却束手无策不能劝阻——凡是有过这种经验的母亲,都知道这个争吵的行为链是多么顽固。当然,在一切情况下,这一行为链都有一个情景变数需要考虑。一般地说,在讲究举止比如有朋友在场时,父子双方发生争吵的可能性比较少。哪一种行为链更顽固,更有约束力,是人格行为链还是文化行为链?这个问题尚未弄清。但是,在行为链一旦发动就必须完成的程度上,各种文化似乎是大有区别的,就像个体的人大有区别一样。

肯塔基州人的世仇是一个范例,南意大利的世仇也是这样的例子。南太平洋一个环礁上的特鲁克人(Trukese),是一连串复仇战争的俘虏。他们既无法绕开也无法停止这场旷日持久的战争,直到外来人介入干预为止。在 19 世纪,西班牙人和德国人先后兼并了特鲁克群岛,他们的世仇才在外来干预下终止。与阿拉伯人和西班牙传统的人打交道时(这两种人在文化上有联系),要当心避免任何把他们推入"怨恨模式"(spite pattern)的行为,因为一旦他们陷入了仇恨综合征,什么抚慰也不起作用了。⁷逻辑和劝说通常归于失败,除非出现第三者的有力干预。阿拉伯—以色列争端最能完美地说明我所描述的这些过程。使这场争端的破坏力加倍严重的是,双方似乎都没有意识到,他们争端中的很大一部分困难是文化差别造成的。

不得不完成行为链的程度,是文化差异的表现之一。一般地说,由于人们相互卷入的程度高,由于其相互介入和内聚力强的特性,高语境文化中完成行为链的约束力往往比较强。由于这几个特点,高语境文化里的人开始做事时,总是谨小慎微,常常还非常勉强,尤其是在领域和关系不太清楚时。美国白人和其他低语境文化的人,尤其那些主要与文字系统打交道的人,通常不像其他人那样觉得非完成行为链不可,无论当时的情况如何。如果事情进展不顺利,如果有更好的事要做,如果有更能干的人,许多美国白人会毫不犹豫地中断一个行为链。所有这些对于在另外一套期待中长大的人来说,是非常令人不安的。凡是不太注重承诺的、义务要靠法律来推行的文化,在制度的稳定性上都会遇到问题。面对这样的局面,人人都会感到不安。

瑞士精神病学家勒内·斯皮兹①⁸很有见地,他对了解人的心理做

---

① 勒内·斯皮兹(René Spitz,1887—1974),瑞士裔美国心理学家,著有《人类交流的滥觞》。

出了极大贡献。他发表了一篇讨人喜欢的文章,题为《对话脱轨——刺激超载、行为周期和完成曲线》("The Derailment of Dialogue: Stimulus Overload, Action Cycles, and the Completion Gradient")。读者切莫受篇名的欺骗,他是为精神病学的同行写的!然而,他在其中所说的话颇有意义,其重要性超越了精神病学的范围,对我们大家都有实用价值。他描写了中断行为链和不完整行为所产生的一些心理创伤。[9]

斯皮兹的理论是,倘若人(或其他动物)不得不对付许多中断的行为链,他们就会作出补偿。代偿机制最终会多到阻碍或抑制正常行为的地步。这一过程的终极后果,他称为"对话脱轨",这一术语既指语词对话也指行为对话。他把我们过分拥挤的城市的许多弊端归咎于这种脱轨现象,包括少年犯罪、虐待狂犯罪、神经官能症和精神病。

另一位精神病学家兼哲学家罗洛·梅①[10],研究了美国公众对入侵柬埔寨和老挝的冷漠反应,他认为四种类型的冷漠构成了一个升级序列中的四个阶段,始于对生活超然物外的态度,最后以暴力而告终。

第一阶段,"退出生机勃勃的尘世,留下时间来补偿自己所受的伤害,保护自己免受更多的伤害"。这是年轻人熟知的"避世"。

第二阶段,虚弱无力的冷漠。由于无力影响华盛顿的判断,美国学生显然正在经历这一阶段。

第三阶段,失望和绝望的冷漠。德国人民第一次世界大战后经历的那种冷漠。他们被迫背负战争赔偿难以承受的经济负担,被迫接受"战争罪行"。这样的冷漠是培养独裁者温床的那种冷漠。

第四阶段,人达到麻木冷漠、残忍无情的阶段。罗洛认为,没有人能在这个最后的阶段生存很久。他并不仅仅停滞不前:"……幽闭起

---

① 罗洛·梅(Rollo May, 1909—1994),美国人本主义心理学家、心理治疗的代表人物之一,是存在主义和人本主义心理学的桥梁人物,代表作有《存在:精神病学与心理学的新面向》《存在主义心理学》《焦虑的意义》等。

来的潜能转变成病态和绝望,最终转变成破坏活动……使人铤而走险、狂暴攻击、滥用暴力……不考虑他打的是谁。"20世纪60年代末期,美国少数民族聚居区里的许多人在自己的居住区里纵火抢掠时,他们显然已经进入了这个最后的阶段。

显而易见,梅的冷漠图式与斯皮兹的理论有所不同。两人的焦点放在政治连续体的两个极端。斯皮兹看重的是人际交往中的个体的人,梅看重的是个人对掌握自己命运无能为力的感觉,尤其对全国范围内的那种因素无能为力的感觉。人民希望政府迅速回应,并倾听自己的需要,希望有能力影响掌握自己命运的事件,这是一种基本的驱动力。如果达不到这一目标,生活中的一个基本的政治行为链就会遭受打击。梅的著作描写了民主程序不同程度的失败。

行为链这一术语过去几年里成了我家的口头禅。我发现,我的妻子和所有一元时间的人一样,强烈趋向于把事情办好,她对行为链被打断是特别敏感的。这就提出了文化间关系的另一个问题。我在前面曾提到,和低语境文化的人相比而言,高语境文化的人完成行为链所受到的束缚要大一些;现在,我要将这一表述略加修正:高语境文化的人还趋于使用多元时间;换言之,无论何时,他们都趋于卷入和几个人分别进行的许多活动之中;这一模式是大多数地中海文化的特征。一元时间的民族,如果能一次只办一件事情的话,就感到比较舒服自在;部分原因是他们用时间表来安排自己的生活。[11]当然,高卷入的因素正是产生较高程度语境的原因。对于低语境文化的、一元时间的、每次只做一件事的人来说,多元时间的行为产生的后果可能全然是破坏性的。**这一后果与过度拥挤产生的后果,是完全吻合的。行为链将因此被打断,后果是一事无成。这两种系统是水火不相容的。**

而且,多元时间文化常常把完成一件事纳入一个特殊的范畴,并把它置于很低的位置,其重要性大大低于讨人喜欢、彬彬有礼、体谅他人、和善忠厚、善于交往的重要性。请记住,一旦开始办事,多元时间的人是很容易被激怒的。因此，他们的行为链是围绕人际关系建立起来的。过分痴迷于达到目标，牺牲与他人的和睦相处，被他们认为是咄咄逼人、太露锋芒，是破坏人际关系。事实上，两人做同样一件事，如果一人使用的是一元时间，另一人使用的是多元时间，他们就会从迥然殊异的视角来看待整个过程，而且会排列出截然不同的轻重缓急次序。

求爱过程是由一连串相互依存的行为链组成的，人和动物皆是如此。在人的身上，行为链既有显性的也有潜隐的，但是潜隐的行为链更具有约束力。由于对美国文化中的年轻人感兴趣，我曾经决定研究大学校园里的男女生相识的过程。我只选了图书馆这个环境来研究，因为众所周知，这是男女生相识的一个地方。图书馆是适合这一研究需求的理想之地，因为在这里研究时，观察者有地方观察，不至于打扰被观察者。我派两位学生进行观察，其任务是，每天晚间从 7 点到 9 点，一共 6 个星期。开始时每晚观察。后来，认清模式以后，他们发现星期一和星期二两天晚上的求爱活动最活跃；不过，其他晚上他们照旧进行例行的观察。兹将其观察报告概述如下。

首先，男生比女生先到。他们标定自己的领地，隔开座位就座，占据旁边的座位，留出对面的空位。为吸引女生注意，他们把法学、医学或商学书籍摊开放在面前，以便于女生能判定他们的职业兴趣。

第二步，男生就座 35—40 分钟之后，女生露面并挑选自己的座位。

第三步，女生坐定后 15—45 分钟之内，男生就会问一个问题，或者针对女生看的书说一句什么话，或者是向女生借一点什么东西——铅笔、口香糖等等。女生会作出反应，或答应男生的请求，或愉快地借给他东西，但仅此而已。

第四步，在 15—60 分钟之内，**女生**主动开口，从男生那里获得信息。彼时，倘若女生合上书，仰靠在椅子上，或看着男生，男生就会请她休息。自此,男女生相识的第二阶段就开始了。

求爱的行为链可由任何一方在几个地方打破,然而,如果第一次接触是女生的主动攻势,男女生两个人就绝不会一道离去,如果女生在几次会晤期间里有一次没有遵守45—60分钟之内提议休息的规则,两人也不会一道离开图书馆。(看来,时间不是单纯的习惯。)发生的事情远远超过记录在此的东西,比如偷偷打量对方、下意识的同步动作等等。有趣的是,同样的范式一次接一次、一周接一周地发生。行为链被打破以后,其中一人就会离去,第二天晚上再回来,又开始同样的行为链。有的人从未讨得异性的欢心,男女生都有。这些运气不佳者构成我们观察中的对照组。此外,我和我的学生还研究了美国人、巴巴多斯人和新墨西哥州的西班牙裔美国人的求爱行为。结果我们发现,求爱行为链里的步骤,一旦辨认清楚以后,是异常稳定的。求爱不限于男女两性成双配对的行为之中,而且,企业界和学术界在物色人选完成重要任务时,也可能出现这种现象。候选人的地位越高,求爱的仪式就越繁复。[12]一家企业决定买一个子公司,或者是准备搞一个合资项目时,也可能出现同样的求爱模式。我常常听见企业家和政治家坦然地说:"我完全乐意跳上床与他同枕共寝。"

要人们详细说明求爱过程(行为链)的规则,是有困难的;人们具体说明这一过程的能力差别很大。大多数人只能勾勒出最粗略的轮廓。即使在西北大学与学生一道研讨过这个问题,并且使他们知道潜意识模式的形成机制以后,我和我的助手还是发现,各组受试者在说出求爱过程的规则时,情况也极为悬殊。在一次调查中,男生说出的规则,是女生说出的规则的 6 倍,这一结果与我们的预料决然相反。当然,这仅仅是一次调查而已。在另一次调查中得到比率刚好颠倒的结果,也是很可能的。然而,在求爱择偶这个至为重要的生活领域,这一过程迄今仍然是禁卫森严的;它被逐入了人们很不容易控制或根本不能控制的那部分无意识里去了。显然这一过程是有模式的。但是,大多数人厌恶把它说清楚。和弗洛伊德的个体无意识一样,文化无意识被积极地掩盖起来了。和弗洛伊德的病人一样,每个人都受到各种过程的驱使;不借助外来的帮助,这些过程是无法审视的。

# 第十一章
# 隐性文化与行为链

> 要是我的舌头听使唤,我就不会打他了……我只能用拳头来说话。
>
> ——毕利·巴德①

毕利·巴德不善辞令,他感觉到了,但说不出来。他的感觉要作家梅尔维尔才能表达出来。人们避免把自己人际交往的基本形式诉诸言辞,认为这是理所当然的事情。其中的一个原因是:名副其实的文化范畴的整合行为,处在和言语无关的那部分大脑的控制之下。我们这里所说的是超级完形(super gestalt),非常重要的超级完形,它们在事物的结构中处在中枢的地位,难以用言辞表述清楚。其原因是,许多行为不能在言语的层次上去感受,而

---

① 毕利·巴德(Billy Budd),美国作家赫尔曼·梅尔维尔(Herman Melville,1819—1891)1855年同名小说中的人物,被水手长指控煽动哗变,一怒之下将水手长打死。

只能在情绪的层次上去体会。有一次,我观察一个非常聪明的从事跨文化教育的普韦布洛印第安人,他在说明本部落所要对付的问题时竟然憋得满头大汗。每当一位白人被派到他们的村子去工作时,他们都不得不应付这个白人的自恋情绪。他的自恋情绪表现为:几乎完全沉溺于自己干得怎么样(如果他真有良好的动机)、他受到的待遇怎么样(如果他不那么沉溺于理想主义)之中。无论其动机如何,这样的行为对普韦布洛人的生活都构成威胁,具有破坏作用。因为普韦布洛人的行为与之相反,他们关心的不是自己,而是群体的命运如何。他们在所有白人的身上都看见我们所谓的自恋情绪。这一特征远远超出了自爱和个体差异的范畴,比其要宽泛得多。既然普韦布洛人没有这样的自恋情绪,他们怎么能说清楚自己的经验中没有的东西呢? 这位白人动机良好、关心他人,一辈子花了许多时间来"帮助"印第安人;尽管他把自己当成是他们的伙伴,在洞悉文化底蕴之后却发现,他成了普韦布洛人生活里的破坏力量。遇到这样的情况,他又该怎么办呢? 他的印第安朋友中怎么没有人早一点告诉他呢?

一种文化的许多比较深沉、典型的特征,乍一接触时可能会感到是一种威胁。行为链也不例外,因为在看重自由和个性的文化中,行为者不是独立的,他直接而亲密地与自己的行为联系在一起。况且,人们在维护日常的习惯时,常常是咄咄逼人的。他们顽强地抗拒自己不了解的想法。这类反应有些可以归结为延伸迁移机制,有些可以归结为文化的巨大钳制力,有些可以归结为对重组自己思想的自然抗拒。而且我猜想,我们美国人对长期而仔细地审视自己所做的任何事,都抱着矛盾的感情。我们这样的低语境文化似乎抵制自我审视。

因此,关于人的行为链的信息颇为稀少。但是,随着人们对行为链的功能日益加深了解,随着人们开始用这种新的眼光来考察人的行为,人们必然将以新的目光来看待解决文化交流问题的答案,无论这种关系是在哪里出现的,国界内外、两性之间、学校之内、企业之中,均无例外。

与此同时,有人很想知道:既然已有那么多复杂的东西要去研究,为何要麻烦地去考察行为链,甚至要这样去考虑人的行为呢?因为受行为链钳制的人绝不可能获得自由,除非他们按照行为链的本来面目去认识行为链。举例来说,我的一位朋友在与世隔绝的新墨西哥乡间建了一幢隐蔽的住所。使他沮丧的是,当地一位爱管闲事的寡妇也买了地皮,放着几千平方英里的空地,不去选择房基,偏偏要在咫尺之遥的地方买地皮建房。我的朋友绝对不想与这个寡妇有任何瓜葛,哪怕是最肤浅的交往也不愿意。情况似乎非常严重,直到他想起:他们两人最初都是新英格兰①人,而按照新英格兰的习俗,既然他先在此落户,她要等到他登门拜访之后才能见他。但他从未涉足她的家门,直到许多年之后我的朋友去世之前,他们两人一直生活在彼此能看见的范围之内,却至死不相往来。

受下流电话干扰的人,如果对埃曼纽尔·施列格洛弗的文章[1]略有所闻,就会知道如何挫败这些无耻之徒。在分析打电话的开场对答中,施列格洛弗发现,接电话的人总是首先说话的人。打电话的人总是等对方应声之后才开始说话。这些规律具有极大的约束力,所以接电话的人只需拿起电话而不说"哈啰",就足以挫败这些下流痞。

美国人对招待朋友的行为链规则全都是非常熟悉的。你必定很多次听见过一位女子说:"我们已请过他们两次,该轮到他们请我们了。"这一行为链可以被任何一方打断。

一切行为链到了某一阶段,都要求人们用言语来表达思想。不用言辞表达就会使行为链发生短路,并且常常会引起暴力。梅尔维尔的《毕利·巴德》[2]就说明了这一点。

---

① 新英格兰,美国东北部地区。

对我们之中来自北欧传统的人而言,争端是分阶段逐步升级的。从非言语的暗示信号和体态讯息开始、过渡到迂回的暗示和言语暗示,再到言语冲突、法律诉讼,最后才升级为武力或拳脚。无论是家庭内部的争论、邻居为分界而发生的争吵,还是劳工与管理层之间的权力斗争,升级的模式都大致相同。劳资纠纷像芭蕾,其舞步和阶段是尽人皆知的;人人知其详已被视为理所当然的道理。例外的情况是,争执双方的文化或亚文化是不相同的。在那样的情况下,必然要遇到麻烦。如果误读行为链中的"暗示"(预兆)[3]序列,参与者就看不见行为链里的步骤、阶段和停留之处,就难以明白自己所处的位置,难以重新考虑自己的行为和保全面子的退让。更为严重的是,这样的误解还会导致转瞬出现的、难以预料的升级,直至恶化到没有回头的余地。在动物界,被外来干预打断的行为链,通常产生恶性的、难以控制的争斗,不过,这样的争斗并不多见。在人类身上,上述原则显然也是适用的。一种严重的精神病的表现之一,是略去行为链中的重要步骤,猛然跳到最后的阶段。文化之间的争执也具有这样的属性。无论如何,行为链短路时都可能导致严重的后果。在求爱过程中,它可能导致强奸。在争执中,它可能走到凶杀的极端。文化碰撞时,由于行为链的步骤各有不同,很少有人知道自己所处的位置。

现以新墨西哥州盎格鲁血统的美国人和西班牙血统的美国人的差别为例。他们的关系我考察了 50 多年。这些西班牙征服者的后裔非常敏感,经不起最轻微的批评。因此,他们要不惜一切代价避免冲突。此外,还有一个偏执的自傲问题,自尊心是必须维护的。况且,还有一个"大丈夫气概"的包袱。和阿拉伯人一样,西班牙裔美国人的社会组织趋向于平坦。学童和成年人一样,非精英者都避免竞争,避免任何使自己与群体分离的东西。与此相对,应众人的期许,头面人物却要坚强有力,要显示自己的力量。

在盎格鲁血统的美国人的争执之中,情况是分步骤分阶段愈演愈

# 第十一章
## 隐性文化与行为链

烈的。从细腻而委婉的含沙射影到冷淡（人不得不讲礼貌），上升到请第三者传递讯息，再升级为口头的正面冲突，再发展到打官司，如上述一切手段都行不通，而法律对你又有利的话，最后就诉诸武力。西班牙裔美国人使用的是另一种系统。第一步是沉闷（罗洛·梅所谓的升级序列中的第三步"失望和绝望的冷漠"[4]）；既然要避免口头的冲突，此时适用的法则就是"要是我的舌头听使唤，我就不会打他了"。事情不对劲的最初的征兆是显示武力。武力或行动对西班牙裔美国人而言，不是行为链中的一个步骤，而是一种信息交流，目的是要引起注意。这一争执过程开始以后过了很久，他们才打官司。

西班牙裔美国人的争吵模式，可以用我的一个熟人做例子。他是一位牧场主，名叫查维斯（Chavez）。他告诉妹妹，他和一位盎格鲁血统的邻居有麻烦。这位邻居要么是故意如此，要么是出于无知，他把查维斯好几百英亩的土地圈进了自己的地界。查维斯和妹妹商量时说："这一次我要用'他们的'办法来办事。我不拔掉他的围栅。相反，我要叫我的律师去处理。"至此，他尚未给邻居传递过任何信息，以说明出了差错。在一般情况下，这位盎格鲁血统的邻居看到有麻烦的最初征兆，是发现自己的围栅被割烂，界桩被连根拔起。[5]

更典型的西班牙裔美国人的反应，是雷耶斯·洛佩斯·提赫里纳（Reyes Lopez Tijerina）的活动。他竖立标牌，宣称自己对土地的所有权，拘禁了两位国家公园的看护人，袭击了蒂埃拉阿玛利拉县①的法院，造成了悲剧性后果。他是在发出信号，要人注意西班牙裔美国人的牢骚。盎格鲁血统的居民把他的第一步行动误解为争执升级中的最后一步，于是用法律诉讼的武器来进行回击。

试图理解这样的一个模式时，重要的是要记住，西班牙裔美国人的文化中有几种独特的力量在起作用。

---

① 蒂埃拉阿玛利拉县，位于新墨西哥州西北部。

第一种力量是不惜一切代价避免与共事者或有关系的人发生面对面冲突,避免发生任何不愉快的事情。然而,避免不愉快的事可以导致极大的压抑。比如,桑塔菲地区有一位西班牙裔小伙子给一位饭店厨师打工,他对厨师非常感激。一天,他没有露面,因为他在另一个地方打工的时间有所改变,这就造成了时间上的严重冲突。他没有告诉厨师自己的时间问题,干脆不作说明就一走了之。又比如,我们家曾失去一位相当出色的管家,因为她的丈夫坚持要她下午3点钟回家。我们的上班时间是早上8点到下午4点,但是这个时间是可以改动的。她难以启齿与我的妻子商量。我们间接了解到她的问题所在,可惜为时已晚。

影响西裔美国人社区中争执升级的其他因素,是亲友的强有力纽带和对亲友的强烈忠诚。一人失业,全家可能集体辞职,结果使争执具有异乎寻常盘根错节的性质。线性思维的盎格鲁血统人难以理清这堆乱麻。对西裔美国人而言,最后的结果是控制自己的感情,直至忍无可忍而突然发作。这些模式起源于中东;在这里,第三者在调解争执中发挥着重大的作用。在美国西南部,第三者的调解模式已不复存在(即使它曾经存在过);结果就产生激烈的对抗。

158　新墨西哥州的西班牙裔美国人属于高语境、高卷入的群体。他们的文化随时监控着个人的情绪。但是,低语境文化的英裔美国人不善于分辨别人时常变化的情绪,所以他们常常会疏忽大意。观察西裔美国人的行为时,他们常常以为,他们对付的是一种"山穷水尽"的现象,然而实际上,他们看见的是行为链中部发生的事情。英裔美国人往往作出过头的反应。蒂埃拉阿玛利拉县有一位英裔牧场主,他的围栏在许多年间反复被人割烂,他贵重的坐骑被人枪杀,他的住宅被纵火焚毁。一说起操西班牙语的邻居他就怒气冲天,这是十分自然的。他既不知道也不关心他们为何因失去土地而感到不满,为何会采取这样的行动。双方都受到自己文化无意识的深深地钳制;双方都疏远冷淡;

# 第十一章
## 隐性文化与行为链

一切的交流全靠意会。双方都不知道,为何陷入了这样可悲的困境,也不知如何体面地从这一困境中解脱出来。双方都是文化产生的情景性神经官能症的受害者,这种病症需要大量的治疗才能治愈。[7]

我所熟悉的各种文化都遵循行为学的一般原理,都备有内嵌似的安全阀,以防止争执走过头。这些安全阀在自己文化内部行得通。然而,由于它们不为人的理智所把握,也没有被认识清楚,所以我们与外人打交道时它很难得发挥作用。由于西班牙被阿拉伯人占领达500多年,欧洲的西班牙人接纳了许多阿拉伯文化模式。因此,有一点难以理解,为什么责任重大的中间人的角色在中东非常发达,可是在新墨西哥州的西班牙殖民文化中,这一角色并没有发展得更加强大有力。只要是处于高语境文化那种典型的、短促而迅速的步骤升级之中,争执就必然要愈演愈烈,除非公正无私的局外人承担责任去扮演强有力的、很负责的中间人的角色。中间人的角色经过什么样的过程失去、变弱,甚至根本没有整合进新墨西哥州的西班牙裔村社之中,这个问题迄今不明。新墨西哥是西班牙文化在北美最边缘的前哨地区,所以它在许多方面处在西班牙文化主流的外围。使事情更加复杂的是,盎格鲁裔美国人是在1846年的美国—墨西哥战争之后以征服者的身份移入新墨西哥州的。他们摧毁了许多西班牙文化的制度,或者是未能给这些制度提供支持。盎格鲁裔人总的来说不理解、不信任中间人的角色。他们不知道如何利用这种制度。

有关上述两种文化的争执如何升级的过程,数十年间搜集的证据令人信服,但这并非事情的全貌。然而,多半的痛苦和恶意可以归结于一个事实:双方都未能解读升级过程的征兆。在生活的大多数争斗中,既没有恶棍也没有英雄,谁也不用受责备,因为文化无意识的性质从定义上说就只有少数人才知道。

在远东,我们遇到类似的然而更为严重的情况;之所以情况更严重,是因为牵涉到的东西更多,文化差异更大。一次访问东京时,一位日本朋友邀我登上一幢新落成的摩天大楼楼顶共进午餐,整个东京就在脚下,尽收眼底。也许,他选择的环境是用心良苦的,但我永远无法肯定,因为他挑选这一时机把自认为的美日关系的一些麻烦告诉我。他说话的方式独特、委婉却明白。他说,美国人没有察觉日本文化的有些方面,他们没有察觉的特征正是危险的区域。我们从多方面探讨了这个问题。我对暗示性行为颇有兴趣,所以我急于知道更多的东西,想看看日本人何以知道他们在某一关系的某一时刻处于什么位置,看日本人如何监察情况的发展。

在此,高语境的定律又是适用的。日本人在面对面交流时,总是维持着谦恭有礼、亲切热忱的礼仪,无论内心的感觉如何。怒形于色等于是承认自己失去自控(丢脸),当然,如果"事情太过火",那又是另一回事。没有暗示的信号警告迫在眉睫的灾难时,美国人和许多欧洲人会下意识地不断往前推进,以寻找结构、模式和极限。因为欧洲人不熟悉日本人的系统,所以他们几乎注定了要走得太远。

当然我们可以问自己:我们如何知道事情的火候呢?回答是这样的:慢慢快起来,开始别太急,尽量求助于你能找到的最能熟练而细腻地译解日本文化的人帮忙。

读者也许记得我在前面提到的一件事:我在日本时,旅店在没有任何先兆或口头通知的情况下,就把我的房间倒来倒去,把我从一家旅店转到另一家旅店。倘若我用的是自己的美国文化系统,我就会把这种举动当作是传递信息的委婉方式。所幸的是,在这一事例中,我只是在一定程度上受到美国文化的影响。

在暗示性预兆上,中国文化与日本文化有相似之处。在麻烦的情况下,中国人泰然处之,仿佛什么事也没有发生。这一点之所以成为可能,是因为系统本身有巨大的活动余地和稳定性。处理个性特征、小的异议和人格冲突的办法,是假装不存在这些东西。如果承认发生了这样的事情,那就必须采取行动,而行动总是非常之一本正经的。

比如，父亲会尽量忍受儿子的所作所为，什么也不会说；因为他知道，孩子必然要表现自己；同时他又知道，家庭的制度，由于植根于祖先身上，总会使儿子浪子回头的。任何时候，一种文化里的人都可能说，另一种文化中没有微妙难解的东西。这个明显的信号说明，人类交往过程里难以理解的地方并非一目了然，因为任何文化都有微妙难解的隐性特征。

显而易见，在一种文化范围内，争执及其解决都遵循一些既定的模式，否则就会天下大乱。不同的文化存在深刻的差异。我们必须认识这些差异，使之显性并得到解决，才能揭示全人类共同的人性。然而，深刻把握并认清这一事实对人类而言却存在一定的困难。在武器先进的情况下，倘使人不想自我毁灭，他就必须超越自己的文化。首先是超越显性的、一目了然的文化——耐心和善意能协助我们弥合这一层次的文化差异。其次和更重要的是超越无意识文化——这是更难以超越的文化。

承认文化中的无意识，是西方思想相当晚近的发展；事实上，这样的觉悟刚兴起不久。所以对人们无意识文化过程的了解仍然是非常罕见的。即使我的一些造诣很深的同事也摒弃这样的思想；他们认为，在无意识构造的时空系统里，没有任何值得探讨的东西。如今，用具像的言辞去讨论无意识文化，有点像是在文字发明之前就去讨论书写系统，难度很大。所以，读者应沉思片刻，看看一万多年前试图分析语言会是多么困难。当然，有些人是长于辞令、口若悬河的，但他们完全没有意识到，他们说话时受一套规则的制约。若有人说，他们说话受制于一套规则，他们会显得不耐烦。我怎么知道这种文化无意识？因为语言学家为没有文字的语言研制文字时，就发生过这样的事情。（请记住，弗格森研究阿拉伯语语法时的经验，阿拉伯人就否定他们说话有语法，见第二章。）

另一种非言语系统是人们走路的姿势，步态也传递信息，表明走路人的地位、情绪、性别、年纪、健康状况、民族归属。和一些言语器官一样(口腔、牙齿和鼻子,我们的这些器官与哺乳动物的器官大致相同),腿和躯干的首要功能并不是传递信息。然而,人们能从他人走路的姿态中解读出大量的信息,走路人是观察者所熟悉的人时尤其是如此。

在研究生的协助下,我用时间/变速分析器研究人们走路的姿势,看看人们如何靠走路来传递信息。这个方法毫无神秘可言。凡是有耐心和恒心的人都可以办到。只需一遍又一遍、或快或慢、一次一格地审视用电影拍摄的许多人的步态,就可以作这样的研究。实际的分析工作是比较复杂、相当单调乏味的。即使清理步态里的关键结构点这种简单的系统,也需要长期的研究。因为走路的动作首先是单纯的运动,其次才是其中的规律。梅·韦斯特①的职业就建立在这样的规律上。

判断结构时,必须脱离显意识的、明晰的、"意义的"层次。这就能在一定程度上说明,为何我们对文化系统的结构知之甚少。而且,在现实生活中,大多数人用自己掌握的模式去解释一切。我们有关文化无意识的许多知识,与上述模式相冲突。此外,两种文化碰撞时,人们常常是从政治、经济、实际操作或人格的研究路径去进行解释。这些因素通常存在于任何情景之中,但是它们全都受到文化的修正,而文化很少被当作是人际关系里的一个因素来考察。最后,每当圆满完成对某一结构系统的分析研究时,人们总是有一个强烈的趋向,不加区别地滥用这一系统,仿佛所有的文化全都一样(传教士用英语句法教日语即是如此)。

文化投射(cultural projection)始终是进一步认识文化的绊脚石。然而,根除文化投射的进展相当缓慢。比如,深刻洞察人类行为和思

---

① 梅·韦斯特(Mae West,1893—1980),又译梅蕙丝,好莱坞明星,性感,狂野。

想的伟大成就之一,是 20 世纪初发生的事情。当时,博厄斯①[8]及其追随者布龙菲尔德②[9]和萨丕尔[10]在研究美洲印第安人的语言时发现,关于语言的一般理论(到那时为止是建立在印欧语系之上的)并非普天之下适用的理论。博厄斯的洞见产生了当时仅仅是部分地被人接受的习惯:用一个新的路子去重新研究每一种文化,仿佛对它的情况是绝对地毫无所知。迄今为止,这一研究方法仍然是明智的惯例。

对有些人而言,语言例证听起来深奥莫测,而且脱离了生活实际。有的商人说:"我根本就不相信,是否能在海外推销产品是一个礼俗的问题。所以,即使我有点粗鲁又怎么样,重要的是市场价格。"对于这样的人,真不能立即为他找到答案。他使用的是文化投射方式,许多企业界人士就用这样的思维方式。但是,文化投射终有一天要触底搁浅。认识文化差异非常重要,其实用性无与伦比。

这一点是我的儿子向我说明的。他从最底层起学会了饭店的管理。雇员既可以使饭店破产,也可以使饭店发财,而管理层可能根本就找不出错的原因。经理们最严重的错误之一,是不知道许多亚文化的实质,正是这些亚文化推动着饭店的运转。比如,许多饭店的行李员做两种工作:一是给客人搬运进出的行李,这一差事有小费;二是给服务台的管理人员跑差,如给客人调换房间、检查供应品及忘带的衣物等等,这种差事很难收到小费。干第一种工作,行李员轮流得好处,像出租车排队拉乘一样。"排头的伙计"就是位置最引人注目的那位行李员。饭店经理们常犯的一个错误,就是吩咐"排头的伙计"干第二种差事,因为他们不知道行李员的亚文化系统是如何运行的。所以,他们就这样把"排头的伙计"从排头的位置拽出来,打破了行李员的轮班系统。

---

① 弗兰兹·博厄斯(Franz Boas, 1858—1942),美国第二代人类学宗师,开创了北美人类学派和语言学派。

② 伦纳德·布龙菲尔德(Leonard Bloomfield, 1887—1949),美国描写语言学大师,20世纪上半叶美国语言学界泰斗。

方才描述的情况是一种文化内部交际中的误解,就像两性之间的误解、公司内部会计师与推销员之间的误解一样。一般情况下,这里不存在语言障碍,当事人共享着主流文化里的许多成分。这类误解发生以后,常被归咎于人格因素或政治因素,很少被归结于这样的事实:至少有两种不同的系统介入其间,双方都有无知的地方!上述情况与真正的跨文化和跨民族交际的主要差别在于:在后一种交际之中,人们的无知的领域更为宽广,不同文化的成员描写自己文化如何运转的能力受到了更大的局限。

遗憾的是,当今人类学界关注的重点是人们说些什么,而不是人们做些什么,就是说,他们对民俗关注不够。民俗就是民俗,就应该当作民俗来对待。研究一种陌生文化的任何方面时,你能说的只不过是:(1)存在着一个系统;(2)生活于其中的人能说出的制约该系统的法则寥寥无几(他们只能告诉你,你是否在正确使用这一系统);(3)表现该系统的显性方式(从中抽象出意义)和其组织方式之间,几乎没有什么关系;(4)该系统有生物学基础,归根结底,它植根于生物学和生理学基础之中;(5)该系统是人们广泛共享的,然而系统本身不但能区别一小群人里的少数成员,而且能区别一种文化里成千上万的成员,甚至是数以百万计的成员。

初步接近这类系统的界定大致可以表述如次:

文化无意识,即那些处于知觉之外、尚待提升到显性层次的文化系统,就数量而言,大概超过显性文化系统的上千倍甚至更多倍。

文化的无意识系统有许多特征和方面受模式三定律即有序律、选择律和协调律的管束。[11]在交流、会话、感知(一切范畴的感知)、人际交往和行为链(人们凭借行为链来达到各种各样的生活目标)的一切结构的、活动的侧面,上述的模式三定律都是适用的。

很大一部分延伸系统的运转仍然处在我们的知觉之外。这些延伸系统的形成、发展、使用和变迁的过程属于知觉外文化(out-of-awareness culture)的范围,它们不但对生活施加着隐蔽的影响,而且同样受到上述规则和定律的影响。只有实际观察正常背景和环境下的实际的事件,才能完成对知觉外文化的研究。知觉外文化不容易上升到理论,至少在目前是难以上升的。除非能发展出不借助语言的记录文化的系统,否则文字和数学那样的革命能否在文化研究中发生,那还是值得怀疑的。即使这样的革命发生,也无法测量它对人的无意识的影响。由此可见,即使文化与"心理"(mind)不是同义语,两者的关系还是非常密切的。

  本章讲的是西方人在了解人的道路上步履蹒跚的进程。这种蜗牛般的速度有许多原因:我们的科学家提出的有用的心理/文化资料的数量不尽如人意,因为他们受到自己文化的局限。在某些方面,我们的教育制度既是好事的根基,又是坏事的根基。教育影响心理过程,又影响解决问题的方式。我所说的教育不是指教育的内容,因为教育内容是可以任意改变的,而是指教育过程的结构,指这一结构塑造我们思维过程的方式。我们的教育制度走上了官僚主义的道路,达到了庞大的规模,变得像混凝土一样的僵硬。它们是难以改变的。下一章将说明我产生这一思想的原因何在。

## 第十二章
# 表象与记忆

　　语言是何时形成、如何演化的,这两点都不得而知。我们看见的是一系列漫长而复杂的演化阶段的终极产物。除工具制造外,语言是最典型的人的延伸系统之一——无论人处在什么经济和政治发展阶段。

　　然而,语言的演进过程是一回事,意识到语言是一个系统是另一回事。人不仅能说话,而且有说话的规则(语法),这样的知识如今已被视为理所当然。然而,人类最初意识到自己能说话时,一场戏剧性的革命就启动了。语言从人身上分离出来,具有了自己的生命,成了独立的系统。从语言系统中衍生出了文字和书写系统,以及玩味思想即逻辑和哲学的能力。上述一切衍生物都遵循延伸迁移的原则,它们在一定程度上能解释,为何人脑的智力与言语流利程度有如此密切的关系。也许正是由于语言在我们的生活中发挥着如此突出的作用,正是由于延伸迁移的作用,其他的智能系统才被推到了不重要的位置。我们的教育系统和哲学理论使教育中的问题恶化，因为它们着重辞令，牺牲人脑的其他重要功能，使之受到忽视，或遭到贬损。结果是人才的巨大浪费，很多默默无闻的人受到可怕的伤害。

从兴办学校之日始，智能和教育这两个概念就必然在人们的脑子里联系在一起。功课不好的学生被认为是愚钝的人。他们在学校表现的欠缺，必然与未能掌握语言或数字系统联系在一起，或者与两者都未能掌握好联系在一起。然而，如果我们严格审视人的历史，严格审视人的近亲类人猿，而它们又是不能说话的动物，在这一语境下，智能、言语技能和教育又是什么意思呢？

毕竟，智能不发轫于人类，哺乳类的大脑也不是发端于正规教育。智能是在数百万年里、在解决生死存亡的问题里，逐渐演化出来的。而且，不使用语词就不能思考的信念，尚有待证明。事实上，动物和人有许多不借助语词的大脑活动，这类例子比比皆是，不使用语词就不能思考就不攻自破了。研究人的过去，可以教导我们认识许多人类智能如何从动物智能演化而来的现象。凡是与动物打过交道的人都知道，任何物种里都有比较精明和不大精明的个体差异。简·古多尔（Jane Goodall）关于黑猩猩行为的研究报告说明，黑猩猩有高级的智能和洞察力。

一只名为菲更的小黑猩猩异常聪明。古多尔和丈夫把香蕉放在树上，使较大的黑猩猩不能把香蕉吃完，使幼仔和雌黑猩猩也能吃到一份。一只占支配地位的雄黑猩猩戈莱尔希坐在一只香蕉的正下方。他没有发现这只香蕉，菲更却看见了。古多尔描写发生的事情如次：

> 菲更匆匆一瞥，目光迅速从香蕉移向戈莱尔希。他马上离开，坐到帐篷的另一边，以便不再看香蕉。15分钟后，戈莱尔希站起来走了，菲更没有丝毫犹豫，跑过去摘下了香蕉。

显而易见，他估量了全局：如果他早一点上树取香蕉，戈莱尔希很可能会夺走香蕉；如果他待在离香蕉很近的地方，他大概会频频顾盼。黑猩猩的注意力是很敏锐的,他们译解同类的眼神动态非常之机敏。因此,如果小黑猩猩菲更待在离香蕉很近的地方,戈莱尔希大概就会看见香蕉。所以,菲更不仅暂时控制住自己吃香蕉的欲望,而且躲到一边去,以便他不致因顾盼香蕉而"泄露了天机"。

接着她又说:

> 一般地说,一只黑猩猩站起来,毫不犹豫地离开一群静坐的黑猩猩时,其他的黑猩猩也站起身跟着走。这只离群先走的黑猩猩不必是一只地位很高的猩猩——常常可以由一只雌猩猩或小猩猩带头走。一天,菲更与一大群黑猩猩在一起,结果他无法吃到几只香蕉。他突然起身离去。其余的猩猩尾随他而去。10分钟以后,他独自溜过来,自然吃到了自己的那份。我们以为这是巧合;确实,第一次发生时可能是巧合。然而此后,同样的事情一再发生:菲更把一群黑猩猩引开,然后又独自回来吃香蕉。[1]

对动物的推理能力有第一手经验的人,在应用这种知识去教育儿童方面仍然表现得犹豫不决,大概是因为人被归入了一种范畴,而动物被归入了另一种范畴吧。我们使自己与其余的生物界脱离,很少把自己当成是自然界的一部分。动物行为学之父康拉德·洛伦兹[2]是一个例外。他和其他人[3]的研究成果证明,我们所谓的智能不局限于人,而是在低等动物的身上发轫的。智能是许多物种共有的东西,它在许多动物的生存中发挥了非常突出的作用。比如,就大脑与体重之比(生物学家计量智能的基本方法)而言,海豚和鲸鱼与人是一样的。海豚是非常聪明的动物,不过,由于人尚未破译它们的通信系统,还没有办法准确判断它们的智能。我们现在对海豚的认识,是在非常有限和自相矛盾的不自然的环境中观察得来的。可见,我们从未像古多尔了解她的黑猩猩那样在海豚的自然环境中长期而细致地观察海豚。使我们能在多年之内研究水生动物成为可能的那种技巧,也许永远也不能开发出来,不可能用研究陆地动物惯用的那套技巧来研究水生动物。要解决的问题的确令人望而生畏。

然而,动物研究确实证明,动物不借助语言能够思维。我们最近刚开始在动物的自然状态下研究动物,但是我们对动物的了解已在与日俱增。其实我们不必依赖有关其他生命体的那点有限的知识。更加令人信服的证据,正是从人的身上得来的。

由于爱因斯坦是一位天才,由于他为现代物理学作出了如此之多的富有戏剧性的贡献,他的智力活动过程成为朋友和传记作家[4]反复考察的对象。他们都想知道,爱因斯坦是怎样作出成就的。直至并包括他在苏黎世技术学院攻读研究生的时期,他的成绩都不好。据他本人说,他不用语词思考,他的重要洞见也不是以数学公式进入脑海的。相反,他脑子里出现的是物体形象和视觉形象,它们代表着完整的实体(系统),随后,他不得不费尽心思把它们分解开来,翻译成数学公式和语词。所幸的是,爱因斯坦早就发现,数学(一种不依赖语词而运转的延伸系统,它处于大脑皮层的另一个中枢)不仅是表达他的洞见的有力工具,而且是他与其他科学家交流的有力工具。然而有的时候,连数学也不足以使他的理论牢牢扎根。虽然他的表达精美绝伦,出类拔萃、声名卓著的科学家普朗克①和庞加莱②等人仍拒不接受他的思想。表面上看,他们可以接受其中的数学公式。然而,他们的脑子里另一个整合的部分却说不。爱因斯坦在给朋友海因里希·赞格尔(Heinrich Zanger)的信里对此评说:"普朗克无疑是被一些错误的先入之见堵住了神经通路……"[5]

我在学术界内外的经验使我不得不承认,我生命中的某些事情和

---

① 马克斯·普朗克(Max K. E. L. Planck, 1858—1947),德国物理学家,量子论创始人。
② 儒勒·昂利·庞加莱(Jules Henri Poincaré, 1854—1912),法国数学家、物理学家。

它所选择的方向,在一定意义上,几乎是先天命定的。我的语言能力弱,加上强烈的好奇心和讲究实际的脑子,使我不至于卷入并痴迷于哲学人类学和理论人类学的主流中去,我的许多同事推出的就是哲学人类学和理论人类学。结果,我参与的许多工程使我接触到企业家、律师、医师(多半是心理分析学家和精神病学家)、外交官、艺术家、建筑师、工程师、设计师和劳工。所有这些人关注的,都是实际生活中的问题。

上述经验尤其与教书和教育相关的经验使我确信,即使在一种文化之内,人们的学习也有许多不同的方式。在教许多不同专业背景的学生的过程中,我无意之间学到了许多东西,倘若我的职业生涯追随的是更加传统的路子,这些东西我就"捡"不到了。

我不知道形成学习奇迹的因素有什么。我只知道近年美国人的学习方式是不妥当的。老师可以用稀奇古怪的办法来让学生学习,使其感到高兴并产生兴趣,然而很难说这就是学习的要领。人这种动物具有最发达的大脑,他首先是一种学习的生物。他是决意要学习的。问题仅仅在于:他如何学习?他在什么条件和背景下学得最好?

近年关于教育及其弊端的著述真可谓汗牛充栋(其中正确而切中要害者为数不少),以至再谈教育时,免不了要战战兢兢。作为人类学家,我自然从过去的角度审视人,我要问自己:人是什么生物?他如何会变成这个样子?他的感觉系统如何影响课堂里发生的事情?我研究空间关系学(身体距离,即人使用空间的方式)有一个始料未及的收获,我对人的感官有所了解:人如何使用感官,人使用感官的方式在教育里意味着什么。

空间和空间经验是两千年来建筑师研究的领域。建筑师既创造开放的空间也创造封闭的空间:夏特伊大教堂、兰斯修道院、巴黎圣母院(均在法国——译者)和佛罗伦萨的大教堂;南锡市(在法国——译者)的广场、威尼斯的圣马可广场和佛罗伦萨的圣乔瓦尼广场。然而，如果我接受的教育是当建筑师，那么我研究空间、整合所学的知识、写出《隐藏的一维》这样一本书的机会简直就是零。为什么？因为我就会被建筑学教育洗净脑袋，这样的教育偏向于视觉美学。大多数建筑师把空间经验首先当作是视觉经验。正如一位建筑师曾经对我解释的那样，他们还从制图和透视图的角度来考虑建筑。换言之，他们从二维平面的角度来考虑建筑！[6]但是，在这种相当简单的表述后面，隐藏着一些相当重要的问题。建筑师有了不起的图像思维的能力，这样的能力把他们与客户隔离开来，造成了难以道尽的痛苦。

建筑师看一眼图纸，把它当作一个提示系统，就可以在脑子里构建非常生动的空间。然而，在他们的客户里，有这种空间构想力的人却寥寥无几。客户只有在建筑完成之后身居其中，才能感知到这一空间；这可以用来说明市政规划中发生的一些灾难。审查市政设计图却不懂建筑的人，要等到公路、桥梁或房屋修好后，才能够看到可能会发生的事情，但那就为时太晚了。

我的一位颇有才气的建筑师朋友克洛蒂耶尔·伍达德·史密斯①为普通人设计建筑(而不是为其他建筑师设计)，颇有建树。她意识到同事们在解释图纸时遇到的问题。有时，她把图纸和文字放在一边，用实物演示取而代之，让那些参加工程的人直观地看见将要发生的事情。在考虑首都一条高速公路的选址时，她用了一个很好的策略：把椅子和沙发放在地上，把租来的大卡车和行李车停在选定的路线上让人观看。高大的行李车完成了图纸和文字说明所不能完成的信息交流。

建筑物把波托马克河的美丽景色遮蔽了。人们因气质或训练不同而形成不同的感知方式。许多人的才华和生计依靠书面的媒介，他们生活在白纸黑字的世界里，其他的东西却很少吸收。事实上，预计

---

① 克洛蒂耶尔·伍达德·史密斯(Chloethiel Woodard Smith, 1910—1992)，美国建筑师、城市规划师，活跃在首都华盛顿。

人们感知到的和没有注意到的东西,是有困难的。建筑师和研究空间感知的学者柯文·林奇(Kevin Lynch)在麻省理工学院与一位英国同事唐·阿普尔亚德(Don Appleyard)[7]合作。有一次,他请人帮助研究感知方式。参与者驾车沿着选定的线路行驶,在波士顿至坎布里奇的路上,每隔一段时间就停车作画,表现车外的景色。结果,谁也没画来往的小车、卡车和公共汽车。桥梁、高架桥下的通道、教堂的尖塔、地面突出的景物,都成了描绘的对象——唯独没有人画来往的车辆!

与建筑师共事前,我与心理分析学派的精神病学家过往甚密,与外交官的关系非常密切。两种人都善于辞令,其生计和地位都依靠流利的口才和流畅的文笔。他们可以理解语词,将其转换成思想,甚至是转换成情感。要与这两种人交流必须善于使用语词。与这两种专业人士共事且习惯于其辞令和文字之后,我初次与建筑师接触时深为震撼。仿佛是在与一个完全陌生的部落打交道,我对他们一无所知。我认识到,要借助眼睛和这群人打交道——借助图像而不是借助语词。

在解释上述一切情况时会有风险,教育家和教育心理学家可能会匆忙作出错误的结论,因为他们早就知道,如果口语借助视觉表达来加强表现力,信息交流就会改进。这一假设是,学习中调动的方式越多,注意力就越集中。然而,这种态度中含有一个隐蔽的观点:一切人的中枢神经系统基本上是一样的;如果不一样,那就有问题。但这个观点不符合事实。

我自己在这方面的不足使我认识到许多道理。我的听力很弱,这使我学习语词世界的文化时非常吃力。我的妹妹是学习语词的怪才。她在学校里成绩异常之好。不过,其中的原因不仅在于她的口才好,还在于她的记忆非常鲜明逼真。她几乎可以把见过的任何东西视像化。在考场上,她的脑子里仿佛有一个小本子。她可以在脑子里投射出课本和笔记本中的任何一页,读出她几周甚或是几个月前写过的东西。相反,我的兄弟几乎是摆弄机器和光学仪器的天才。可是他学习语文却有困难,看书非常吃力。教育制度把他淘汰掉了。他没有受多少教育,这使他在立业之中受了很多罪。不可思议的是,他竟然还是成功了。

直到与建筑师和设计师共事给我开辟了一片新的天地之后,我才弄清楚我的妹妹和兄弟与我不同的特点。遇见一位不大善于辞令,或比较富有才气和给人启示的一群人时,人总感到比较为难。听我上课的年轻设计师们深切关注的是,事物是如何**运行**的。他们想知道事物的原理,非常清楚存在着各种各样的系统。给他们一个设计问题,他们肯定是能解决的。人们是否经常想到,每一个人造的东西都曾经是一个设计上的问题、实际上都是有意设计的呢?这页书上印的字、纸张、书籍、椅子、铅笔、钢笔、纸夹、锅碗、衣物、食品罐、标签、收音机、电视机、杂志、城市、住宅,这一切人工的东西都是设计的。

由于广告设计师高超的技巧,美国的广告设计有二维平面的视觉偏颇。这一偏颇能欺骗公众,也容易在许多设计中看出来;它们看上去漂亮,实际上不能用,或者是质地粗糙、棱边锋利,也许是气味不好,或者听起来不悦耳。人们用图画和透视图来撒谎,虽然我们并不将它称为说谎。你看见过建筑设计图之后,曾经将图纸和完工的建筑进行对照吗?请说说图纸上表达得不确切的东西!然而,我们把这种曲解的东西视为理所当然,因为我们受到麦克卢汉所谓的谷登堡革命①和延伸迁移的钳制。真理印在纸片之上,现实就在图画之中。所有这些都使人习惯于用两维平面的、没有深度的方式去处理一切感知输入。我们生活在一个人为的、在很大程度上是两维的、割裂的、操作性的广告世界和宣传世界里。媒介的确就是讯息②,在美国尤其如此。

---

① 谷登堡革命,指机器印刷引起的巨大变革。机器印刷使信息爆炸,印刷文字成为一种崭新的传播媒介,这种线性的传播媒介和口头语言是决然相对的。
② 媒介即是讯息,这是麦克卢汉媒介理论的主要"定律"之一。

我研究人们如何感知空间,并在中枢神经系统中创造一个空间世界的模式。这些研究使我不得不承认,我们的文化中存在着感知问题上的刻板观念。我的研究揭示了人的生存状况的多维感知特性。我的研究过程有点像从黑白影片到彩色影片、从单声道到立体声发展的过程,而且更富于戏剧性。我的世界变成了环形的、有深度的、实实在在的世界,弥漫着气味、味道、质感、热度、声音和肌肉运动的感觉的世界。视像和声像都变得非常富有三维立体感。我的设计课学生使我认识到,人和一切生物体一样,不仅用每一种感官作出反应,而且必须会贮存和提取多维感觉的信息。

我研究人如何感知空间的经历,还有一些偶然的生活经历,如需要面对各专业人士、客户和头脑中有不同想象的学生们的经历。所有这些经历都使我感到震撼,使我认识到,我的感知和观念都受到自己文化的束缚。[8]于是我问所有的学生,他们是怎样记住事情的,他们在思维过程中如何使用感官。当然,大多数学生对自己如何思考、如何记住事情,毫不知情,浑然不觉。因此,他们不得不经历长期的自我观察。最后,当他们开始发现自己的感官排列时,总是无一例外地匆忙断言,其他所有人和自己完全相同。他们顽强地坚守这一观点。一个女生有无与伦比的图像思考能力,她硬说别人的感官排列和她完全一样。这种把自己感知能力的强弱排序投射到他人身上的现象很普遍,可以用来解释:为何老师常常对那些和自己的感知能力不同的学生显得不耐烦、表现出不同情的现象。事实上,大多数人坚持认为,人人都和自己一样用相同的方式去感知、思考和记忆,其顽固的程度是令人惊叹的。在整整一个学期的时间里,我叫一些高年级学生教刚开始学设计的新同学。学期末了,有两个学生学到了一种全新的洞见:他们贮存和加工信息的方式是非常不同的。两人都经历了把自己的感知系统投射到对方身上的、使人沮丧的经验。他们之中的一人终于告诉我:"我无法回避这个问题!他**的确**大不一样。我是偏重于语词的人,他几乎完全仰赖视觉。"

　　为了让学生将自己的感知能力作总体的清理,按顺序编制总录,我要求学生首先在依靠每种感官的记忆能力方面将感官进行排队,随即将每种感官的记忆功能列出清单。一个非常倚重视觉的学生只需在越野旅行前看一眼地图,从此就不用再看它了。另一位长于听说的学生可以在脑子里打腹稿并记住 20 页打字纸那么长的文章——约 5000 个词,超过了这个长度他才需给文章拟提纲。

　　另一个学生只需在山坡滑雪道上向下滑一次,就能记得每过一次大弯、小弯、凹坑、大坡、小坡时的肌肉感觉。他可以躺在床上凭回忆重温滑雪时的肌肉运动的整个过程。一个女生的颜色记忆力非常强,她买衣料不必带样品。有几个男生只需听一次乐谱,就可以"凭耳朵记住",几年后仍能完整弹奏曲谱。一位朋友一看见乐谱就可以听见乐曲在脑子里演奏的声音。后来,当他听别人演奏这支曲子时,常常觉得不如他脑子里的听觉形象美。几个学生很难控制体重,因为他们看食谱时就可以品尝到菜肴的滋味,这使他们感到饥饿,所以他们吃得太多。这说明一些体重偏重的人与其说是补偿性进食的人,不如说是味觉高度发达的人(这是控制体重时被忽略了的一个方面)。我们家有一位瘦削的朋友,因为他简直不想吃东西。他脑子里形成味觉表象的能力很差,即使形成美味佳肴表象的能力也等于零。有的人能在脑海中形成和回忆起任何气味,包括香水、第一位幽会的异性朋友的气味、爷爷地窖里的潮湿味、圣诞节烤炉里的火鸡味,如此等等。

　　最后,我要求学生描写他们能用一种感官创造出什么样的形象。能不用铅笔在纸上制图、设计一幢建筑吗?能不用钢笔或乐器就在脑子里谱曲吗?据说,贝多芬的音乐表象非常之形象鲜明,他可以给弦乐器谱曲,心里听自己谱出的曲子,然后再加上铜管乐,而不必使用乐器或乐谱之类的延伸物。他的听觉表象能力如此之强,以至于过了很长一段时间,他才知道自己在失去听力。对他而言,音乐显然不是一种消极的东西,他作曲时,常常在室内不断地捶打、碰击、跺脚。

诺贝尔奖得主马克思·德尔布吕克①与我探讨上述差异时,告诉我他刚刚恢复了过去的爱好:天文学。但是他观察天象时有困难,因为虽然天象图就在天文望远镜旁边,然而他的视觉记忆不够持久,不能覆盖他从看天象图到据此核对天空中星球位置的那一点时间。我在保持语词记忆方面也遇到和他类似的困难。我的另一个学生几乎没有能力记住语词或视觉材料,除非他能将其与肌肉感觉(本体感受)联系起来。学生们动手抄写忘记了或拼错了的词语有助于记忆,其道理也许正在这里。

我研究班的一个学生显然非常聪明,可是他过去被贴上弱智儿童的标签,因为他功课很差。这使人大惑不解,因为智力测试时他的智商远在一般人之上。多次送他请各种"专家"诊断以后,他的家庭医生认为,他可能有感知上的问题。诊断就这样完结了。但有了这一条线索以后,这位少年自己动手去战胜自己的困难。很快,他就发现自己有一种不可思议的感知能力,他能记住身体上感知到的一切东西,哪怕是最轻微的运动;而且他能把这种本体感受与其他感官联系起来。当然,这样的记忆力在户外生活中是非常有用的,可是它在都市生活里就没有多大用处。(过去他记不住上学的路,因为他坐的汽车不能提供他的身体据以作出回应的反馈信息。)现在他用的是一辆刚性吊架(rigid suspension)的赛车,因此他记住线路就不会有问题了,他能用身体记住路面的情况!

我的大多数年轻朋友都把几种感官结合起来使用,把听觉分成语词表象和音乐表象两种。这和语词及音乐在大脑里贮存的方式是一致的。在脑子里创造性地形成表象,不必借助图纸、文字或模型的拐杖,这种能力对建筑师至为重要。建筑师能在脑子里尝试十来种甚至

---

① 马克思·德尔布吕克(Max Delbrück,1906—1981),美籍德国生物学家,分子遗传学先驱,1969年获诺贝尔生理学或医学奖。

更多的办法,去解决一个设计问题。当他找到一个适合自己的方案时,他才用图纸画出来。当然,这样花的时间很少,他不用把所有方案都绘成图纸。艾里克·霍弗①这位工人阶级的哲学家之所以成功,是因为他在地里摘豆荚时,边干活边打腹稿边修改。等他拟好改好腹稿,符合他的要求后,晚上回家就只需把完好的腹稿抄在纸上。玛格丽特·米德②这位蜚声国际的人类学家和多产的学者,与霍弗决然相反。介绍她写作的过程时,她曾经说,她在脑子里构想的是大段大段的素材,她不会用具体的字词打腹稿,换言之,她不会在脑子里修改腹稿。

良好的记忆力是成为作家的必备条件。但是这些作家,如弗拉基米尔·纳博柯夫③⁹逐一把形成表象的能力阐述得具体而生动:

> 有两种视觉记忆:一是在脑子的实验室里创造的形象,此时你的眼睛是睁开的(我看见安娜贝尔以这样的形象出现在我的脑子里。"蜂糖色的白皙皮肤""纤细的手臂""褐色的短发""长长的睫毛""明丽的大嘴")。第二种视觉形象,是你合上眼睛时立即产生的位于你的眼睑里面黑暗屏幕上的视觉形象,那是一张可爱的小脸蛋的客观的、绝对准确的视像摹本,一个国色天香的小幽灵。¹⁰

撬保险柜的罪犯亨利·夏里埃④,轰动一时的回忆录《蝴蝶》(*Papillon*)的作者¹¹,在魔鬼岛上八年的单独囚禁中熬了过来,靠的是

---

① 艾里克·霍弗(Eric Hoffer, 1902—1983),美国码头工人、哲学家,历经坎坷,自学成才,干过各种农活和苦工。

② 玛格丽特·米德(Margaret Mead, 1901—1978),美国著名人类学家,心理人类学的创始人之一,20世纪30年代以《萨摩亚的成年》《人类学:人类的科学》《新几内亚人的成长》等一举成名。

③ 弗拉基米尔·纳博柯夫(Vladimir Nabokov, 1899—1977),美籍俄裔小说家,诗人,著有《斩首的邀请》《绝望》《洛丽塔》等。

④ 夏里埃(Henry Charrière),20世纪20年代巴黎黑社会分子,外号"蝴蝶",被流放到法属圭亚那的流放地魔鬼岛,后越海潜逃,出自传体小说《蝴蝶》。

他能用全部的感官回忆往事的令人惊叹的表象能力。他可以感到在乡间漫步，呼吸新鲜空气，闻到花香，感到清风拂面，坐在母亲的膝头上，感受她那使人舒服的拥抱。这样的人是幽禁不住的。后来，写《蝴蝶》的时候，同样的表象能力又使他重新创造出整整八年的牢狱经验，他不必费力就能写下一切发生的事情。

杜鲁门·卡波特①[12]具有同样生动的记忆能力，他能记住语词和对话。为了强化记忆，他录下要写的东西，写完之后再放录音检查，以保证没有一点遗漏。海明威②也是一位倚重语词形象的作家，他非常注意炼词，用得恰到好处。马克·吐温③不仅非常注重语词，而且显然善于描绘历历如在目前的形象。我们知道，他还长于听觉，因为他对詹姆斯·菲尼莫尔·库珀④用字稀松的文风提出过尖锐的批评。他推敲对话的声音形象的能力令人惊叹，他还可以形成异常生动的视觉表象。

除了天生的才能之外，文化对记忆和思维也施加显著的影响。以伊朗来说，学校教育强调口头背诵记忆；老师不管学生是如何贮存和提取信息的，只要能记住就行。伊朗学生在谋生时，还是得回忆大段大段的材料，甚至在政府部门较低的机构里供职时也得如此。口头复诵的记忆系统，和许多别的文化系统一样，嵌入了其余的文化系统之中，在生活的一切领域都可以感觉到它的存在。美国人在伊朗常常失

---

① 杜鲁门·卡波特（Truman Capote，1924—1984），又译卡波第，美国南方作家、剧作家。代表作有纪实小说《冷血残杀》、电影剧本《打垮魔鬼》等。

② 欧内斯特·海明威（Ernest Hemingway，1899—1961），美国小说家，诺贝尔奖得主，"迷惘的一代"人物。其人为硬汉，也塑造了大量硬汉人物，代表作有《太阳照样升起》《战地钟声》《永别了，武器》《老人与海》等。

③ 马克·吐温（Mark Twain，1835—1910），美国作家，幽默大师，当过排字工、水手、记者，代表作有《汤姆·索耶历险记》《哈克贝利·芬历险记》《傻子出国记》《在密西西比河上》。

④ 詹姆斯·菲尼莫尔·库珀（James Fenimore Cooper，1789—1851），美国19世纪小说家，开创了美国文学史上三种不同类型的小说：革命历史故事、边疆冒险故事和海上冒险故事，代表作是《皮袜子的故事》系列，《猎鹿人》为其中之一。

去信用,因为他们看上去什么也不"知道"。换言之,他们记不清自己的情况,要依赖参考材料才能完成任务。

在东地中海滨的阿拉伯世界里,儿童背诵《古兰经》,而且要练习数学题,自己做着玩。贝鲁特街头的顽童心算外汇率的能力,始终使我惊叹不已。

20世纪30年代初,我与纳瓦霍印第安人共事,我发现他们的视觉记忆、言语记忆和本体记忆的能力都令人吃惊。他们用几种感官(即使不是一切感官的话)记事情,记忆的细节之多不可思议。霍比印第安人同样富有天分,但他们似乎更偏重语词和数字。因此,他们在与白人打交道时比纳瓦霍人略占优势。

在南太平洋的特鲁克环礁上,我在第二次世界大战刚结束时做过田野调查。岛民的记忆似乎是偏重社会交往的,尤其容易记住不公正的事情,这些东西显然绝不会从他们的记忆中抹掉。[13]特鲁克人非常重视教育。不过,他们似乎觉得,日本的教育制度与他们的教育制度更匹配,而不是美国人提供的教育制度与自己的教育制度更匹配。这就意味着,总有一天,教育制度将用其最佳效果来被检验,而不是用所谓世界各国实用、实际上受文化局限的理论去评价。

心理学家早已知道,人的形象思维有所不同。然而,他们始终在深入研究这些差别上瞻前顾后,因为这种深入研究与文化对人的制约是背道而驰的。举例来说,加州理工学院的心理生物学家列维—阿格雷斯蒂(Jerre Levy-Agresti)研究切断了脑桥的精神病人(裂脑人)时发现,右脑半球(不司言语的半脑)在识别我在手中的看不见的物体的形状时,比左脑半球强得多。她由此"推论"说,有些人的脑子更倾向于"图像脑",而不是"言语脑"。[14]她竟然是如此之谨小慎微!

只有像A. R.卢利亚这样罕见的心理学家,才会花很多时间去研究特别富有天赋的人,甚至是大脑受损的人。[15]换言之,我们美国人着重研究在感知上同质化的大众,即没有特别才能的男男女女;即使他们有才能,他们的才能也不是研究的对象。因此,我们的心理学对于了解人类的各种能力,尚未尽到它的责任。这是一个错误。我们的爱因斯坦们不仅带了头,而且提出了天赋较低的人们可以追随的东西。文化使一般人聪明,但它又可能使才气横溢的人愚钝。我们对天赋超常的人的认真而仔细的研究寥若晨星,唯有对符号(语词和数学)的研究例外。天资超常者"没有代表性",这一事实就使他们没有资格成为研究对象。然而,在少数几例对超常天资者的研究中,我们对人类的感知系统有了一些相当重要的了解。

麻省理工学院的心理学家查尔斯·F.斯特罗梅耶(Charles F. Stromeyer)报告了这样一个例子。他以在哈佛执教的一位年轻女教师伊丽莎白(非本名)为对象做了若干场试验。[16]她既有能力投射出曾见过的客体的形象,又可以随即改变这一形象,比如在枯树上加上叶子,在刮过的脸上加上胡子。因为心理学家区别记忆能力和表象能力,所以对视觉表象能力强的人进行测试始终是困难的;也许,这样的分别不应该作吧。心理学家需要找出一个办法去测试伊丽莎白在没有语境参照的情况下的表象能力;当然,这种测试设计起来有困难。为此目的,斯特罗梅耶使用电脑打出的立体图做试验。电脑立体图像(CGSG),是电脑打出的随意分布的光点;肉眼看上去仿佛纯粹是散乱的光点,两眼用立体镜看却会生成一幅有深度的立体图。伊丽莎白有令人惊叹的视觉记忆力,她可以不戴立体镜把先后打出的两套光点组合成一个立体图像。就是说,如果先用一只眼看一套光点,稍后用另一只眼看另一套光点,她能把两个表象组合起来,仿佛她是在用立体镜同时观看两套光点,因而实际上生成了两个图像结合而生成的立体图。她先用一只眼观看由一万个光点组成的模式,长一分钟,然后休息10秒钟,再用另一只眼看第二个模式。在不借助立体镜的情况下,通过将记住的表象与眼前的图像结合起来,她能够分辨一个大写字母T,感觉它"正在向我逼近"。在后来的一连串试验中,两次观看间歇的时间是一整天。用右眼观看电脑立体图,过了 24 小时,再用左眼观看同样的图像,她看见了图像上面漂浮着一块立方体。在一场主试和受试的双盲试验(试验人和受试人都不知道测试结果)中,伊丽莎白能把相隔 3 天看到的两个一万光点的图像重构并融合为一个立体的表象![17]当然,也可以用老式的立体明信片对她进行测试,不过那就意味着,我们得相信她的诚实,把她的话当成是事实:两只眼睛相隔一段时间分别观看两个不同的图像以后,她能生成三维立体图像。用电脑打出光点的长处在于,受试人不可能作假说谎。

伊丽莎白有超常的视觉表象能力。我们不知道还有多少人像她,不知道这些人在总人口里的分布情况,也不知道文化通过学校教育是否损害了这些人的视觉表象能力。不过,我的许多曾有过超常视觉表象能力的学生,随着年龄的增长趋于失去这样的超常能力。

人们用许多技巧,已经对视觉表象能力、听觉表象能力和记忆力(visual and auditory imaging and memory)进行了广泛的研究。然而,其他形态的记忆力却被人忽略了。关于触觉、本体感受(proprioceptive sense)、热觉(皮肤的红外线感受力)和内感受(interoceptive sense)等记忆系统的有效而可靠的研究成果稀罕之至,关于嗅觉记忆系统(olfactory memory)的有效而可靠的研究成果几乎是同样罕见。这样的研究会揭示什么?有的人能任意形成嗅觉表象,借助嗅觉表象回忆起许多往事。良好的嗅觉记忆力,是药剂师、厨师和冶金工程师必须具备的品质。然而,美国文化给嗅觉(请看我们对防臭剂的痴迷)和触觉赋予了消极的价值。如果厂商生产气味不好的产品,那就难辞其咎。对本体记忆力(proprioceptive memory)的了解受到局限。但是,重新准确地体验身体完成动作时的能力,对舞蹈家、运动员和音乐家而言,是了不起的财富。这一能力能使之在不忙、不必上场表演、不必手拿乐器的情况下进行练习。身体的表象能力(body imagery)还有其他一些方面,其中最重要者与作为解释世界的身体感受联系在一起。身体表象能力的用处,可以用一位发明家的成就来说明,他在高压水阀上取得了一系列的突破。之所以成就卓著,是因为他能用身体去假想,如果自己的身体是高压水阀可能会有什么感觉。[18]我的朋友巴克敏斯特·富勒显然能用身体思维(think with his body)。此外,他还有非凡的语词记忆能力。富勒和爱因斯坦对自然法则的体验,都包含着颇为重要的用身体体验的成分。事实上,系统思维似乎与体验人体运动功能的能力有关系,这种能力又与专司身体感觉运动的大脑皮层有关系,这种能力就是回忆身体运动表象的能力。[19]

有关这一引人注目的课题的资料,《群体生态学》(*Synectics*)[20]一书也作了描述。本书收录的一系列报告,研究的是在实际解决问题中的创造性思维过程。参加试验的科学家和工程师,在实验室里解决现实生活中的问题时,写出每一分钟他们的脑子里和身体中正在出现的感觉。只有等到每个人都能用身体对研究的问题形成表象后,新的解决办法才能找出来。科学家一定要想象自己是摆锤或发条时的感觉如何,正如爱因斯坦想象自己是在太空中遨游的光子。或者说,他们一定要想象,一个人在乘不断加速的电梯时会有什么样的感觉;这个人凭什么断定,把他推向电梯底部的力是引力还是加速度。

如果缺乏富有创造性的表象能力,即使最囿于陈规的设计也是不可能完成的。然而,要表示逼真的、动态的形象思维能力,要表示在心里设计和重新安排家具陈设的能力,英语里却找不出一个常用的单词或短语。[21]诗人、画家、作家、雕塑家、建筑师、设计师、主妇、厨师、女裁缝和木工都必须有创新的表象能力(每个人的形象思维能力由感官的不同组合形成)。他们都必须能够把各种要素组合起来,形成自己的技艺;早在他们动手之前,他们就要以特殊的方式有意识地去进行形象思维。可是,日常生活中利用这种非凡能力而创造出来的东西,实在是太少啦!

# 第十三章
# 教育的文化基础与生物基础

有机体的形态与行为在性质上是密切相关的。不知道一种生物的属性,就不可能充分开发其潜力。这一定律对动物、人或人的延伸,都是适用的。用手术刀做木工活,用法拉利牌的汽车作出租车,让爱因斯坦去教小学,让丘吉尔去当法官……大多数人都会认为这是愚蠢的亵渎行为。在自然界中,如果动物要生存的话,这种形态与功能的平衡就应该臻于完美。人创造了自身的延伸,他至今仍在努力发现,他究竟是什么样的动物。他对自身的了解,是完善其制度的基本条件;现存关于人的知识和普遍为人所知的东西,几乎完全是通俗的传说。为何我们没能做得更好?发展得更快?部分原因在于文化,部分原因在于人的复杂性。给人的知识奠定基础,比给物质世界的知识奠定基础,是更加困难的任务,因为观察的工具正是观察过程的产物。在物质世界中,几乎不可能找到合适的、与此相似的任务。也许根本就没有这样的任务。如果不掌握文化的不成文规律,我们就无法脱离文化对人类认识自己的限制。在一切情景和语境中,凡是在人际交往进行的地方,都可以看到文化对人类认识自己的钳制。该从何处着手去进行这样的考察呢?

我们可以从十大文化系统[1]中的任何一个系统着手。空间和时间这两种最基本的文化系统,业已在其他地方作了介绍[2]。学习是其中的另一个文化系统。① 一切文化系统都互相联系,学习系统也与其他一切文化交织在一起。任何事情的发生都与学习相关,都影响学习。人们如何学习是由文化决定的,学习什么也是由文化决定的。

源于欧洲的文化全都使学习"制度化"了。在此期间,这些文化轻慢了人的基本天性。如果我们要把这个"制度化"的过程颠倒过来,要在摆脱文化的隐蔽控制中取得更大进展,就必须更多地了解人的起源、人如何演化到今日之人,就必须更多地了解人的生理学属性和生物学构成。在开发出今日所见的大规模制度之前,人类究竟是什么样的生物?首先、最后且自始至终,人都是灵长目动物,都与其他灵长目动物具有许多共同的特征。

在最深刻而基本的意义上,上述一切都与人们如何学习相关,与人们应该如何接受教育相联系。然而,我们应该做什么研究呢?

一个大有希望的重新构建教育的公式,是围绕一些已有的知识来设计教育过程。已有的知识包括:(1) 人的神经系统(与学习有关的那一部分)是如何以多种感知方式加工、贮存和回忆信息的;(2) 作为灵长目动物的人;(3) 学校规模与整体经验的关系;(4) 接受文化现实、保存每个民族的文化价值的必要性。乍一看,以上四个范畴的知识似乎是迥然不同、毫无关联的,然而它们的确是鉴定今日美国教育许多弊端的关键所在。

考虑人是什么生物,必然要回头看大脑,回到这个令人惊叹的、仅

---

① 作者又将这十大文化系统(cultural systems)称为十大基本讯息系统(basic message systems)。

仅是部分为人所知的器官上去。毕竟,大脑与事物的发展过程密切相关,与人体的一切方面有关。可惜,当前有关大脑的知识,很少对教育家直接有用。神经生理学、神经解剖学和精神药理学在日常世界中的链环,尚未锻造出来。然而,少数人(他们都有特色)对大脑的研究,或者与我们在这里介绍的课题相关的大脑研究,已经相当全面,足以给未来的教育打下坚实的基础。我想在这里介绍五个人的研究成果。他们是:A. R. 卢利亚、K. H. 普里布拉姆(Karl H. Pribram)、K. S. 拉什利(K. S. Lashley)、保罗·皮奇(Paul Pietsch)、P. D. 麦克莱因(P. D. MacLean)。

俄国神经生理学家卢利亚[3]精心研究了受损(以任何一种方式受损)的人脑如何作出反应,如何恢复功能。斯坦福大学的普里布拉姆[4]研究猴脑如何贮存和组织感知信息。他追随拉什利,但是走得更远。印第安纳大学的皮奇[5]教授为大脑的信息贮存提供了崭新而令人难忘的证据。麦克莱因[6]评价了一些神经过程的种系发育情况。数以十计的杰出科学家献身于研究中枢神经系统,他们的成果可以转化并应用于教育的各个方面。然而在此刻,为了维持本书各层次的一致性,有必要基本上只介绍上述五人的研究成果。

首先,让我们用一点时间来考虑欧洲人执着于区分心和脑(mind and brain)的倾向,因为这一区分关系到本书的核心问题,即人作为文化有机体的问题和生物有机体的问题。学者们区分心理和大脑的习惯已有一段时间,大脑是生理上的器官,心理是人用这一生理器官所办的事情。之所以挑选出下面的一些描写,那是因为它们显然排除了心理,同时又解释了功能。这些功能虽然有确定的结构,可是它们普遍地、错误地与心理的功能联系在一起。在恰当的文化理论缺失的情况下所做的心—脑二元切分,已被证明为如此之难以把握、难以捉摸,以至于许多美国心理学家干脆绕开了这个问题。[7]然而,大脑这一心理器官被经验深深地修正了。如何描写大脑被经验修正前的程序呢?

我认为,目前的情况是历史的偶然结果(我们的种种观念基本上是在欧洲传统中生发出来的),是人为地分割心理学和人类学的结果;这种事态产生的心理概念与文化理论毫无关系,与文化理论相脱离。**人们认为的心理实际上是内化的文化**。400多万年来,心理—文化的演化过程,主要和"组织"有关,和信息的"组织"有关;信息经传导(并被感官改变)而到达大脑。[8]斯金纳[9]的强化日程表(reinforcement schedule)决定世间的东西什么被感知,什么不被感知。目前唯一重要的问题是:决定奖惩和组织的并不是斯金纳,而是生活;奖惩和组织这两个方面构成生物体与环境的相互影响。人与环境的相互影响的整个过程,包括摄入和延伸,就构成文化。人类学家对文化的认识与言论,人们对文化的看法和说法,并不受这一相互影响的过程的束缚。这些观点和言论可以被称为元文化(metaculture,即用来描写文化的文化——译者)。人类学多半涉及元文化,不过这是另一个问题,它与这里的讨论无关。

近年来,引起极大注意的一种关于脑的理论,是P. D.麦克莱因提出的。[10]麦克莱因是内科医生,他证明,人不只有一副脑子,而是有三副脑子,具有三种天性。三副脑子是:古老的爬行类脑子;古老的哺乳类脑子;比较高级、比较晚近的叫作新大脑皮层的大脑。爬行类脑子(脑干)执掌生命功能,此外还包括这样一些特征:空间定向,即领地欲望和对拥挤的反应。处在爬行类脑子和新脑之间的,是古老的哺乳类脑子,叫作边缘系统。[11]边缘系统是鸟类和哺乳类在对群居生活的压力作出回应的过程中演化出来的。边缘系统使情感(快乐和痛苦)经验成为可能,使解读环境的意义成为可能。在提炼观察所得,以对付日益复杂的环境(如支配性的等级系统)中,边缘系统也扮演重要的角色。第三种脑子,即新脑,或新皮质,处在其他两副脑子之上,把它包裹在中间,新脑与人的符号行为有非常密切的关系。

麦克莱因和卢利亚(卢氏的研究将在稍后讨论)以截然不同的途

径去研究大脑。麦克莱因的贡献是给空间功能之类的活动提供深度的解释,认为其历史悠长。他又向我们证明,社会等级系统、社会聚群和情感是非常基础的东西,它们与我们的关系有一段悠长的历史,也许有一亿年之久。如果这一说法显得太简单,请记住,这三副脑子并不是逐一简单叠加的,而是叠加且一同进化的,其功能是整合在一起的;不过,这些功能生成的源头不同,它们分别回应不同的挑战。爬行类脑子这个基础大约是在五亿年前打下的,那时的爬行类动物开始在脑子里贮存信息,以备将来之用。如果说所有的教育、学习和各种文化,都有独特的一面或共同的特征,那么,这就是信息的贮存和综合,以备将来之用。这一奇迹是如何实现的?这一课题是由保罗·皮奇[12]和卡尔·普里布拉姆[13]各自独立完成的。他们分别用蝾螈和猴子进行了一系列令人难忘的实验。

然而,对记忆的动态研究是卡尔·拉什利①[14]开创的。这位著名的心理学家穷毕生精力,尝试找出记忆在大脑中的位置。他用老鼠做实验,切去其部分大脑,考察老鼠是否仍能保持记忆,看它们在手术以后解决问题(如在迷宫中找出路)的表现。无论他切除的大脑(古老的哺乳类脑子)有多少,只要有一点点大脑留下来,老鼠仍然能维持记忆。看来,切除掉记忆是不可能的! 有些固执的科学家觉得,拉什利的试验结果是难以置信的。和我们大多数人一样,他们想要给一切东西严格定位。但是,生活中没有任何东西是一刀切的,问题的解答来自于始料未及的源头。

拉什利开始用老鼠做实验,尝试给记忆定位;以后,伦敦大学的物理学家丹尼斯·伽柏②借用光线改进电子显微镜时,偶然发明了全息摄影术(holography)。这使他荣获 1971 年诺贝尔奖。[15]在此过程中,他

---

① 卡尔·拉什利(Karl Lashley, 1890—1958),美国心理学家,致力于学习和记忆的神经机制研究,证明学习和记忆是整个大脑的功能。

② 丹尼斯·伽柏(Dennis Gabor, 1900—1979),英籍匈牙利人,电气工程师,发明全息摄影,1971 年诺贝尔物理学奖得主。

给拉什利的研究成果提供了一个解释的模式。全息摄影术是多形象的储存摄影术,或无镜头的立体激光摄影术,如今,大多数人都已在普及型报刊中读到过全息摄影术。[16]无论你把一块全息图像切成两块、四块,或者是把它切成很小很小的碎块,全息图像依然保持不变,正如老鼠的大脑受损仍然保存记忆一样。图像经过切割以后,虽然亮度不如当初,但整个图像全都维持不变。

斯坦福大学的普里布拉姆首先借用全息图像模式来建立一种记忆理论。和拉什利一样,他切除并刺激大脑的不同部分。不过,他用的不是老鼠,而是猴子(迄今已用过1000多只猴子)。当然,猴子与人的关系比老鼠和蝾螈近。他的实验极为精细,其设计极为精心,用七年之久的时间才做完。他发现不可能给记忆定位,[17]在种系发生的整个阶梯上,包括蝾螈这样原始的物种和人类这样高度发达的物种在内,都不可能给记忆定位。

1971年,在得克萨斯州达拉斯城,另一位科学家皮奇走上讲台,向与会的解剖学家发表讲话。他的论文题为《被扰乱组合的蝾螈:关于神经程序储存的全息理论的实验报告》("Scrambled Salamander Brains: A Test of Holographic Theories of Neural Program Storage")。[18]他认为,全息图像"……捕捉的并不是任何一点物质的东西,而是捕捉规律——谐波的三段论,数学的反演"。这个思想,即使在物理学界,都需要时间才能适应。全息摄影家可以构建声学全息图,亦能恢复原来的声像——并不是借助声波,而是借助于光线的另一种形式。同样的原理使有脑的生物尤其是人,能在必要时顷刻之间从一种感觉方式转入另一种感觉方式。与此同样令人惊叹的是,许多不同的形象可以贮存到一帧全息图像上;换言之,这种贮存是有深度的。然而,上述规律和原理,丝毫不会对脑子的特化、定位化功能产生干扰。这些原理的引用并不局限于拉什利的老鼠实验和普里布拉姆的猴子实验。皮奇认为,早在巴甫洛夫的工作中,就可以看到这样的证据。

全息思维（holographic thinking）与我们文化的许多底层假设,是直接冲突的,与美国教育的内容和组织也是直接冲突的。读者不免要问,全息理论怎么能够解释有特化定位功能的大脑中枢,怎么能够解释这些专司气愤、恐惧、饥饿和视、听、运动的中枢?卢利亚认为,这些中枢是加工信息和信息语境化的中转站,而不是"储存所",其功能是分类、清理、泵出、泵入信息,而不是容纳信息。不过,我们还是回头来说皮奇吧。

起初,皮奇对整个全息思想持怀疑态度。拉什利的实验未能充分说明问题。皮奇认为,只有把脑子扰乱重组,才能验证全息理论。这正是他所做的实验。在700场手术中,他把部分脑子切下来移植到其他位置,就像玩牌赌博时洗牌那样。无论脑子是怎样重新安排的,蝾螈感知它喜爱食物的能力依然如故,它们还是要吃自己喜欢的颤蚓。正如全息理论所料,扰乱脑子的解剖并不会扰乱其程序编制。为了进一步验证这一理论,他选择蝌蚪（素食动物）的脑子再做实验,将小块蝌蚪的脑子移植到损伤了的蝾螈脑子上。在三个月的时间里,这条蝾螈有1800次机会遇到新鲜的颤蚓,可是它只与颤蚓戏耍,一条也不肯吃,因为它得到了一种不同的程序。

皮奇、拉什利和普里布拉姆的研究,在很大程度上不但能解释个人的保守倾向,而且能解释文化的整体保守倾向;一旦由文化纳入程序,个人的行为和文化现象都趋于保守。习性一旦养成,行为就难以改变,其道理就在这里。同理,即使行为能变,变化所需的时间也很长。

现在把目光移向个体的人,移向那些重新构造个人生活的为数不多的例证。比如在心理分析中,病人和医师都有一个共同的经验,他们不得不反复地审视同样的材料。每一次分析精神动力时,审视它的目光和视角都略有不同,有时它不像有什么变化。心理治疗常常之所以很慢,一个原因就是,为了改变局部心理,常常有必要改变整个心理,因为心理的各个部分在功能上是相互关联的。人类学家早已知道,文化的各个方面都是相互关联的。他们还知道,牵一发而动全身,变一点就变一切。事实上,正是文化的这一特点,才促使我着手研究《无声的语言》中提出的思想、理论和观察心得[19]——文化的一切方面都是相互关联、纵横交错的,每一局部都反映在其余的部分之中;显性的文化是心和脑二者的延伸;内化的文化就是人的心理。

大脑全息机制和文化运转机制为教育提供的隐性命题,是深刻的、革命性的。永别了,知识的分割肢解! 永别了,脱离语境提出的研究课题! 永别了,课时和学期等时间切割! 系统地(名副其实的而不是歪曲的系统性)、全面地对待教育的一天终将到来。既然全息术允许整体的系统储存在分离的全息图像底板上,这就可能证明,曾有过混乱、前后不一致学习经验的人,从头开始学习可能更容易些。因为大脑也是随情景而变的,所以一种有条理的新程序是可以学习到手的,原先混乱的程序并不会干扰新程序。对跨文化教育和少数民族教育而言,这一发现具有深刻的意义,因为每一种文化都可以被当作是全息照片中贮存的一个分离的图像。如果混合这些不同的图像,那就好比是把蝌蚪的脑切片植入蝾螈的延髓。如果把不同的程序混合起来,那就可能抑制学生进行一种学习,却又不给他进行另一种学习的手段。迄今为止,跨文化和跨民族的教育的历史很像是这个样子。

卢利亚研究的是大脑的特化功能,而不是整体地储存在脑子里的记忆。他研究数以千计的脑损伤病人所丧失的具体功能,研究这些丧失的功能的模式规律。通过这些研究,他推进了我们的认识,使我们了解到大脑如何处理信息、如何发挥作用,并不因文化的不同而不同。

然而,着手描写大脑的特化功能与教育过程的关系之前,应该首先考察一下卢利亚的一本书。这本书对记忆的研究给人以新的启示。在这本书的研究报告中,他没有切除大脑或部分脑组织,也没有对脑子进行刺激,而是追踪研究了一个人的整个一生。卢利亚之所以激发

## 第十三章
## 教育的文化基础与生物基础

起对此人的兴趣,是因为此人的记忆力非常完美。

我们将要看到,富于创造性的大脑有一种遗忘机制。[20]我们沉迷于对记忆的需求(这是学校灌输的思想),但是很少有人认识到,遗忘机制是多么重要的能力。遗忘机制的极端重要性,是卢利亚在《记忆大师的心灵》(The Mind of a Mnemonist)里提出的。[21]这本书记述一个万事不忘、万事牢记的男子的一生,记述了这一能力对他生活的影响。

卢利亚描写他最初尝试测量这位有神奇记忆力的人时写道:

> 无论我给他的一连串东西是有意义的词语,还是无意义的音节,是数字还是语音……是口头材料还是文字材料,对他而言都毫无影响……我只好承认,他的记忆力没有明显的极限。

但是,这个人有一个什么样的头脑呢? 这个神奇的人视觉记忆超常,他很善于解决问题,因为他可以在头脑里构造形象,而别人却需要借助积木块、物体和形象。然而,连阅读一篇文章这样简单的事情,也使他困惑,他也难以对付,因为他不得不与脑子里的形象做斗争。这些形象常常是相互冲突、与题无关、使人迷惑的,是由印刷文字生成的。他视觉思维的能力太生动,太直观了,而且还遭遇其他一些问题:

> 比如,诗歌对他是最难的一种阅读,因为它要求调动脑子里更高层次的整合功能;读诗时一定要把握语境中的象征意义,而不是词语的字面意义。对他而言,抽象的概念又是一连串问题,使人受折磨。在他的脑子里,"无穷大"和"无"之类的词语和概念是不可逾越的障碍。每当他掌握新东西时,他那生动的记忆库总要进行干扰,仿佛他是一个有残疾的人。

我们在此看见的,正是普通教育试图培养青少年能力的一幅讽刺画。如果他们按学校要求学好,就会产生这样的结果:在创造性思维和解决实际生活问题方面,他们几乎毫无经验可言。

毋庸赘言,美国教育对人脑的假设是:条块分割、知识定位的大脑,刺激—反应的器官,一个刺激总会引发一个整齐划一的反应。毫无疑问,一切都是以这样的方式传授的。另一个隐蔽的假设(第十二章业已讨论)是,只有使用符号,思维才能进行。然而,按照卢利亚的观点,大脑有几种不同的功能。这些功能大多与感知有关,与实际定位的记忆储存功能大不相同;它们与整合功能大不相同。比如,卢利亚的研究证明,四种关联紧密的功能(分析语言、重复语言、指称物体、文字书写)实际上比邻而立,位于脑子的同一部位。显而易见,人的活动在头脑里如何在功能和定位上相互关联,这是我们应该进一步了解的问题。以上大脑功能定位比邻、结成一丛的发现使我们明白,遇到正字法(书写系统)和口语几乎脱节的语言(比如英语)时,有人为什么会觉得拼写困难。

继续沿着这条路子探究,我们就发现:在一定程度上,额叶(思想和观念的综合和表达在此发生)与五种截然不同又相互关联的活动有关系。这五种活动是:感知、身体动作、计划行动的实施、记忆和问题的解决。身体动作!谁能想到体态竟然与解决问题有关? 难道你没有看见,老师叫不会做算术题的学童不要乱动吗! 这一组丛结的脑功能对教育和日常生活的全部意义是什么,尚待我们去认识和详细阐明。如果认真对待卢利亚的研究成果,我们就得到一种比我们设想的情况活泼得多的学习情景。比如他发现,如果不允许孩子们在学写字的时候读出字音和词语,他们所犯的拼写错误,就会比自然读出声的对照组多出 5 倍。请记住,卢利亚说的还是俄语,俄语的正字法和口语相当一致,不像英语拼写那样使人混淆、不太一致。

身体的节律运动和顺序同样受到上述额叶前部的控制。也许终有一天,我们会用舞蹈来矫正诵读困难症吧。语言编码、构成音位(言语的结构单位)的过程还涉及大脑的另一部分,位于枕叶和顶叶之中;枕叶和顶叶同时又控制字母(书写的单位)各部分的空间关系,控制将字母的各部分组成一个整体的能力。(比如大写字母 F 是由三个笔画

# 第十三章
## 教育的文化基础与生物基础

构成的：|——）按笔顺组成字母这个功能由大脑左半球的前部支配。顶叶—枕叶相邻的区域执掌的是空间分析功能。这个区域损伤的病人区别左右方向有困难，靠时钟指针的位置来读出时间也有困难。

大脑这个综合信息的器官，使有目的的行为、意向和程序编制成为可能。注意力和专注力由脑子里一个深层而古老的部分（脑干和网状结构）来调节，但是注意力和专注力都与综合和概念的形成有联系。我们必须要问：如果教育制度既不要求集中注意力，也不吸引注意力，它对概念的形成会产生什么影响？

在脑子及其组织中，可以发现一种模式，或者更确切地说一系列模式，这些模式是**昔日人们生存所必须完成的心理过程**的模式。在今日的复杂世界中，上述模式对维持生存仍有现实意义。比如，在正常觉醒态下的脑子里，存在着反应的等级模式，它们与信息输入直接相关联。微弱的输入再加上恰当的语境产生微弱的反应，强有力的输入产生强有力的反应。脑子不会像牛刀杀鸡似地胡乱作出反应。你不妨自问，在一般的课堂上，这样的等级反应规律每天有多少次被老师违背了，他们常常犯小题大做或大题小做的毛病。

表面上迥然不同的功能常常是紧密相关的，位于大脑的同一部分。比如，在顶叶左下区里定位的功能有：空间导向功能（它处理顺序，任何类型的计算均以此为必要条件）、复杂语法功能和逻辑功能。此间隐含的命题令人吃惊。请想想，如果设计成千上万的校舍，使之从任何角度看都一样，它们对儿童会产生什么影响？如果校舍的内部装潢只提供最低限度的导向信号，[22]那对儿童会产生什么样的后果？我的一位同事童年时有一次这样的经历：刚到一所陌生的学校时，他找不到路回家，没吃成午饭，因为教学楼的两面一模一样；在小孩子的推搡中，他走出了相反方向的那道门。有人向我报告了另一个例子，一个男童在学校哭个不停。经过好几个星期千方百计的猜测、询问和探查,老师最后问**他本人**时才发现,原来他找不到厕所!

再来看看这个问题更深刻而重要的一个方面。直到前不久,学校传授的英语语法仍然与日常使用的语言绝少关系可言。现实与课堂之所以存在差距,是因为语法建立在过时和错误的语言分析上。描写语言学家对语言的功能和结构的了解胜过别人。二三十年来,他们竭力使英语语法教学现代化。直到最近,建立在语言学基础上的变化才开始扎根。在此,我们再提一个问题:如果逻辑与掌握复杂的语法规则在脑功能上是相互关联的,当你传授的语法与人们使用的语言几乎甚至毫无关系时,当你在空间方位模糊不清的教室里传授语法时,你会给学生一些什么影响呢?从这一观点来审视,描写语言学家在纯理论研究上所花的一点精力,毫无疑问并没有白费力气,虽然这样的研究对一般人而言似乎是太艰深的理论。把进入大脑结构中不同层级的东西混为一谈,这一事实也许正能解释,为何常识竟然是如此的不平常!

大脑一旦受损,它如何恢复功能?我们能从这一恢复过程中学到什么呢?卢利亚发现,

> ……训练和习惯使大脑活动的组织情况发生变化,结果,**大脑逐渐发展到在不必借助分析的情况下完成它习惯的任务**。换言之,这种任务产生的定型建立在大脑皮质一个网络的基础之上,这一网络与起初**借助分析才能完成的任务是截然不同的**。[23]
> (黑体系引者所加)

引文所说的是,通过训练人们可以绕开大脑天然的分析能力。没有这种训练形成的能力,由它引起的文化和教育制度是不可能演化出来的。过去有人说,科学是使普通人聪明的进程。从大脑的观点来看,以下三者是一回事:教育、科学和文化。大脑这种经过训练而形成的能力,一旦能在不借助分析的情况下完成业已习惯的任务,就成为祸福相依的形象。它节省时间,使事情变得无比简单;可是在紧张和变

## 第十三章
## 教育的文化基础与生物基础

革的时候,它又成了人的羁绊。我们各级学校和制度中的很多东西,都建立在绕开大脑分析能力的基础上。从上述观点来看,完善一些手段,让人们能够调动自己的天性趋于使用的分析能力,是至关重要的,在人口众多的社会里尤其重要。

上述观点能在一定程度上解释,中枢神经系统是如何以各种感知方式储存和检索信息的,这种信息组织与人的制度有何关系。然而,作为灵长目的人与教育的重新设计有何关系呢?学校的规模与人的灵长类祖先有何关系呢?所幸的是,在经验和科学层次上,我们已经在规模对群体以及群体行为的影响方面有所了解。

对世界各地的企业团队、运动队和军队的研究结果显示,工作小组的理想规模,大约在8—12人之间。这是很自然的,因为人这个灵长目动物在进化过程中是群居的。这一规模之所以最多产、最高效,还有许多原因。[24]8—12人在一起能彼此熟悉,足以使人最大限度地发挥才能。超过这个规模后,个体之间的交流组合就繁复到了难以对付的程度,人们就会组成许多类别,人作为个体存在的过程就停顿下来。8—12人不能完成的任务大概就过分复杂,应该进一步分割了。在较大的群体里,参与和义务要受到削弱;人的流动性将受到影响;领导层不会自然形成,反而成为操纵人的、政治性的团体。罗杰·巴克尔（Roger Barker）[25]教授对堪萨斯乡村学校的研究在这些问题上的结论是明确无误的。可是,谁知道8—12人这条规律多么频繁地被人违背呢?显然,群体规律并非是决定一切的,但它确实是至为重要的。我们常常歧视儿童和年轻人,让他们在人员密集的情景中学习。关于群体规模与群体成员如何相处的关系,还有许多话可说。然而,关于学习的另一个方面又有什么需要注意呢?这个方面就是人的灵长目属性对学习的影响。

加州大学的舍伍德·沃什伯恩（Sherwood Washburn）对灵长目行为的观察具有深刻教育的意义。他仔细记录野生状态下的各种灵长目动物在睡眠、觅食、休息、社交、游戏等方面花费的时间。灵长目幼仔把大多数时间花在游戏上——游戏在适应功能和生存功能上发挥着重大的作用。由于我们的文化认为游戏不重要,所以对这一课题的研究是最近才开始的,沃什伯恩[26]说道:

> 游戏在一切哺乳类的成长中都至为重要……幼猴要玩耍几年……数千小时的时间、精力和情绪投入了游戏……游戏对幼仔是一种乐趣,几乎无数次重复游戏的欢乐产生对成人技能的获取……通过游戏(情绪的、重复的、发自内心的游戏),儿童为自己文化中的成人生活做好准备。教育与生活的分离……在灵长目的历史上是新的现象。美国的学校不了解成人的生活……在学校里,纪律取代了学习的内在驱动力……成为文化的一部分。**由于对灵长目生物特性的误解,学校使最聪明的灵长目动物沦为厌世和异化的人**。(黑体系引者所加)

不了解游戏在人成熟过程中的意义,造成了难以估量的后果,因为游戏不仅对学习至为重要,而且与其他驱动力不同的是,游戏有**自偿功能**。由此可见,现代教育的大错之一是叠床架屋的结构,它不容许游戏渗入教育过程的每一个阶段。

沃什伯恩还揭示说,灵长目动物首先是向同龄幼仔学习,而不是向成年动物学习。然而,很少有学校是根据上述原则组织的。大班上课迫使老师不得不严厉地维护纪律。在这个意义上,学校生活是了解成人世界官僚机构的极好准备:与其说它的设计适合你学习,毋宁说它教你知道谁是你的上司、上司如何行事,教你维持秩序。

现在回头再说我们的灵长目性质。人在进化过程中,是一种极端活跃的物种,他活动身子的需求是无时不在、无处不在、根深蒂固的。按照预定的、僵硬的时间表在写字台旁边硬坐不动,绝不是善待一日之内能跑100英里的灵长目动物的好办法。人也许是世界上最坚强、最善于适应的物种,是在地球上称霸的物种——他可以追击和猎杀任何一种动物。然而,根据他的能力和他对活动的需求,儿童在学校里受到的待遇,简直是疯狂之举。不能呆坐的儿童被贴上多动症的标签,被当作不正常的儿童,他们常常被迫服药治疗多动症。(也许,正是那些能静坐不动的儿童才是不正常的儿童——他们是人类无与伦比的适应力的纪念碑。)学校这块方寸天地使我们看到,在文明及其核心制度的发展过程中,人如何忽略或蔑视了自己本性中最不容忽视的一些方面。然而,这样的局面能维持多久呢?今天的年轻人似乎不太倾向于接受上述不和谐的局面。甚至连家长也开始用批判的眼光来审视教育的各个方面。可惜,很少有教育工作者具备了为教育急需的新思想做出贡献的能力。

我们探讨了人的灵长目历史,探讨了人这个有机体的生理和神经设计,它们构成了一切教育应该赖以存在的基础。不过,对教育中的文化因素以及教育深深植根于文化这一事实,我们尚未作过任何探讨。美国白人是在典型的北欧传统中成长的。这给其他人带来了问题,因为和过去的传教士一样,教育工作者无意之间搞的是文化帝国主义,他们不加区别地把文化帝国主义强加在他人身上。在有些情况下,文化和教育的结构是类似的,研究此就可以了解彼。我所指的不是内容,而是学习的组织方式、学习的进行方式、学习的环境、学习中使用的语言、传授知识的人、游戏的规则以及教育制度本身。教育工作者着手革新教育时,教育与文化类似的特征,是很不容易变化的。尽管他们尝试公开课和封闭课、宽容的和不宽容的纪律、快进度和慢进度,尽管他们改革课程设置等等,但教育与文化的特征仍然是很不容易变化的。这一点极为重要,但其重要常被人忽视了。

比如,亚利桑那州罗夫洛克有一所纳瓦霍人自办的纳瓦霍学校,它的课堂气氛与大多数美国学校的课堂气氛就是全然不同的。[27]这里的纳瓦霍幼童就有强得多的独立性,他们受到的控制和管束就少得多。实地详细考察上课情况的结果说明,这里的授课进度比白人儿童所在的学校慢得多。上述描绘符合我40年前与纳瓦霍人接触时的经验。

我们西方人相信,自己在现实世界中奇货可居——我们有通向上帝的渠道,其他人的生活现实简直是迷信和曲解[28],是低劣的或欠发达的思想体系产生的迷信和曲解。我们"有权把他们从愚昧中解放出来,使之喜欢我们"。我们在技术上令人眩目的成就,我们对物质世界的了解,使我们美国人和欧洲人一样,对自己生活的复杂性视而不见,给我们造成优于别人的错觉,使我们误以为胜过那些在机械延伸上不如我们的人。科学成了我们的宗教。在许多情况下,和古老的宗教一样,科学使人获益匪浅。但科学被当作一种偶像来崇拜,其宣言和仪式常常被当成教条来信奉。

无疑,我们的学校受到了应受的批评。我不想在此重复这些批评,以免使人发腻。但是,从人类学的观点看,可以提出一些东西来讨论。比如,我们听见很多人议论,说需要给学生以动力;这表明,学习驱动力的强大力量尚未普遍为人们理解。事实上,如果我能测量性驱动力和学习驱动力的话,这两种迥然殊异的驱动力对人生活的影响却是非常接近的。[29]性驱动力保障物种的生存,但它对个人的生存并非必不可少。然而,在保障个人、文化和人类的生存方面,学习是绝对必不可少的。学习就是人成长、成熟和进化的方式。由于这样那样的原因,我们美国人把人类活动中最使人受益的一种活动,变成了一种令人痛苦、使人生厌、枯燥无味、肢解割裂、精神萎靡、心灵萎缩的经验。

有一个关键的因素能解释美国教育可悲的状况,这个因素就是过分的官僚主义倾向。这种官僚主义反映在强制把公立学校合并成庞大的"工厂"上,反映在强行把大学的规模搞得很大上,即使在人口不多的州里也如此。官僚机构的问题是,它们要长期努力奋斗,才能避免用维持自我生存的需要去取代原有的首要目标。官僚机构殊难成功。**官僚机构没有灵魂,没有记忆,没有良心**。如果在通向未来的路上有障碍的话,这个绊脚石就是官僚主义。迄今为止,尚无一人找到解决官僚主义的答案，反而使之膨胀到大而无当。教育工作者尤其难以抵挡超庞大组织的诱惑。毕竟，他们的事业是美国最大的事业。

我们把组织视为圣物，因而损害了个体利益，结果是迫使个人就范于不恰当的模式。这一切全是任意武断的。既然组织是任意的，为了适应个体的需要的，它又是可以改变的。至于教育的目的，金钱上的成功受到的重视太过分了。投入校舍的钱太多了！如果精心筹划，本来是可以少花钱多办事的。目前，各级教师的能力并没有充分调动起来，因为他们的工作安排得太死。教育的指导学说里有一个隐含的观念和由文化模式决定的信念：老师的工作是给学生**传输**知识。然而，许多人靠向别人传授知识能学得更好，而不是靠听教授讲课学得更好。照目前这样的组织办法，大多数大学成了培养教授的非常昂贵的机构。如上所述，灵长目主要是向同龄者学习，人类也不例外。事实上，传授知识的整个思想，如果放入人类历史的背景中去考察，是很晚才出现的思想。

美国教育制度里隐含的，是重赏善于辞令、精于图形的学生，除此之外几乎没有任何东西使人得益。因此，教育制度常常使学生陷入困境、疲于奔命，甚至被淘汰，其原因倒不是他们不聪明或没才能，而是因为他们的技能不适合教育制度的要求。这个教育制度是霍拉斯·曼①模仿普鲁士军队的模式建立起来的。他是马萨诸塞州的首任教育部长。这一制度急需更新。[30]此外，不同层次的学校服务于不同的目的：从小学到中学，目的是给人人提供一个"成功"的机会，不让任何力量干扰这一过程；大学是给业已成功的人办的，目的是不让任何事情把学生的成功夺走；研究生院的目的是保证上述两级教育制度的继续运转。

大多数中等学校的隐性宗旨饶有兴趣，它表明学校为何在教育质

---

① 霍拉斯·曼（Horace Mann，1796—1859），美国教育家和政治领袖，入选美国名人祠，被誉为"美国公立学校制度之父"，主办《公立学校杂志》。

量上差劲,在功能上却是出色的社会代理人。首先,学校的一切活动都要照钟表和日历进行。震耳欲聋的铃声——甚至在大学里也是这样,不仅让你知道每一小时,而且提醒你注意行政管理机构的存在。当然,课时与所学科目需要的时间并没有明显的关系,与铃声响时课堂教学的进展没有关系,更是自不待言的(下课铃响时也许师生刚开始热身)。学生学到的第一课是文化中至为重要的一个观点:时间表是神圣的,统治一切的。

第二,关键问题是,官僚机构实实在在,不可等闲视之。组织机构被置于一切之上。令人遗憾的是,许多学生后来发现,工作以后的岗位也像学校,只不过老师换成了上司,其实就业后什么也没有变。

第三,教育是一场有输赢的游戏,但这场游戏与外部世界和所学科目都关系极少。所学科目如何划分、如何传授,通常完全是主观臆断的,并不顾及教学的内在一致性。

第四,看重宏大规模。规模大的学校被认为胜过小的学校,大学校提供的服务较多。合并成大校的压力没完没了,不顾乘校车要花多少时间,也不顾小型学校有优势的结论。600人以下的学校培养出来的公民更幸福,更富于创造性,更富有社会意识和责任心。巴克尔[31]研究了学校规模对学生参与度和感情成熟度的影响。在小型的学校里,学生参与多,学校对学生更亲切,学生更能宽容他人。他们结成更密切而持久的关系,群体活动更有效率,能更好地与他人交流。他们进入负责的岗位的比例比大规模学校的学生高出6倍。在小型的学校里,只有2%的学生不进入负责的岗位;相反,在大型的学校里,不能进入负责的岗位的学生则多达29%。小型学校的学生少缺课,更可靠,更经常主动地承担责任,更富有创造性,更善于辞令,更觉得自己的工作有意义。换言之,小规模学校培养出更优秀的公民,他们趋向于更满意自己的生活,而且在各方面都更加能干。

上述一切里有一点容易被人忽视:合并现象不限于学校,而是在

# 第十三章
## 教育的文化基础与生物基础

我们周围处处可见,在企业界和政府机构中尤其如此。一切都在日益增大:汽车、飞机(波音 747、波音 707)、建筑(世界贸易大厦、西尔斯公司大楼、汉考克大厦①)和城市。我们生活在一个庞然大物的时代里。然而,已知的一切都表明,人的需求刚好相反。规模的扩大仿佛是一种疾病,既然人人都染上了这种病,我们就根本不去想其中的问题了。问题当然是,脆弱性随规模的增加而加剧。因此,正如加尔布雷斯②32所言,现在到了有必要"管理"环境的地步,因为环境使生活非常僵化,压抑了个体的人。

另一条指针是,美国教育制度被认为是世界上最好的制度,它同样适合一切民族,因此就应该强加于一切民族,包括印第安人、中心城市的黑人、波多黎各人、西班牙裔美国人、墨西哥裔美国人,而不顾他们自己的民族文化。所幸的是,对一切有关人士而言,美国的少数民族已开始在自己儿童的教育上取得发言权。最引人注目的两种试验是罗夫洛克纳瓦霍学校中的试验(前已提及)和新墨西哥州拉玛镇纳瓦霍人的试验。两个试点学校都组建了印第安人的董事会,都是由他们自己管理的。两个地区的学校都把传统的纳瓦霍语言文化与常规的"白人"课程结合起来。但两场试验都受到了州政府和联邦政府印第安人事务局的粗暴攻击,而且,中西部和东部教育界的"大人物"也发起野蛮的炮轰。

过去,无论国情或文化背景如何,教育制度都被一揽子输往外国;法国的教育制度被输往叙利亚、黎巴嫩和印度支那,日本的教育制度被输往它在太平洋的托管地。一旦建立起来开始运转,这些系统就异常稳定,难以改变。即使能变化,制度本身也顽固地抗拒变化(除非是表皮的变化),比传统社会中的农民有过之而无不及,虽然一般认为,

---

① 三座大厦均为世界名列前茅的高层建筑,世界贸易大厦在"9·11"事件中被毁,西尔斯大厦和汉考克大厦均在芝加哥。

② 约翰·加尔布雷斯(John Kenneth Galbraith, 1908—2006),美国著名经济学家、政府官员、大学教授。

这些教育制度是世界上最倔强、最抗拒变革的力量。对教育制度这种基本的惯性衡稳态，伊里奇[33]、霍尔特[34]、赫恩登[35]、柯察尔[36]和亨托夫[37]等人做了研究；他们发现，教育制度是非常难以驾驭、尾大不掉的。

从当前的民间信仰中寻求观点，无论其出自多么权威的源头，最好的情况下也是要担风险的，最坏的情况下就是十足愚蠢的。通过研究人的过去，考察与人类相关的动物的行为，就可能对人的天性获得新的洞见，比如就可以知道，人是天性喜欢游戏的动物；使成年生活模式内化的最重要而基本的机制之一，正是游戏。这一发现与很多人习惯的想法相矛盾，与大多数人对儿童如何学习的信念相矛盾。人不仅是世间最会玩的物种，而且在进化中学到了最了不起的活动能力。在禁锢的地方呆坐不动，是人最难以忍受的严厉惩罚。然而，呆坐不动正是我们对在校学生的要求。

只要研讨教育，就必须说一说受教育的器官——大脑。不同的学生以不同的感知模式去记忆和整合信息。而且，关于大脑本身的新知识还有一些惊人的发现，使人知道，整个教育过程应当如何完成。可以展望，富有洞见、整合一体、综合的大脑研究和心理研究，将对教育产生影响，这将是革命性的影响。事实上，除了诸多功能之外，大脑还是一个具有遗忘功能的器官，学校里的人很少认识到这一事实。大脑的全息综合功能既可用来阐释文化，也可以用来解释，为何内化的行为模式改变起来竟会如此之难。

自我意识和文化意识是不能分割的。就是说，没有一定的自我意识就不能超越无意识文化。如果使用得当，跨文化交流的经验可以使人大开眼界，使人能看到在国内难以看到的自我。与一切使人成长和认识自己的机会一样，单单是想到跨文化的交流就难免使人害怕。当然，一切都取决于你愿意走多远，因为了解文化自我（cultural self）的机会在一切层次上都是存在的。从语音的细节到严重的分裂人格或不健全的人格，从身体的运动方式（速度和节律）到使用器官的方式，从如何表露情绪到如何体验情绪,从心目中的男性形象到女性形象,从等级关系的处理方式到社会制度里的信息流动,从工作的定义到游戏的定义,从心理(本我、自我、超我)如何组织到自我所处的位置等等层面上,都存在了解文化自我的机会。在上述的一切层面上,都存在深刻的个性和文化的控制。行为链、情景构架和延伸之类的结构特征,以及我们使用这些结构特征的方式,都深刻地影响着我们每一个人,但文化决定心理组织的方式更加深刻、更加直接。反过来,心理组织又深刻地影响着人们观察事物的方式、政治行为的方式、决策的方式、排列轻重缓急的方式、组织生活的方式。最后一点然而并非最不重要的一点是,文化深刻地影响着人们的**思维方式**。

## 第十四章
# 作为非理性力量的文化

应对和解释自己和他人身上的非理性并不容易,因为非理性似乎是生活固有的一部分。可惜,非理性并不屈从于逻辑。这一道理千真万确,使人不得不问,我们怎么会把这一对概念并置,仿佛将其视为决然相反的两极呢?答案就在于逻辑的概念之中,逻辑是西方文化的一种发明,可以追溯到苏格拉底、柏拉图和亚里士多德的时代。[1]"逻辑"使人能凭借低语境范式去审视思想、概念和心理过程。

我生平与诸如日本文化和纳瓦霍文化这样迥然不同的文化,有许多打交道的经验。这两种文化都觉得,逻辑并非决策过程里有效、令人信服且可以接受的方式。因此,我根本不相信,逻辑有什么神圣不可侵犯的地方。我发现这两种文化的心理过程没有不当之处。二者都有可靠的方式去做出正确的决定,去验证这些决定的有效性。二者使用的框架都比我们线性的、低语境的、逻辑的框架的包容性大得多,涵盖更广泛。

人无法体会他真实的文化自我。其原因是,在体会另一种自我的有效性之前,他几乎没有验证他本人自我的任何基础。从经验上去感受另一个群体的方式之一,是理解和接受其思维方式。但这谈何容易?事实上,这一任务异常艰难,但却是文化了解的精髓所在。接受别人心理过程的副产品之一,是借其管窥自己文化系统的长短。经验告诉我,因为我的思维模式受制于自己的文化,我不必信赖逻辑,我也不能用自己的思维模式去兜售自己的观点,要另一种文化的人接受。

问题的核心也许是,西方的哲学和信念,是人们脑子里现实为何物的图像。由于延伸迁移机制,这些图像被当成了现实,然而实际上它们只不过是一种理念或解说而已。这种图像和解说在一定意义上是真实的,因为它们是人脑对现实的构建;它们能向我们透露许多有关人脑功能的信息,使我们知道,心理是特定文化的产物。然而,这些图像和解说**既非**思想本身,**亦非**真实的世界。用庞加莱的话说,它们是一些"常例"(conventions)。不过,这些常例是一些行为赖以为基础的必要模式。然而,如果你把它们当成现实,你就不可能超越它们,甚至连审视它们也不可能,除非你是按照其本来的面目去审视。西方哲学局限于用词语来进行工作;你要想用词精明妥当,就必须知道,那个词语系统本身对人的思维过程有何影响。为此目的,你必须知道,语言如何给思维提供结构,沃尔夫[2]非常清楚地阐明了这一点。而且,你必须找到一种包含语境的方式,因为哲学只有对其创造者才有意义。如果说哲学对其他人有意义,那种意义也永远处在修正之中,因为其他人给这些哲学提供的内环境和外环境,总是在不断地改变着哲学的意义。中国哲学家孔夫子的思想对中国人是一种意义,对西方人又是另一种意义。由此看来,我们构想的逻辑,只有在西方非常受局限的环境中才是理性的东西。

归根结底,所谓有无意义必然受文化限制,且倚重评估意义时所用的语境。结果,在文化接触的情景中,人们常常难以真正地相互理解。我猜想,在历史上旷日持久的和平谈判中,至少有一些症结可以归咎为这一类问题。

多年前,我研究亚利桑那州的纳瓦霍人和霍比人。那里一直存在着争斗和误解,因为文化鸿沟使三种文化系统(纳瓦霍、霍比和白人三种文化)相互分离。没有一种文化系统对其余两种文化系统来说,是有意义的。在20世纪20年代,俄拉伊比学校的白人校长无论如何不能理解,为何X氏族不开垦自己脚下的土地,任其在他们居住的台地下闲置;与此同时,Y氏族和Z氏族却要走到离该台地20英里远的地方去耕作。他干涉霍比人的事务,酿成危机,最后被迫离开这块印第安人保留地,让霍比人自己去解决问题。由于和白人文化的反复遭遇,霍比文化已被削弱,它的制度深受侵蚀,已经山穷水尽。这位白人校长的逻辑无意之间成了为自己利益服务的逻辑。它使校长觉得比印第安人优越,因为走1英里而不是20英里路,才是聪明之举。他不知道,霍比人文化系统的"逻辑"赖以存在的基础,是系统的整合性和一切与系统有关的东西。割裂霍比人社会制度和宗教制度的结构,是毫无意义、很不明智的。为了维护和平与安宁,他们去很远的地方耕种祖先留下的田地,只不过是一个很小的代价。霍比人平平安安过日子本来就很艰难,白人政府官员还来给他们添乱。

20世纪30年代,白人定计划减少纳瓦霍人牧羊的头数;此前,又灭绝了纳瓦霍人的牧马。[3]对纳瓦霍人而言,这样的计划不可思议,整个事情显然是疯狂的。纳瓦霍人对马的依恋、他们对赛马的喜爱,使心胸狭隘的白人下意识地感受到威胁。灭绝了那些漂亮的骏马,白人也就毁掉了纳瓦霍人生活里重要的一面。

不用到文化之间的界面去考察,也可以接触到奇怪、倒错或疯狂的行为。任何一种文化内都有许多这样的行为,在和美国文化一样复杂的文化里,情况尤其如此。非理性有多种形式,以下所列的非理性形式，难免会开罪于人。

然而，将非理性的东西进行分类，并不是为了冒犯人，而是为了提供一个指针，表明与非理性接触时的困难何在。有的东西比其他东西更难对付，有些东西甚至是不可能矫正的。

情景性非理性（situational irrationality）比神经症非理性（neurotic irrationality）易于对付，但比文化非理性更难对付。也许其原因在于，非理性从内部看并不像是非理性。然而，如果在维护制度的过程中，使用的手段导致了制度的瓦解，最合乎情理的行为也可能成为完全疯狂的行为。有些非理性的形式，可以追溯到过度的理性化，因而牺牲了非言语的要素。在17世纪笛卡儿的思想中，我们可以看到这样的现象。他赋予逻辑神圣不可侵犯的性质，结果，他的思想在西方思想中取得了支配的地位。即使在严格意义的个人层面上，我们大家都有过这样的经验：某样东西对我们人格中的一部分是有意义的，对另一部分却毫无意义。非理性因素构成正常行为中相当可观的一部分。[4] 西方人现在应该习惯于这一事实了。我们不应当否认我们自己和他人身上的非理性倾向，而是应当抱一种更健康的态度，应当承认，在一切人、一切制度、一切文化、一切关系中，都必然有不合理的、起反作用的成分。这些成分有时无足轻重，有时却势不可挡。

至少在六个种类、六种情景中或六个层次上，可以看到非理性在起作用；非理性是难有成效的、自我拆台的，起的是反作用。当然，这里的分类仅仅是初步的尝试。

第一种形式的非理性是**情景性非理性**。从一时兴起而购物的行为，到交通不畅时驾车人的行为均在此列。情景中的某种东西使人干的事起反作用。现代技术和社会科学研究中的许多东西，为的是理解和纠正情景性弊端（situational ills）；我们对这种研究和技术的信念，在很大程度上要归功于情景性成就（situational success）。一个例子就是收费站前面公路上的交通管制。心理学家发现，公路上漆上横条可以使车辆减速。收费站入口处的横条相隔较宽,以后渐次增加密度。这个办法对减慢车速非常有效。

第二种类型的非理性是**语境性非理性**(contextual irrationality)。一种语境的逻辑运用于或投射于另一种逻辑时,就产生语境性非理性。人们太偏重技术性。把课堂里的逻辑运用于社交谈话时,就会使谈话难以畅行,使之夭折。语境性非理性——用一种语境的逻辑或规则取代另一种语境的逻辑或规则,是知识分子和学者中流行的人际操纵和人际利用的司空见惯的形式。

第三种形式的非理性是**神经症非理性**(neurotic irrationality)。心理分析运动已对此做了详尽的描述。我们大家的人格中都有非理性的一面:这种行为对我们的人格理想和心灵的安康都没有好处。然而,我们似乎无力去改变这样的人格。在生活的其他方面,我们的行为可能非常合理。但在权力、金钱、财产、性、子女、工作和游戏、事业和暴力等领域,我们却容易遇到麻烦。神经症非理性无处不在,相当难以对付,所以许多精神病学家和心理分析学家在诊治心理病症以后,趋向于停止搜寻人类病症的根源。然而,由于文化的力量,许多人在自己文化里的行为在另外的文化中可能会被认为是非理性的行为。事实上,英国心理分析学家莱恩[5]认为,文化本身不仅是神经官能症的,而且是精神病的;他认为,人发疯是对文化作出的一种反应。我的朋友汉弗莱·奥斯孟德(Humphry Osmond)也是精神病学家,他说:"那些觉得自己的文化讨厌的人,大概容易神经质、行为偏离或精神失常,因为他们常常暴露于使人压抑的东西之中。"

第四种形式的非理性是**官僚主义的**和**制度性的非理性**。这种非理性之所以发生,是因为一切文化之中的官僚主义都有巨大的反作用的潜力。走向低效率的驱动力,也许是盲目坚持程序的直接后果。不过,它也可能产生于官僚主义的自我维持需求,来自于官僚主义面对压力集团时的脆弱性。几种因素的结合使官僚主义难以摧毁。和我

# 第十四章
## 作为非理性力量的文化

所知的一切人的系统一样,官僚机构受制于延伸迁移的影响。这些机构建立的初衷是为人类服务,然而这一服务机能很快就被忘掉,取而代之的是其官僚功能和生存功能。每位读者都能够举出自己所知的一些例子:福利制度反而使家庭破碎,造成依赖性;税务制度打击穷人、剥夺中产阶级工作的积极性;建筑法规造成浪费,效率低下,有歧视性、陈旧过时;医院的护士唤醒病人服安眠药;在不需要的地方拦河筑坝。这样的例子不胜枚举。就其本质而言,官僚机构是没有良心、没有记忆、没有头脑的。它们是自私的、无道德的、难以根绝的。还有比官僚主义更不合理的东西吗?改造官僚机构几乎是不可能的,因为它们按自己的规律运转,不屈服于任何人的压力,甚至美国总统也不能使之屈服。习惯势力、人的脆弱性和权力意志维持着官僚机构的运转。我说的官僚机构包括大企业、慈善机构、教育机构、教堂和各级政府机构。乍一看似乎矛盾的是,大多数官僚机构的员工多半是认认真真、尽心尽力、努力办好事的人,然而他们在改变事物面貌时却是无能为力的(或感到无能为力的)。倘若官僚机构并非我们赖以解决一切主要问题的制度,这些机构的状况本来是不会如此严重的。我们必须设法解决官僚主义的问题。导致革命的,往往不是政治领袖利用社会不公的现象,而是头重脚轻的、低效率的官僚机构;它们发展到不能满足人民的需求时,政府就要倒台。

第五种形式的非理性是**文化性非理性**。这种非理性深深地植根于我们大家的生活。由于文化强加于我们的盲目性,我们常常无法超越它强加于我们的局限性。事实上,我们常常被文化强加的程序捆住了手脚。从理论上讲,适应环境的文化,是把非理性压缩到最低限度的文化。至少这是西方人的幻想。西方人幻想,在世界上一些地方,人们过着简朴、诚实的生活,通常生活在有异域风情的地区,他们一丝不挂、无忧无虑,没有一点性生活和物质生活的障碍。至少,一些被技术先进的国家灭绝了的文化似乎就接近于这种幻想的平衡态。因纽特人常常被用作这样的例子。据说,他们彼此的技术性回应和行为回应非常精妙,对环境的回应也非常精妙。早期对爱斯基摩人的描写往往使人相信,这就是事实。然而,情况并不是这样的。我分析有关他们的神话和梦幻的一些资料,尤其他们未受外来影响前的一些资料,很受触动,深感不安。我觉得,透过表面现象,爱斯基摩人和人类的大多数一样,仍然处在使自己的文化适应需要的过程中。分析任何文化时表面上都碰到这样的问题:人们维护关于自己的刻板形象;但这些刻板形象可能与众多的事实、层次和侧面并不吻合;一切文化都是由许多事实、层次和侧面构成的。

今天在美国,我们仍然在努力挣脱新教伦理的枷锁。我们对时间的崇奉,我们让自己的生活条块分割的方式,到了惊人的程度。延伸迁移的全过程都是很不合理的。第六种形式的非理性是**民族中心主义**(ethnocentrism),其必然具有非理性因素的特征。只要民族中心主义是普遍的现象,要与它斗争就是不可能的。个人确有抛弃这种偏见的时候,然而整个群体是改变得很慢的;在许多情况下他们抛弃一种偏见时又接受了另一种偏见。[6]个人偏见常常被认为是个人心理动力的产物;文化非理性却是许多人共有的东西,因而被认为是正常的。我们的资源正在耗竭,我们热衷消费,追求物质产品,我们对控制浪费漠不关心,这样的态度显然是非常愚蠢的。但是,由于我们与他人都共有这样的疯狂态度,由于我们从制度或领袖人物那里得不到什么帮助,这种疯狂的举动不可能受到抑制,尽管环境保护主义者为此而进行了英勇的斗争。毕竟,你不能阻挡进步呀!你能吗?

了解人类、了解文化、了解世界和揭开非理性的面纱,是同一过程中不可分割的几个方面。以文化为基础的范式给这一认识过程设置了障碍,因为文化给我们每个人装备了固有的眼罩,装备了隐蔽的、未经言明的假设,这些东西控制着我们的思想,妨碍我们的努力,使我们难以揭开文化过程的面纱。但是,人离开文化也就不成其为人了。脱离了特定文化的人,没有这些特定文化中的人的合作,是不可能对文化的任何方面作出解释的。

可惜,由于多种多样的原因(其中一些是政治原因),在美国研究文化界面的工作越来越困难。最近,一位感知力异常敏锐的西班牙裔同事告诉我,几乎无一例外的是,社会科学家描写西班牙裔美国文化尤其新墨西哥的西裔文化的尝试全都是偷来之物,全都是严重曲解的东西,其中多半的表述不是错误的,就是脱离了语境。他说,这些论断是英裔知识分子对西裔美国文化的观点,很不贴切,只能像未婚舅父训导外甥一样,无的放矢。既然进行这些研究的科学家训练有素,他们精通英裔美国传统的社会科学研究方法,而且他们都有良好的动机,所以我们就只能假设,社会科学研究中常用的方法,一定有根本的错误。

一个错误根源似乎存在于以下两个假设之中:一个局外人可以在几月几年内认识、解释和描写一种外国文化,他能够超越自己的文化。这些理论和实践上的错误,起初欧洲人并不清楚。因为他们相信自己的研究方法优越而正确,他们带着自己的老框框,向其他欧洲人解释世上的其他一切民族,描绘其生活和制度,而且他们自己还不必对这些民族作面对面的考察。因为这些欧洲学者和同行及外行人共有相同的老框框,所以他们对许多外国文化进行解释时只看到外表的现象。[7]我在此无意暗示,社会科学家没有天赋才能或诚挚态度。我只是说,他们的同伴与公众对别人的看法是典型的欧洲文化的看法。

我在美国国务院工作时,曾看见这些思维过程起作用,每当试图了解另一种政治/文化制度时都是如此。像谢伟思①(他对中国非常了解)这样杰出的外交官的前途,居然也在文化的礁石上搁浅,在政治

---

① 谢伟思(John Stuart Service),美国外交官,抗日战争期间美军观察组成员,在延安居留8个月,客观记述了中国革命,主张与中共合作,在20世纪50年代初疯狂反共的麦卡锡时代受迫害,后平反。

的屏障上碰壁了。较少冒险精神、较少富有才能的外交官,并非没有留意到这些杰出外交官的下场。除极少例外,无论你在哪里,习俗和时尚都决定着什么东西要向华盛顿汇报,什么东西不能向华盛顿汇报;什么东西该让公众知道也由此决定,这一点更是自不待言。在大多数情况下,歪曲情况的报告并非故意所为,而是无意使然。

就我所知,跳出文化羁绊的两难困境,尚无良策。一般地说,如果我们不首先揭示生活一切方面隐蔽的重要原则和未经言明的假设,我们就不能超越自己的文化;生活的各个方面包括:人们的生活是如何过的,他们对生活是如何看的,生活是如何分析、如何研讨、如何描写、如何变化的。因为文化是整体的系统(由相互关联的成分构成,每一部分在功能上与其余各部分相联系),而且是语境化的,所以置身文化之外去描写文化是难以进行的。一种特定的文化不能单纯从内容和构造成分去了解。我们必须要了解:整个系统是如何组织的,主要的子系统和动力如何发挥作用,各子系统和动力是如何相互联系的。这使我们处在非同寻常的境地;换言之,只从内部或外部来描写文化,不同时参照这两个方面,那是不可能充分描写清楚的。有两种文化背景的人可以增加比较的机会,文化接触的情景也可以增加比较的机会。揭示文化隐蔽结构的另外两种情景是:人们在育儿时不得不向孩子解说事物的情景,传统文化开始像现在这样瓦解时的情景。超越文化绝不是轻而易举的任务。然而,了解我们自己和我们创造的世界——这个世界反过来又重新创造我们,也许是今日人类所面临的最重要的任务。

## 第十五章
# 作为认同作用的文化

> 生活是一个不断强化和超脱(detachment)的过程。
>
> ——爱德华·霍尔

从生到死,生活常常因分离(separation)而中断,许多的分离是令人痛苦的。奇怪的是,每一次分离都构成整合、认同和心理成长新阶段的基础。这就引入了一个与每个人相关的课题。在这一课题中,我们看到了心理内过程(intrapsychic process)和文化过程的交汇场和综合点。我们谁也不是由于自己的要求而降生或死亡的。然而,生与死均是人与无所不包的环境分离的过程。在生死之间还有许多别的分离过程。每一个分离过程都会产生新的意识。有一段时间,婴儿尚不能区分自己的小身子和母亲的乳房。在此期间,他感知到的自身及其小环境是浑然一体的。即使在这个初级而简单的水平上,生活也并非总是宁静的,因为当母乳不发挥作用——乳头未塞入小嘴时,饥饿就会袭来。常常可以看到婴儿对浑然一体的自身环境中这个难以控制的部分感到沮丧和气愤。最后,婴儿认识到,他和母亲是两个分离的人体,而且都有独立的存在。但是,这次分离的经验常常不是泾渭分明的。它的不确定性和模糊性,远远超过了我们许多人的想象。(如果有一条分界线,或者分界线位置模糊,人们就感受到困难。)比如,沙利文[1]的自我发展(development of the self)理论就是围绕这一观念建立起来的:婴儿区分母亲的情绪(相对母亲身体的情绪)和他自己的情绪,这一过程只能是渐进的、分阶段的。母亲的身子暖和、舒适,给婴儿爱抚时,婴儿就感觉舒适。母亲心烦意乱、焦躁不安时,婴儿的情绪也会反映出这样的心态。区分母亲的情绪或其他重要亲友的情绪与我们自己的情绪,这一过程可能是一个持久的过程,而且在某种程度上是一个永不完结的过程,尽管我们可能否认这一点。

理查德·休斯[1][2]在引人注目的小说《牙买加飓风》(*A High Wind in Jamaica*)中,栩栩如生地描写了这个认同—分离(identification-separation)的过程,他描写的是艾米莉发现自我的过程。艾米莉被海盗掳获,她与兄弟姐妹一道困在船队里的最后一只帆船上。这群孩子被抓上船已有几个礼拜,他们把船上的每一方寸之地都探寻遍了。生活进入了按部就班的例行程序。兹将休斯的描写引述如下:

> 然后,艾米莉确实遇到了一件事,一件颇为重要的事情,她突然意识到自己是谁。
>
> 为何这件事没有早五年发生,或晚五年发生,看不出有什么原因;为何它唯独在那天下午发生,也看不出有任何原因。
>
> 她在船头起锚机的背后玩了一阵"过家家"的游戏(在起锚机上挂上一只魔鬼的爪子,把它当作门扣)。玩腻了以后,她漫无目的地向船尾走去,朦朦胧胧地想着蜜蜂和女神。突然之间,她

---

[1] 理查德·休斯(Richard Hughes, 1900—1976),英国小说家、剧作家、诗人。

豁然开朗,意识到她就是**她自己**。

她猛然打住脚步,开始打量自己的身子,进入眼帘的那部分身子。她看不见多少,只能看到裙子前襟缩短了的那一部分;当她举起手来端详时,她只能看见手。但是,这足以使她对自己的小身子形成一个大致的概念,她突然省悟到这个小身子就是自己的身子。

她忍不住发笑,自嘲地说:"嗨!想想看,你偏偏不是别的什么人,给关进了这个身子!你跑不掉了,很久都逃不出去了!你准得在它里面度过童年,长大成人,老得弯腰驼背,然后才能甩开这个鬼把戏的东西!"

她打定主意不能让这个非常重要的时机被打断,于是她开始攀登绳梯,爬到桅杆顶上去,这是她最爱待的地方。然而,每当她举手抬腿时,她都发现手足非常听使唤,这给她带来新的震撼。当然,记忆告诉她,它们一直是听使唤的。可是,她过去从来就没有意识到,身子听使唤是多么奇怪呀!

坐到桅杆顶上以后,她开始非常仔细地察看手上的皮肤,因为这是她的皮肤。她拉下裙子,露出一只肩头,窥视裹在裙子里面的身子,看它是不是连续的一个整体,然后她抬起坦露的肩头去挨面颊。面颊和坦露而温暖的锁骨窝相接触,使她舒坦得浑身震颤,仿佛是好朋友在拥抱她一样。但是,究竟这种激动的感觉是面颊传入身子的,还是肩头传入身子的,究竟是面颊在拥抱肩头,还是肩头在拥抱面颊,没有什么分析能明白地告诉她这个问题的答案。

在雷·布拉德伯利[1]的《蒲公英酒》(*Dandelion Wine*)里,也有一

---

[1] 雷·布拉德伯利(Ray Bradbury, 1920— ),美国科幻小说家,代表作有《火星纪事》《451华氏度》。

段描写人活着的文字，精美贴切。如果要在我们这样的文化里名副其实地活，你就必须要成长，成长的过程中会遇到许多挑战；只有等到"割断裙带"、脱离父母、独立生活时，你才能痛切地感到成长过程的全部冲击力。成长过程完成的程度因人而异，因文化而异。在许多文化之中，与父母、祖父母的纽带，甚至与祖先的纽带不但不会切断，反而维持下来，得到强化。我想的是中国、日本、中欧传统的犹太家庭、阿拉伯村民、南北美洲的西班牙人、新墨西哥州的普韦布洛印第安人，仅举这几个例子就足以说明问题了。在这些文化里，儿童在童年时代与成人分离开来，然后他进入范围更加广阔、更加实在的成人世界，然而，即使在正常的情况下，他也不会创建与社群脱离的独立身份。

我们简略地考察了自我从母亲的怀抱、父母的情绪和群体中分离出来的情况。还有多少别的分离危机呢？有许多危机，它们可能以多种形式出现，一种是大群人的分离。西方人放弃了《圣经》里的创世神话，接受了达尔文进化论的新宇宙观。然而，这个与创世神话分离的过程从未完成，也许永远也不会彻底完成。就在我写这本书的此时此刻，加利福尼亚州正卷入一场激烈的辩论，争辩的主题是应不应该在教育中给"特创论者"（creationists）以"均等的时间"，这场辩论甚至在学术界的杂志《科学》中抢占了一席之地。

尽管上述几个例子对教育程度很高的人似乎是自然、正常而熟悉的，然而直到最近，我在研究认同理论时才想到，人的世界分成两种不同的文化：一种文化的成员要切断对父母的依附关系，另一种文化的成员不切断这样的关系。此刻，如何估计这种差异对我们的生活造成的冲击，尚有困难，只能说这种影响的确是很大的。

我相信，总体上说，人抗拒分离；生活里需要分离的东西太多，人不可能完成所有这些分离。我相信，应对分离的最重要的策略之一和我们要放弃的东西有关系，虽然这一策略是隐形的、无意识的。诱惑太多，需要选择，或抗拒，或放弃。五花八门的嗜好、神经性精神动力、雄心、贪欲、对物质材料的依赖、与父母同住的安全感、对权力的需求和支配他人的需求、火爆脾气、肉欲、坚守一种宗教排斥其他宗教的信仰、民族主义、对科学的单一视角,林林总总需要应对的东西太多,究竟放弃什么,需要选择。

我们不应当自我欺骗;使自己从一种不受控制的精神动力中分离出来是不容易的,即使精神动力仅仅是习惯的功能也是如此。仅以下列各例予以简单的说明。

一时兴起而买鞋的妇女,或无力抵挡甜食诱惑的妇女,与酗酒成性的人,在嗜好上其实是相同的。从操作角度上来说,她们都难以在自己和环境之间划出明确的分界线。她们身上仿佛有一只隐蔽的触角,要伸出去抓糖或酒;嵌入环境的精神动力之所以在暗中非常顽强,其原因就在这里。这样一个人可能拼命与自己搏斗,可能因此而斗得火冒三丈、七窍生烟;然而,正如婴儿无力控制母亲的乳房,也不能控制母亲的情绪一样,他处在绝望之中,因为他在与尚未分离的自我做斗争,而自我仍然是环境的一部分。当然,他也可以下意识地从酗酒转向信教,从吸烟转向美食,可是他仍然被捆住了手脚。

所谓的本体—分离—成长的精神动力(identity-separation-growth dynamisms)各不相同,但可以纳入界限模糊的现象这一类。事实上,这类现象里有许多不同的事件。降生时与母亲的子宫分离,死亡时与物质的世界分离,但两种分离性质上都是存在。自我(ego)的成长和发展作为一种分化的精神动力,也是一种存在,也是自然而然的,但缺少生死的必然性。自我**不必**发展,**不必**集中在精神(psyche)里的特定部分。儿童很快就认识到,无论如何他都摸不着月亮。

贪欲、忌妒之类的精神动力,与家庭、故乡、母亲的分离而造成的精神动力,虽然常常是神经症的,但是也可以是**文化性**的。人不得不克服两种分离即神经症的和文化性的分离所造成的焦虑,这是人类生活情景中自然而然的事情。

上瘾是生化性质的；上瘾固然有神经症的成分，但外表看显然是生理性的。然而，这并不意味着，它们和其他形式的界线模糊现象相比就不大严重，就不那么难以对付。

还有一种边界模糊的形象使感官不能正常发挥作用，其中存在着感知异常。有一类**感知**异常与能伸能缩的人体感知界限有关，其结果是，实际感知（感知，而不是认知）到的自我（self）能占据整个的房间。这种感知扭曲可能给精神施加难以承受的压力，正如听觉扭曲（如听见人说话的幻听）给精神施加的压力难以承受一样。两位迥然有别的精神病学家，汉弗莱·奥斯蒙德[4]和哈罗德·塞尔斯[5]对了解所谓精神分裂症这种复杂、界定不明、认识不清的精神错乱，作出了很大的贡献，他们认为精神分裂症是变异感知的一种功能。

在一种全然不同的语境下所进行的最近一次的研究证明，精神分裂症的诊断没有普遍被人接受的有效标准，对患者和正常人的区分是人为的，很少顾及现实世界的情况。我指的是戴维·罗森汉对美国各地的精神病院进行的为期三年的研究[6]，调查情况已如前述。读者大概记得，罗森汉与同事到精神病院简单陈述说自己听见说话声——模模糊糊地听见有人说"空""哐""号"之类的声音——仅此而已。他们陈述的病史是他们本人真实的病史，然而，在几乎没有任何证据的情况下，他们无一例外地被诊断为精神病（精神分裂症）。在这一事例中，精神病院的医务人员难以提出**确有根据**的界线，用来区分精神病人和正常人的能力，但这些界线至多不过是模糊不清的。

感知异常未必就是精神病，其性质还可能是情景性的，在高度紧张、兴奋或药物影响的情况下尤其如此。在另一本书[7]里，理查德·休斯出色地描写了一位正常人在紧张状态下的感觉，他的感觉和精神分裂症病人的身体边界不明的感觉是一样的。

奥古斯特从潮湿的沼地里回来，刚走进藏枪室。他的油布雨衣沾满露珠，肩头上扛着一具儿童的尸体。他扫视温暖、友善的屋子的四壁,室内充满着他对往昔的人和事的回忆。

接着,他的目光移向屋角。他收藏的鱼竿靠在屋角。结实的竿柄插在一只裂口的明朝瓷瓶里,像是插在箭囊中的箭杆;可是他此刻感到,鱼竿颤动的末梢仿佛是触须——他的触须。鱼竿上方是镶在墙上的蜡制的水獭面具,水獭正在望着他笑,墙上的灰泥已在剥落。圆形的炭炉上,茶炊永不停息地冒着一缕蒸汽,蒸汽正在竭力邀请壁橱上搁着的茶壶——还有面包、刀子和果酱瓶。简言之,他收藏的枪支和鱼竿,甚至家具、茶炉和面包,都突然变成了"他"活生生的触角。仿佛他和他的藏枪室成了浑然一体的血肉之躯。仿佛一时之间,**"他"不再完全禁锢在自己的皮肤里:他膨胀开来,四堵墙壁成了他最外表的封套。只有在墙壁之外,敌对的、异己的"世界"才开始它的疆界。**(黑体系引者所加)

感知扭曲就是不能将身体的"封套"从周围环境中分离开来,或不能将身体的"封套"与外来刺激(幻听及幻视)分离开来,感知扭曲肯定是文化性质的。平原印第安人要产生幻视以后,才能成为武士或巫医。文化始终决定着一事物与他事物的分界线。这些界线是武断的;然而一旦学到手,一旦内化以后,它们就被当作是实在的东西。在西方,正常的性关系和强奸之间有一道清楚的分界线;在阿拉伯世界,由于种种原因,区分这两种事情要困难得多。语言提供另一种例子。美国北部的中产阶级区分"pen"里的"e"和"pin"里的"i"。在东海岸南部,这两个音却合而为一。所以听人说"请把笔递给我"时,听者会问:"你说的是写字的'pen'还是疼痛的'pain'?"黑人英语的句法等特征和白人英语不同。差别之一是,黑人能识别或区别一些话语(discourse),而白人却不行。黑人能把有"言外之意"的话语和无"言外之意"的话语区别开来。所谓"言外之意"是,说话者向听话者间接地或用类比的方式传递讯息,与表面内容不同的讯息。黑人(融入主流文化的中上层黑人除外)用"rap""sound""play the dozens""wool" "mark""loudtalk""shuck""jive"等方式来表达"言外之意"。[8]白人也会表达"言外之意",但不会用专门的字眼来形容这样的说话方式。而且,别人诘问时,他们往往会否认,他们说的话有两种甚至更多的含意。晚近对新墨西哥州北部的西班牙裔社区的研究显示,精神健全和精神病患的界线,完全不像在"盎格鲁"裔社区中那样清清楚楚。在"盎格鲁"裔的社区中,精神健全被认为是人的一种品格,或多或少独立于情景之外的品格。西班牙裔的新墨西哥人往往把行为看成是情景决定的。某"人"精神失常的观点,完全是与其文化格格不入的思想。他们的观点是,此人处在某种情况下时行为古怪或脾气暴烈。所以,他们让这个人不接触对他不利的环境,或让他脱离这样的环境;他们拒绝接受他精神不健全的观点。

西方还有人以肤色和民族背景来给人画线。不过,欧洲人更趋于以社会阶级来画线。此外,在西方世界,在更深层的意义上,我们在个人的周围画上了一个圆圈,说这是我们基本的实体,认为整个圆圈是一切社会关系和社会制度的积木块。"人们"互相竞争,教堂互相角逐,以争夺对教徒灵魂的控制。上述各点无一适用于普韦布洛印第安人,因为他们把类似血统的观念当作可行的群体单位。脱离群体的普韦布洛人,都不具有独立于群体或区别于群体的意义。普韦布洛人的这种观念,一般的欧洲人即使并非不能理解,至少是难以理解的,因为欧洲人缺少在这种群体中成长的经验。因而对普韦布洛人而言,竞争的思想是令人厌恶、无法接受的。结果,白人学校里的一切事情都具有破坏性,都威胁着他的存在的核心。他觉得,人与人的竞争仿佛是他心灵各部分之间的竞争。竞争发生时,普韦布洛人只会感到痛苦。普韦布洛人撒下了一张比欧洲人更大的网。因此,随意把他与周围环境分离开,近乎摧残他,而白人反反复复竭力所干的正是这样的事情,不管白人是否知道自己在干什么。

既定疆界中所包括的东西,必然是由文化决定的,因而完全是任意的。我们西方人把一张皮肤里包裹的、受一副骨骼和肌肉支撑的许多个不同的存在当作是一个整体,把它叫作一个人。这就引入了我要说的另一点意思,这与人的一部分心灵的活动方式有关,这种方式与一般人关于心灵和人体的界线的信仰,是全然相左的。换言之,当前的通俗信仰给我们提供的关于人格界线的图景,与事实是有出入的。因为它不符合事实,所以它给人造成了不小的麻烦。

我在下面所描写的过程,和心理分析学家们所谓的"认同作用"(identification)有关[9],但它并不完全等同于心理分析学家所谓的认同。我将描写的过程,在超越文化过程中是一个关键的概念。

目前,精神病学家之中围绕认同作用的运转及其实质的问题,存在着很多分歧。我的研讨将局限于我本人的发现,这些东西在我的心理分析中有效,在我的朋友进行的心理分析中也有效。在我的研讨过程中,认同作用将取两种形式:个人精神动力的形式,即或多或少个人独特的或典型的东西;文化的一种表现形式(也许是文化的一种主要表现形式)。

我这样划分认同作用的两种形式,是生我养我的世界的一种功能;正如一切的分类系统一样,这样的画线也完全是任意的。有一些文化中根本不存在这样的分别,有一些文化中必然要划出一些更多的界线。认同作用这一课题还可以用来阐明个人出于任何原因不适当地自我定位所产生的问题。因为他在日常交往中,他所做的划分和定位与实际的情况不一致。

本章一开头,我谈到"切断与父母的裙带关系",暗示青少年有必要培养独立于父母的个性特征。换言之,我是从儿童(我用的"儿童"是类别意义上的儿童,不是生长意义上的儿童)的观点来看分离过程的。西方流行的精神病学理论和精神病学家的专业实践,使我们的注意力集中到人生的早期关系上。事实上,我们常常把早期关系当作确定人生后期基本模式的东西,常常花费大量的时间和金钱去寻找我们每个人少儿时代与父母兄弟姐妹的关系。这一切努力固然有一定的好处。然而,我们童年时代遇到的东西已经发生了,我们没有办法去改变我们的双亲,也无从改变双亲给我们的待遇。这就使我们有必要谈谈心理不适的另一个源头,这种心理不适日益常见,因为它在我们这个时代是更加严重了。

弗洛伊德指向过去的"童心"(child in the man)综合征,与其相对,我们最近认识到一个对成人精神健全至关重要的领域;我们发现,中年父母的心理紧张、不适和悲痛是与即将成年的子女之间的关系引起的。20世纪60年代,我们读到许多议论"代沟"的著作。[10]然而,我们很少看到充分的、富有洞见的描写,说明父母为何因子女的行为而感到不安。这个问题的答案要到个体认同和文化认同的存在和中断之中去寻找。

在考察代沟造成的问题之前,让我们进一步界定认同作用。认同有多种意义,从确定身份的证件开始,到诸如此类的话:"琼斯与公司的**关系相当密切**","观众与扮演哈姆雷特的演员**产生共鸣**"(黑体系引者所加)。学生下意识地把自己对父母的情感迁移到老师的身上,他们的行为可能像子女对父母的行为。一本词典在界定心理分析关于认同的见解时,称之为"一个人用适于另一个人的情感或反应所做出的移情反应……"[11]

上述界说都不能完全表达我的思想。我考虑的是父母对子女的关系(个体认同),个体在跨文化交流中的相互影响;也许,梅兰妮·克莱因①[12]的投射认同(projection identification)最接近我的思想。因此,有必要进一步精确地界定"认同"一词,使之包括人们认识并驾驭自我的部分情感或由自我"分裂"(dissociated)出的情感。"分裂"(沙利文)[13]所指的,是童年时代对我们举足轻重的人物由于这样那样的原因不赞同的那些行为模式、冲动、驱动力和精神动力。

---

① 梅兰妮·克莱因(Melanie Klein,1882—1960),奥地利精神分析学家、儿童精神分析研究的先驱,提出了许多具有深远意义的见解。

因此，由于各种各样的原因，儿童可能怨恨弟弟妹妹，并因而欺负他们。母亲和其他成人看到以大欺小的行为，总要加以严厉的惩罚，使其感到内疚和羞愧；然而，惩罚和羞愧并未对隐藏的欺负需求产生影响，这一需求原封不动，并未改变。沙利文认为，结果是欺负行为继续存在（因为对欺负的需求依然存在）；不过，它从自我中分裂出来，以便让自尊心也维持下来。机会一到，他仍然要欺负人，但是这种欺负行为密封在意识之外。因此，分裂行为具有一种"非我"（not me）的品格。在其他文化和环境中，处理这一分裂过程的方式，是把行为解释为处在自我（self）之外的力量、人格或影响造成的结果。一个人在分裂冲动的支配之下行动时，**除了**他本人之外，人人都感觉到了正在发生的事情。在某些关系中，吝啬自私的人可能会自认为慷慨大方。同样，难以接近他人的人可能会用虚假的友好和外露的快活来补偿自己的不足（这是一种常见的文化特质，是许多美国人的特征，是普天之下公认的现象）。再举一例予以说明。有人觉得自己应该小心谨慎，爱护东西，因为小时候父母反复叮嘱他们应该这样做；这种人常常表面上显得整洁干净，暗地里却相当邋遢懒散；然而他们却不会这样看待自己，因为他们的邋遢懒散已经从意识中分裂出去。

受到上述分裂或其他分裂困扰的父母看见自己的孩子（通常是性别相同的孩子）受到的困扰与自己分裂或遭遇的困难一样时，父母就可能焦虑、生气，就可能对孩子提出不必要的苛求。不知不觉间，父母会把孩子当成是自己来对待（在分裂人格的领域，人们对自己**的确是**非常苛求的，因为他们自己在代替父母行使管束职能）。父母不仅把孩子当作自己，而且下意识地把孩子纳入自己的心理封套，结果孩子成了他们自我的延伸，包括延伸所隐含的一切意义，包括第十二章所描写的延伸迁移过程。这一过程使人想起自己小时候想吸奶又找不到母亲乳房时的反应；这种反应发生时，宇宙和自我是浑然一体的。

一旦知道与子女的认同是困难、不适和痛苦的根源,父母就可以采取新的方针,就可以用感情移入的办法,设身处地地为苦苦挣扎的孩子着想,同时放手让孩子去自然而然地成长。关键在于,父母要承认,他们自己的困难不在于和子女的关系,而在于自己那一部分分裂的自我,他们的困难可以追溯到自己的认同过程中去。据此,就容易看清,为何父母和子女之间会有麻烦,为何子女在不知不觉间会深为不满;他们正在努力确立自己的独立人格时,不得不承受父母认同过程的巨大压力。确立自己的独立人格,即使在切断与父母的裙带关系的文化中,也是一个困难的任务。

我们研讨之中的认同过程饶有趣味的地方在于,这种现象并不局限在自己的子女身上,而且还投射到任何遭遇困难的随从、朋友或同事身上。我们为此而感到沮丧,部分原因可以追溯到对自己的怒气之上,我们因为不能对付自己人格中的分裂部分而怨恨自己;同时,我们的沮丧情绪还可以归因于我们所吃的败仗,因为我们被剥夺了机会去体验自我里至关重要的一部分。

感到力不从心的另一根源,可以归结于人们不能推动某样东西时自然而然的情感(需要推动的东西包括从机械玩意、汽车、社会关系、电脑到邮局和电话局里官僚主义之类的东西)。无论你做什么,无论你怎么努力,某样东西不能产生预期的效果时,总会使人感到烦恼。我们美国社会中的少数民族气恼的根源,不仅是在于他们受到不好的待遇——事实常常是如此,而且还在于他们似乎不能推动美国的社会制度。正如与儿子的问题产生了认同的父亲一样,他们不知道揿动系统中的哪些按钮,也不知道这些按钮如何工作。

迄今为止,我说的是被分裂了的消极特质。然而,积极的特质,诸如喜爱、热情、同情和创造性,也可能被分裂。我曾经遇见一位母亲,她因为子女身上成功的迹象而感到不安,并表现出忌妒的心理——事实上,她对任何亲友同事的成就都忌妒。别人的成功是罪过,因为这削弱了她的价值。这样的子女在美国富有竞争性的文化里奋斗之艰难,是不难想象的。他们内化了母亲品格的一些方面,他们不得不对付的问题,是自己为成功出现的分离,是难以与成功的人相处。

现在我们从个人的基础上前进一步,说一说群体认同的问题。乍一看似乎矛盾的是,此地描写的认同过程,是把文化结为一体的最强有力的黏合剂之一。它类似于把原子核纽结成一个整体的内聚力。

从上述一切自然可以作出一个推论:文化的重要部分安稳地深藏在显性知觉的水平之下。比如,人们为何坚持要别人去顺应群体的习俗呢?别人不这样做时,人们为何会很不舒服、非常焦虑呢?在此涌入我脑际的一个形象,是母亲用汤匙喂养婴儿时投入巨大心理能量和注意力的形象。请你观察母亲喂养婴儿的情景。母亲育儿的模式有好几种。在我现在想到的一种模式中,母亲张开嘴巴做她想要孩子做的各种动作。在这个情况下,她可能察觉不到自己想做的任何动作,然而这些动作本身并没有分离。这就是个体认同和文化认同的差别之一。然而,一般地说,无论哪一种类型的认同过程总是处在意识之外,总是无意识的。

我最近看到一位才智出众、涉世很深的妇女,她受到痛苦的煎熬;她的女儿也很有才华,可是女儿不遵守母亲认为是极为重要的礼节。我花了一段时间观察母女关系的行为模式,对母亲的痛苦深表同情;我冒险给这位朋友进言,我认为她和女儿遇到了认同的问题。我认为她们两人的人格在一定程度上纠缠在一起了。我建议她在自我周围划定一个新的边界,把她的女儿圈在外面,因为无论女儿一生做什么,只有她本人才能办到。

另有一例是涉及我本人的。有一个与我同龄的男子在人际关系中遇到了很大的困难,我发现自己深为烦恼,深受威胁。困难的根源是复杂的;一个方面至少与他自我形象的模糊有关。结果,为了维持自我的运转，只有当他能控制住别人时，他才感到舒服，因为他的自恋情感极为强烈。他不仅需要成为别人注意的中心，而且觉得自己必须告诉每一个人能做什么、不能做什么，甚至于日常的一切细节都要管。我没有设身处地为他的问题着想，而是发现自己像打了败仗似的焦虑不安，这使我吃惊和懊悔。我们的关系至少是一时无法逃避的。读者在此可能认为，此人应该受到怜悯，而不是受到唾弃，读者的想法是对的。但是，我的问题不在这位朋友身上，而是在我的情感上。我感到不舒服的根源，是不能在一般的意义上去打动他、影响他。我没有办法摆脱烦恼，直到我省悟到自己存在着认同问题，意识到自己不舒服的根源不是在他的身上，而是在我自己身上；于是，我们的关系有所改善。我的失败在于没能划分自己与他的界线，我把他当成了自己身上桀骜不驯、令人讨厌的一部分。

认同综合征（identification syndrome）的悖论是，不解决这个问题，就不可能有友谊，就不可能有爱，而是只有恨。除非我们能让别人自己行事，也让自己放手行事，否则就不可能真正地爱另一个人；神经症的爱和依赖性的爱大概是有的，但这样的爱不是真正的爱，真正的爱只能在自我中产生出来。

这里讨论的一些过程比人们的想象常见得多，因为使一些行为处于意识之外的功能，同时又使另一些东西深藏不露，并使之免于变化，使之处于理性鞭长莫及之处。所以，凡是处于意识之外的行为在人的身上都是长期不变的。

许多人的文化适应能力很强，他们能按照各种各样群体的隐形规则发挥作用，正是这些隐形规则构成了人们的生活要素。在文化适应力强的人身上，我们可以发现对别人认同需求的高度敏感性和回应力。这些人是极易相处的人，他们不会在生活的池塘里掀起涟漪，他们能与任何群体的隐形文化和谐相处。

这使我们进入文化之间和民族之间接触的课题。从理论上说，不同文化背景的人相遇时不应该有问题。事情开始时,常常是这样的情况,双方不仅抱定友好和善的态度,而且具有理智的认识:每一方都有不同的信仰、习俗、礼节、价值等等。然而,当人们不得不共事时,哪怕是在非常表面的基础上共事时,麻烦就来了。常常有这样的情况,即使在多年的亲密交往后,谁也不能使对方的系统有效地工作!我和其他学者观察到的困难如此之持久,如此之难以改变,以致只能从心理学的角度去进行解释:人们处在文化认同的钳制之中。不知不觉间,他们觉得对方是自己身上难以驾驭和预料的那一部分。多年以前,我在伊朗看到过这样的现象。那时在伊朗,欺负人是交往中被广为接受、常常使用的方式,人们常常欺负不属自己管辖的人,欺负比自己弱小、没有权势的人。无论你怎么解释,美国人都不能使他们相信,伊朗人欺负弱小者的行为并非恶劣之举;无论你怎么解释都不能驱散他们不舒服的感觉。我还观察过在日本做生意的美国人,观察过在他们身上起作用的认同过程。他们对日本人的成功和美国人的失败置之不理,硬要告诉日本人如何照美国人的方式做生意。

在美国,我们遇到了民族间认同作用的另一种形式。这里的民族已相处一段时间,在许多情况下已相处了几代人。他们不再抱有匆匆过客所看见的善意(倏忽即逝、转瞬消散的善意)。相反,他们在感情上相互介入,就像家庭里的代沟引起的情绪介入一样。同样,对这类情感和行为的唯一解释是,各方在交往中都出现了重要的认同。让别人自然行事,不要自己去付出可怕的代价——这样的人实在是太少见了。各个方面都有了一些零零落落的进展,然而,我们还是很难听到有人说:"我和他相处的麻烦,责任在我身上。"

也许,文化中最重要的心理要素是认同作用(identification),认同是文化与人格的桥梁。变迁缓慢时,认同的效用很好。然而,在变革迅猛的时代,认同作用会造成极大的破坏,我们目前经历的就是这种迅猛变革的时代。毫无疑问,对于文化之间的相互理解,对于世界各国人民的有效交往,认同是一个主要的障碍。现在,人类必须踏上超越文化的艰难历程,因为世间最伟大的分离业绩(separation feat),是人逐渐摆脱无意识文化对自己的钳制。

# 注释

## 导　论

1. 我不是说,没有才华卓著者在这个研究领域里开了好头。我所探讨的难以沟通的障碍,深深地嵌入了非常发达、极其复杂的文化之中。

2. Hardin,1968.

3. 该文论述的主题后来经过拓展,写成了一本书,题为《探索新的生存伦理——论"猎犬号"太空船的航天探索》(*Exploring New Ethics for Survival: The Voyage of the Spaceship "Beagle"*,1972)。

4. De Grazia,1962.

5. 我所谓的控制情境、驾驭局势,并非指权力控制而言。我只是说,要控制一切或多半的交流系统(包括言语交际系统和非言语交际系统),以便使个体的存在为人所知,以便使之成为生活方程中的一个因数。

6. Ken Kesey, 1962.

## 第一章　文化之悖论

1. Fromm,1951.

2. 无论从哪一点出发使用符号,符号都难免既有共享成分,也有个人色彩。任何两个人都不可能以完全相同的方式使用同一语词,符号越抽象,其个人色彩就可能越强。

3. *New York Times*, February 20, 1970. 罗福尔巴岛在牙买加湾, 在肯尼迪国际机场西南 5 英里处。

4. 据称这是美国防止虐待动物协会的代表的允诺。《纽约时报》1970 年 2 月 23 日的报道描绘捕捉狗的情况,重复了为其寻找"幸福家庭"的言论。

5. 注意通过"纽约最优秀警察"之嘴报道的比喻意义, 这不是一般报道的风格。我敢肯定, 记者并没有想到比喻的深层含意, 无意之间, 这个比喻把警察的情感与那只狗的处境联系起来了。

6. *New York Times*, April 23, 1970. 由于公众的压力和气愤, 国家公园管理局不得不改变政策;本书撰写期间, 该局实际上开始发起放风筝比赛了。

7. Laing, *The Politics of Experience*, 1967.

弗洛姆(1959)也说, "……精神病的黑暗时期终于走到尽头了。"世界疯狂的观点不限于精神病学家和心理分析学家。建筑批评家阿达·路易斯·赫克斯塔伯(Ada Louise Huxtable)在《纽约时报》撰文(1970 年 3 月 15 日)称"……一个接一个**讲究实用**的决策把我们推向宇宙灾难的边缘, 我们在污染和混乱中坐在灾难的边缘, 迎接地球的末日。你究竟要实用到什么地步?"(黑体系引者所加)。

8. 诸如此类的疯狂之举还有越南战争、尼克松总统的水门事件、消耗巨资去搞宇航和超音速飞行(每运载一位乘客就使两千人不能安眠), 而不是去搞市政建设和修建住宅等等, 这些都是失去理智的行为。这些疯癫登峰造极, 使人头脑混乱, 使人看不清自己受到的严重伤害。那只狗的困境象征人使自己疯狂的驱动力, 这个小规模的疯癫故事是人可以理解的。

9. 加尔布雷斯(Galbraith)认为, 新经济也反映了这样的观点:决定国家经济状况的不是消费者, 而是企业和政府的功利主义。(1967)(1973)

10. 我这句话并不意味着, "线性"和"综合"就等于"非理性"和"理性"。序列性或线性展开的言论适合解决某些问题, 而综合的思维和表述过程更适合解决其他问题。所谓"非理性"是张冠李戴, 将一种模式误用到需要另一种模式的地方, 就像用赛车拉犁头或把拖拉机当作赛车用一样。两种非理性之举你都可以做, 但那没有意义。

11. McLuhan, 1960, 1962.

在讲演和著作里, 巴克敏斯特·富勒和马歇尔·麦克卢汉都区分这两种不同的思维方式。麦克卢汉区分线性和非线性思维;巴克敏斯特区分综合与非综合思维。他们两人普及了这种区分;其他不那么出名、威望稍次的学者也作这样的区分。不久前,贝里尔·克劳(Beryl L. Crowe)在《科学》(*Science*)上撰文(1969年11月28日),他得出的结论与我类似:解决我们一些最基本问题的答案**寓于我们的思维方式中**。关于政府预算案的综合研究,克劳还引用亚伦·怀尔达维斯基(Wildavsky,1964)这样一段话:"……其计算方法是序列的和累积性的,而不是综合性的。"(黑体系引者所加)(Crowe,1969)

12. Sapir,1931.

13. Kluckhohn and Leighton,1946.

14. Hall,1959.

15. 多元时间是非线性时间。许多事情同时发生。有些工作和职业偏向于多元时间而不是一元时间。有些文化整体上是多元时间文化,例子有中东文化和拉丁美洲文化。(Hall,1959)

16. 无论在什么层次上,凡是研究美国人安排事情轻重缓急的人,只需注意时间多少的分配。我们所说的重要事情,有些并不如表面上看那样重要,父亲与孩子在一起的时间就不是那么重要。再者,事情安排的数量与时间的关系是线性的、序列性的、固定的。除非减少分配给每件事的时间,否则你就无法增加日程内事情的数量;这是因为每一件事都是一个互动的过程,都有着手或热身的阶段,也有消减或结束的阶段。当生产时间(从准备到结束的时间)降到零,无事进行之中时,理论上的时间点就结束了。为了绕开多元时间的束缚,行政人员不得不把责任分派给其他人,但其他人也受多元时间的钳制。这就迫使多元时间者增加科层,不仅如此,这也为科层的规模设定了极限。

17. 有些神经质的人,或出于其他原因的人讨厌日程安排,他们徒然浪费生命。对我们而言,最重要的事情之一就是学会如何使用时间。

18. Hall,1966a.

## 第二章 作为延伸的人

1. Gilliard,1962,1963.

2. Gilliard,个人通信,1963.

3. 关于这些微小生物演化的知识,大多数是通过研究细菌和昆虫获得的;人用毒杀的办法控制这些生物,而它们却能在适应中迅速演变。比如,苍蝇和蚊子在适应 DDT 的过程中产生了抗药性,它们能在几个季度的时间里演化出新的形式。

4. 马歇尔·麦克卢汉曾谈过内化和外化(他看见这些过程在人身上起的作用),但理解他意思的人寥寥可数,直到他用延伸的概念来阐述这个问题。在《谷登堡星汉》(*The Gutenberg Galaxy*, 1962)里,他借用了我的延伸概念。

5. Joyce, 1959.

6. Korzybski, 1948.

Johnson, 1946.

7. La Barre, 1954.

8. Luria, 1966.

9. Luria, 1972.

10. Whorf, 1956.

11. Sapir, 1921, 1931, 1949.

12. Hoffmann and Dukas, 1972.

13. Labov et al. 1968.

14. Scribner and Cole, 1973.

15. Hardin, 1972.

16. Martin, 1972.

17. Andreski, 1973.

18. Fuller, 1969.

19. Toffler, 1970.

20. McHale, 1972.

21. Scribner and Cole, 1973.

22. Holt, 1969.

23. Kozol, 1967.

24. Illich, 1970a, 1970b.

25. Chomsky, 1968.

26. Hall, 1959.

27. Hoffman and Dukas, 1972.

28. 就我所知,迄今无人描绘过任何一种文化系统在延伸过程中被漏掉的成分。

29. Weiner,1954.

30. 陶斯印第安人凭直觉意识到这一点。多年来,他们不允许自来水和电流进入自己的村子。

## 第三章 文化的一致性与生活

1. 关于文化即是交流这一主题,如果需要更完备的了解,请见我的著作《无声的语言》(*The Silent Language*)(1959)。

2. 我终身研究跨文化交流中微妙的要素,因而确信,习惯性行为的韧性之强大,真令人难以置信。它们与人的自我紧紧相连,与善的自我、有社会责任心的自我联系在一起,这样的自我想要言行正确、合乎社会规范。这些习惯性行为与社会能力画上了等号。然而,到了跨文化交流的情景中,当他人提醒我们注意这些隐蔽的回应和感知的差异,并且说,世界并非我们感知到的那种样子时,他们的言论常常会使我们感到不安。其言论似乎含有这样的意思:某人不太能干,动力不足,孤陋寡闻,甚至幼稚。一听人说模式,一听说有诸如此类的东西,有人就觉得个性受到威胁。于是,心灵深处陈旧的部分就被调动起来,这些成分是成长过程中活跃的部分,是内化了的父母权威和昔日生活权威的成分。为了抗衡这些昔日力量的影响,你必须要提醒自己,你对他人的看法主要是自己人格的投射,包括你心理需要的投射,你把这些需要当作先天固有的属性了。比如,美国人喜欢自由,不喜欢制度的羁绊,所以觉得许多日本人的行为不可思议:他们主动把自己深深埋藏在企业和政府的科层制度之中,终生不渝。"谁能够心甘情愿地臣服于这种父权制似的生活呢?"

3. Powers,1973.

4. 见《无声的语言》(*The Silent Language*)第一章、第九章。

## 第四章 隐蔽的文化

1. Dore,1973 & Robert Cole,1973.

2. 敬语是缀于词尾的语素,向对方表明,说话者意识到对方的地位较高。

3. Morsbach,1973.

## 第五章　节律与人体动作

1. Bronowski,1974.

2. "同步运动"(syncing)是20世纪中叶的新术语。从词源上看,它起源于"同步状态"(synchrony),但后来获得了特殊的意义,其技术意义扎根于电影的摄制。《电影剪辑手册》(Churchill, *Film Editing Handbook*)用了"sync""sync'd"等形式。人们常说:"同步与否"(to be in or out of sync)。

3. Condon,1974;Condon and Ogston,1967;Condon and Sander,1973,1974.

4. 研究结果尚未确定,"人体同步器"是否是中枢神经系统里的生理中枢,我们也不知道,它们受制于内部控制机制或外部控制机制,它们"和言语的……发声结构同形。"(Condon and Sander,1974)

5. Condon,1974;Condon and Ogston,1967;Condon and Sander,1973,1974.

6. Birdwhistell,1970.

7. 封闭的舞谱按计划展开,犹如载人登月飞行的计划。开放舞谱的展开,犹如优美的爵士乐。(Halprin,1969)

8. Condon and Sander,1974.

9. Ibid.

10. Ibid.

11. 空间关系(proxemics)研究指的是人对空间的利用,这是文化的一个方面,包括交谈者的身体距离、室内空间的安排和利用、城市规划的布局等。参见我的《隐藏的一维》(*The Hidden Dimension*,1966)。

12. 一份尚未发表、研究人体运动的研究报告最近披露,盎格鲁裔美国人和西班牙裔美国人的步态差别很大。在西班牙裔美国人的眼里,盎格鲁裔美国人走路时身躯挺拔,像权势人物,除非他是在信步溜达。相反,西班牙裔男人像是在大摇大摆、昂首阔步,而不是在目标明确地走路。

13. Ekman and Friesen,1969.

14. Eibl-Eibesfeldt,1972.

15. Ekman and Friesen,1969.

16. 与保罗·博汉南(Paul Bohannan)教授的通信。

17.《隐藏的一维》(*The Hidden Dimension*)第七章"作为感知线索的艺术"。

18. Nierenberg and Calero, 1969.

19. 关于北美黑人文化的研究文献很丰富。有马尔科姆 X(Malcolm X, 1965)和克劳德·布朗(Claude Brown, 1965)内容丰富、问题敏感的传记;有偏重社会学研究的著作如利堡(Liebow)的《筹码之角》(*Tally's Corner*);有赫斯科维茨夫妇(Herskovits, M. J. and Herskovits)的经典人类学研究(1936, 1947);还有拉波夫(Labov, 1966)和拉波夫等人(1968)细腻而详尽的语言学研究;以及米切尔—柯南(Mitchell-Kernan, 1972)、斯图尔特(Stewart, 1965, 1967)等人的著作,难以悉数列举。

20. Worth and Adair, 1972.

## 第六章 语境与意义

1.《隐藏的一维》(*The Hidden Dimension*)对这一文化属性的介绍更为详尽。

2. Meier, 1963.

3. 人还在自己的脑子里的有意识部分和无意识部分之间插入了一个选择性屏障。见 Sullivan, 1947 & Freud, 1933。

4. Whorf, 1956.

5. Polanyi, 1968.

6. Sullivan, 1947.

7. 语言学家诺姆·乔姆斯基(Noam Chomsky)及其追随者试图在剔除语境的情况下去研究语言的语境特征,他们研究所谓的"深层结构"(deep structure)。其结果有趣,但回避了交流过程中的主要问题,甚至过分强调抽象的观念,并伤害了实际应用的语言情况。

8. 如欲更好地了解汉语,参见 William S.-Y. Wang, 1973。

9. Bernstein, 1964.

10. Eisley, 1964.

11. 我不完全同意艾斯利对全人类情况笼而统之的概括,因为积极行为主义和其他一切现象一样,必须要放到环境中去考察。我们看到,低语境文化似乎比高语境文化更容易受到狂暴骚乱的伤害。

12. 索尔·贝娄(Saul Bellow)论文学在变革时代作用的文章《机器与故事

书》(*Machines and Story Books*)(1974),和这个主题也有关系。他认为,一段时间以来,西方有些先锋知识分子有意识地抹杀历史。"卡尔·马克思觉得,历代先民的传统像噩梦一样压在今人心上。尼采动情地说,'那是明日黄花'。乔伊斯·史蒂芬·戴达鲁斯(Joyce Stephen Dedalus)也把历史界定为'我们正试图惊醒过来的噩梦'。"然而贝娄指出,这里有一个必须解决的悖论:这是因为,如果抹杀历史,那就是摧毁自己在历史进程里的作用。但有一点相当肯定,这些人试图重新界定语境,以便减轻语境对人的行为的影响。我们将会看到,摒弃历史将造成社会中令人难以置信的动荡。

13. Birren,1961.

14. 如欲详细了解这一系列有趣的试验,参见 Land,1959。

15. 上述区分完全是任意的,旨在行文和阅读的方便。自然界未必真有这样的划分。这种内外二分法常受到诘难,不仅步杜威后尘的感知互动论者对其发难(Kilpatrick,1961),我在许多著作中也多次提出批评。在脑子里,经验(文化)作用于大脑的结构而产生心理。脑子如何受经验作用无关紧要,重要的是,这种修正确实发生了,而且显然是连续不断的。

16. Buder,1967.

17. 关于人与建筑的空间关系,以及有关文献,详见 Hall,*The Hidden Dimension*,1966a。

18. Barker,1968;Barker and Schoggen,1973.

19. 有兴趣的读者将发现,直接参阅巴克尔的书是值得的。

20. Kilpatrick,1961.

21. Hall,*The Hidden Dimension*,1966a.

22. Toffler,1970.

23. McLuhan,1964.

## 第七章 高语境与低语境

1. Boorstin,1973.

2. 有些英国人类学家挑选社会组织来观察,将其余一切都排除在外。

3. Slovenko,1967.

4. Ibid.

5. McCormick, 1954.

6. 尼克松总统水门事件的"概要"不能被接受，原因就在这里。为了对任何言论作出判断，法官斯里加（Sirica）需要掌握整个语境。美国陪审团偶尔也认识到需要了解整个背景，以便进行判断。

7. 偶尔，富豪和位高权重的人比如前副总统阿格纽（Agnew）会讨价还价，以各种借口逃避监禁。在有些情况下，当事人被认为无行为能力出庭；当然，由于这是在庭审之前，所以和我们的讨论无关；我们讨论的是不同文化里庭审的差异。

8. 这并不是说，当法国商人不能满足市场需求时，像莱维特（Levitt）这样的美国建筑商也没有机会进入并占领法国市场，正如小型外国汽车能填补美国市场空缺一样。只有遭遇竞争时，了解市场、入乡随俗才成为开发市场的前提。

9. 如果注意观察，旅居日本的美国人就会觉得，日本人和美国人有一些根本不同的地方。他常常觉得，日本文化既陌生，又构成威胁。这并不意味着，日本文化系统难以运转、运转不好；仅仅是说，西方人一般不懂日本文化，即使懂了也难以置信。

10. 我初次读《雪国》时，这一幕使我困惑。我不得不让作者给我提供语境。如果脱离语境，这一幕就毫无意义。放到日本文化的语境里看，作者描绘的场景则构成不可思议的冲击力，因为日本文化压抑情感的公开表达。

11. Keene, 1968.

12. La Barre, 1954.

13. La Barre, 1962.

# 第八章　语境为何重要？

1. Richard Warren and Roslyn Warren, 1970.

2. 对词的选择看来无关紧要，结果是一样的。

3. 对感兴趣的专业人士而言，沃伦夫妇的实验以及语境规则提出的另一种解释有别于贝特森（Bateson）的假说（1956）。贝特森认为，讯息本身就含有特殊的信息，暗示其中的缺失。在这里，内化语境机制（internal contexting）被用来说明冗余的概念（Hockett, 1966; Shannon, 1951; Osgood, 1966）；贝特森的假说与互动论的路径更加接近。实际上，康顿（1974）对同步性的研究似乎驳斥了人类信息加工的冗余原理。看来,冗余的概念是人为的假设,被用来替代自然系统里的语境机制了。换言之,如果没有语境,那就需要冗余。如果有语境,整个系统就协调运行,维持不同层次信息传播的同步性平衡。香农(Shannon)指出,英语印刷品有50%的冗余,也许,我们可以对这一形象作这样的解释:我们应对的印刷词语是第二代的延伸,而且,它又置身于低语境程度相当高的文化环境中。如果能够查明,这样高的冗余度是否适用于高语境延伸的书面汉语,那将是很有趣的工作。

4. Johnston and McClelland,1974.

5. 如欲进一步了解模仿和保护色,参见 Portmann, *Animal Camouflage*,1959。

6. 麻省理工学院的团队有雷特温(Lettvin)、马图拉纳(Maturana)、麦卡洛克(McCulloch)和皮茨(Pitts)等人(1959)。

7. Gouras and Bishop,1972.

8. 在一张逼真的照片里,摄影师必然会增强语境的效果。

9. 在广袤的拉丁美洲,一切常见病都被分为"热病"和"寒病",医生借以决定给病人服什么药、吃什么饭,因为一切事物也分为"热性"和"寒性"。草药的分类既要根据药用价值,又要根据其在日常生活里的其他重要特征。

10. Raven, Berlin and Breedlove,1971.

11. Szent-Györgyi,1972.

12. Holden,1971.

13. 勒内·杜波斯(René Jules Dubos)1961年在纽约为文纳—格伦(Wenner-Gren)基金会作关于药物和人类学的报告。关于这条思路的进一步讨论,见Dubos,1965,1968。

14. 在动物实验中,你为挪威鼠这种聪明敏捷的生物创造了成套的实验情景后,还能做什么呢?

15. Skinner,1971.

16. Francis Hsu,与友人通信。

## 第九章 情景:文化的积木块

1. 错误的原因有好几种:(1)课题里的情景对话只适用于课堂,不符合街头或其他任何场合的情景。(2)发音常成为拦路虎,因为所有的语言里都还有未经分析的语音,这些语音没有被纳入教学内容。(3)语词必须用在恰当的上下文里[见"选择律"(selection law),Hall,1959]。有一次,我的姑姑在法国的格勒诺布尔市买运动衫(sweater),店员被搞得莫名其妙,因为她说的法语的意思是:要一个出汗的男人!(4)教儿童死记词汇和语法,并把两者结合起来,这种方法受到种种批评,最严厉的抨击是:脑子并不是这样工作的。在第二次世界大战中培训防空人员识别飞机时,也用了这样的方法。培训者分解机翼、机尾、机身的型号,让受训人学习识别敌机。实际上,受训人员发现,自己并不能迅速将部件组合成整机的形状。

2. 情景方言又称为"协调语言系统"(co-ordinate language systems),参见Osgood、Sebeok 和 Diebold 的文章(1965)。

3. 我最近去澳大利亚,得到一个极好的机会,再次体会到情景方言对圈外人的冲击。一次会议以后,我们准备找负责安排旅行的秘书,但她已经下班回家。我在电话簿里找不到她的名字,就问一位澳大利亚同事,他是否知道这位秘书的电话号码。他回答说:"She's not on the phone。"于是我说:"我不知道,你如何晓得她是否在用电话,但我还是需要她的电话号码。"他还是说:"She's not on the phone。"如此反复回答,直到我说:"坦率地说,我真不知道你在说什么。"他这才突然意识到问题所在:"对不起,我用了澳大利亚俚语。我的意思是,她没有电话。"

4. Drucker,1972.

5. Lorenz,1952.

6. 见《无声的语言》第三章"基本讯息系统",那一章对识别基本情景的标准作了更详细的阐述。

7. Rosenhan,1973.

## 第十章 行 为 链

1. Hall,1966a & Calhoun,1962.

2. Nikolaas Tinbergen,1947.

3. Sullivan,1947.

4. 近来,美国人时兴对植物说话。这是否有效,对植物说话的效果是否能与对其照料的效果区别开来,尚不为人所知。霍比人这一观念的重要意义在于,他们把自然界和人纳入同一范畴之中。

5. Castaneda, 1963, 1971, 1972.

6. Leyhausen, 1965, in Lorenz and Leyhausen, *Motivation of Human and Animal Behavior*, 1973.

7. 中东"怨恨模式"在日常生活里司空见惯。在此生活并熟悉这些模式的人无不小心翼翼,以免引起阿拉伯人怨恨。他们生气时,甚至会做出伤害自己的事。这是我(霍尔,1959)14年前的观察记录,是理解阿拉伯人心理的任何理论体系不可或缺的要素。美国人难以调和这样的行为模式与自己的实用主义。

见我(霍尔,1966a)在贝鲁特拍摄的一幅四层楼照片,这栋楼很单薄,比一堵墙厚不了多少,目的是堵住邻居的海景,表示对邻居的怨恨。为我提供文化信息的黎巴嫩人又举了另一个例子,有人在邻居的房子周围筑了高墙,表示怨恨,让房子里的人看不见墙外的世界!

8. Spitz, 1964.

9. 弗洛伊德曾经假设,性交中断是神经症的关键因素。他写这一假说时的语境很特殊,那个时代和现在截然不同。今天的人也患神经症,但唯一能看见性交中断的地方是黄色电影。无论他正确与否,他认识到行为链中断的严重后果。在一定意义上,一切性交本身都是行为链的典型例证;这一行为链中断使人沮丧,很少的成人没有沮丧的感觉。

10. May, 1972.

11. 详细的阐述参见本书第一章,亦请参见我的《无声的语言》。

12. 关于这种"求爱的仪式",沃伦·本尼斯(Warren G. Bennis)做了精彩的描述,见其文章"Searching for the 'Perfect' University President," *The Atlantic* (April 1971)。文章详细记述了遴选他担任西北大学校长的过程。

## 第十一章 隐性文化与行为链

1. Schlegloff, 1968.

2. Melville, 1961.

3. "暗示"用来指那种有预兆信息的行为链,向交往的双方或第三者显示,事态正在升级。

4. May, 1972.

5. 有些西班牙裔美国人不住在新墨西哥州,或已经盎格鲁化,他们不能辨认这样的文化模式。由于这两种文化日益接近,西裔美国人这一行为模式正在消亡之中。

6. Hall,1959.

7. 文化无意识在阿以争端中也存在。我认识的阿拉伯人直截了当地对我说:"一个犹太人可以打败二十个阿拉伯人。""六日战争"以后,我听见他们说:"我们不是在和犹太人打仗,我们是在和欧洲人作战!"我们必须要把这句话放进语境里去解读,因为犹太人千百年来生活在中东的乡村地区。阿拉伯人与这些土著的犹太人在一起生活,共同生活的经验成为他们理解犹太人的基础,他们期待土著犹太人有这样的洞见、理解和行为方式,希望犹太人理解他们的立场;但以色列人首先考虑的显然是另一回事。双方都不能实事求是地看待对方。至少,阿拉伯人发现自己对付的是欧洲文化,而不是中东文化。以色列人屡战屡胜,也有风险;阿拉伯人屡战屡败,每每有所感悟,每每有所改进。教训沉痛,但毕竟是教益。如果阿拉伯人和以色列人能够相互理解,那么这两个民族将从中获益,一无所失。

8. Boas,1911.

9. Bloomfield,1933.

10. Sapir,1949.

11. Hall,1959.

## 第十二章　表象与记忆

1. Lawick,1971.

2. Lorenz,1952,1955,1956.

3. 在研究其他生命形式这个领域,动物行为学家取代了昔日的博物学家。许多人对我们理解其他生命形式作出了重大的贡献,我想特别提及的是海迪格(Heini Hediger,1950,1955,1961)和廷伯根(Tinbergen,1952,1958)。他们的成果产生了广泛的影响。

4. Hoffmann and Dukas,1972.

5. Ibid.

6. 这又和延伸迁移有关。在评选建筑奖的过程中,我们看到延伸迁移在起作用。评审的根据是制图和透视图;有时建筑未完成就在参加评审了。评审组的回答是,评委不可能亲临现场去考察所有的建筑,他们只需要看二维平面图就可以进行评判。倘若审美效果是唯一的标准,评委们的观点也许有一定的道理吧。

7. Appleyard, Lynch and Myer, 1964.

8. 所有这些研究使我那些跨文化生活的体验更加真实。

9. Nabokov, 1958.

10. 注意纳博柯夫如何给自己的视觉记忆定位:脑子里的实验室和眼睑背后的黑暗屏幕。

11. Charrière, 1970.

12. Capote, 1965.

13. 这里所说的不公正不是美国印第安人和黑人遭遇到的那种不公正待遇,而是指特鲁克人互相强加的不公正待遇。

14. *Newsweek*, November 11, 1960, p.94.

15. Luria, 1869, 1972.

16. Stromeyer, 1970.

17. *Scientific American*, March 1970, p.62.

18. 这是一位朋友的报告,他曾经协助这位发明家,所以能观察到发明家的身体表象能力,并与他讨论。

19. 又见 Julesz, 1969。

20. Gordon, 1961.

21. 如果用在本源的意义上,英语单词"imagine"能表达创造性的表象能力和形象思维能力,但按照目前的用法,它并不能唤起恰当的形象。

## 第十三章 教育的文化基础与生物基础

1. 十大文化系统是:交往与物质,组合与防卫,工作与游戏,性别与学习,空间与时间(Hall, 1959)。

2. Hall, 1959.

3. Luria, 1966, 1970.

4. Pribram, 1969, 1971.

5. Pietsch,1972a,1972b.

6. MacLean,1965.

7. 在最近出版的一部评论集《今日心理学选读》(Readings in Psychology Today)(Julesz 1967)里,竟然没有一条索引是研究文化的。

8. 了解感觉如何向大脑传导及其构造心理的作用,在了解人类的链条中,始终是重要的,而且实际上是关键的环节。这是媒介/讯息、形式/内容问题,我们时常痛感这个问题之重要。前不久,库尔特·勒温(Kurt Lewin,1974)分别饲养两组猫,仔细控制实验条件;感知输入的结构受到严格的控制,一组猫只能感知到水平线,另一组猫只能感知到垂直线。但这些小猫离开实验室回到现实世界以后,它们在实验室养成的感知习惯烙印很深,保持不变。它们仍然生活在两种不同的感知世界里。换言之,一组猫看不见垂直线比如椅腿、窗框的左右两边、门框的左右两边;另一组猫看不见水平线比如天花板、地板、门窗水平过梁、窗台和门槛。这一实验在微观层次上验证了心理和文化的相互关系。

9. Skinner,1953.

10. MacLean,1965.

11. 埃瑟(Esser)称边缘系统为社会大脑(1971)。

12. Pietsch,1972a,1972b.

13. Pribram,1969,1971.

14. Lashley,1929.

15. Gabor,1972.

16. Pennington,1968.

17. 如欲详细了解普里布拉姆的研究成果,读者可参阅他的文章(Scientific American, 1969)和著作(Languages of the Brain, 1971)。

18. Pietsch,1972b.

19. Hall,1959.

20. 和记忆一样,遗忘在很大程度上受情景影响。

21. Luria,1968.

22. 应该承认,为了解决一些更加严重、未能解决的问题,教育工作者想了一些办法,我们看见所谓的"开放"课堂,也看见没有窗户的课堂。如果你是老师,如果你调整桌椅,孩子们能坐在地毯上,那会有助于他们的空间取向。不过,这不是我讨论的重点。我要说的是,多年来,所有的学习都千篇一律、一模一样。

23. Luria,1970.

24. Tiger,1969。又见 Antony Jay,1971 & Ardrey,1970,pp. 321—331 所做的普及工作。

25. 关于学校规模对教学效果的影响,见 Barker,1968。

26. Washburn,1973a.

27. Collier et al.,1974.

28. 在这一点上,我们并非独此一家。大多数文化中都充斥着这样的信念:自己的文化系统优于别人。在过去的时代里,这曾经是颇有价值、说得过去的信念之一,可是它的用处早已过时。

29. 性驱动力和学习驱动力的关系好比是肺脏和肝脏的关系。两者都是生存之必需,但功能不同。

30. 霍拉斯·曼崇奉组织,认为普鲁士军队是人类建立的、用以塑造人的最完美的组织。

31. Barker,1968.

32. Galbraith,1967.

33. Illich,1970a,1970b.

34. Holt,1964,1967,1969.

35. Herndon,1968.

36. Kozol,1967.

37. Hentoff,1966.

## 第十四章 作为非理性力量的文化

1. 亚里士多德的《推理法》(*Organon*)对逻辑作了系统的阐述。

2. Whorf,1956.

3. 纳瓦霍人的骏马显然是西班牙征服者的战马留在北美大陆上的唯一的后代。这些能征善战的小马是阿拉伯马和柏布马的混血,是专门为征服美洲选育的。这些马很适合纳瓦霍人的领地。在南美洲,纳瓦霍马的近亲是著名的草原牧马和马球赛的马。

4. 作为西方人，我想我能解释西方文化里的非理性。世界上的其他人在自己的文化中成长，他们必须要靠自己研究自己文化里的非理性。

5. Laing,1967.

6. Hall,1947.

7. 并非人类学家才有这样的错误倾向；和其他科学家一样，他们也受文化的局限。科学家总是认为，日常生活是一回事，学科理论和方法是另一回事，理论和方法与生活是不同的；很少人能摆脱这一窠臼。这是因为，科学是在学校和实验室里学到的。科学老师刻意把"科学"与日常生活对立起来；其中一些对立有根据，另一些则不然。这是因为课堂、实验室和一切科学产物都被打上了文化的烙印；连英国和美国的实验室都有许多微妙的差异。

## 第十五章  作为认同作用的文化

1. Sullivan,1947.

2. Hughes,1961b.

3. Bradbury,1969.

4. Osmond,1959.

5. Searles,1960.

6. *Science*,January 1973.

7. Hughes,1961a.

8. Mitchell-Kernan,1972.

9. Meisner,1970.

10. Mead,1970.

11. 该词典在此对弗洛伊德思想的界说失之过简，以致造成严重的曲解。在弗洛伊德看来，认同作用指的是，把他所谓的客体(人或其行为)内化，使之进入自我或自我的结构，使自我的结构改变。弗洛伊德在此着重的是内化这一术语。见 Meisner,1970。

12. Klein,1951.

13. Sullivan,1947.

# 文献

ADAIR, JOHN. See Worth.
ANDRESKI, STANISLAV. *Social Sciences as Sorcery*. New York: St. Martin's Press, Inc., 1973.
APPLEYARD, DONALD; LYNCH, KEVIN; and MYER, JOHN R. *The View from the Road*. Cambridge, Mass.: M.I.T. Press, 1964.
ARDREY, ROBERT. *Social Contract: A Personal Inquiry into the Evolutionary Sources of Order and Disorder*. New York: Atheneum Publishers, 1970.
AUDY, J. R. "Significance of the Ipsefact in Ecology, Ethology, Parasitology, Sociology, and Anthropology." In A. H. Esser (ed.). *Behavior and Environment: The Use of Space by Animals and Men*. Proc. of an internat. sympos. at 1968 Meeting of AAAS, at Dallas, Tex. New York and London: Plenum Press, Inc., 1971.
BARKER, ROGER G. *Ecological Psychology*. Stanford, Calif.: Stanford University Press, 1968.
———; and SCHOGGEN, PHIL. *Qualities of Community Life*. San Francisco: Jossey-Bass, Inc., Publishers, 1973.
BATESON, GREGORY. "The Message: This Is Play." In *Group Processes: Transactions of the Second Conference*. New York: Josiah Macy, Jr. Foundation Publications, 1956.
———; JACKSON, D. D.; HALEY, J.; and WEAKLAND, J. H. "Toward a Theory of Schizophrenia," *Behavioral Science*, Vol. 1, pp. 251–64, 1956.

BELLOW, SAUL. "Machines and Story Books," *Harper's Magazine*, Vol. 249, pp. 48–54, August 1974.
BENEDICT, RUTH. *Chrysanthemum and the Sword: Patterns of Japanese Culture.* Boston: Houghton Mifflin Company, 1946.
——. *Patterns of Culture.* Boston: Houghton Mifflin Company, 1934.
BENNIS, WARREN G. "Searching for the 'Perfect' University President," *The Atlantic*, Vol. 227, No. 4, April 1971.
BERLIN, BRENT. See Raven.
BERNSTEIN, BASIL. "Elaborated and Restricted Codes: Their Social Origins and Some Consequences." In John J. Gumperz and Dell Hymes (eds.). THE ETHNOGRAPHY OF COMMUNICATION, *American Anthropologist*, Vol. 66, No. 6, Part II, pp. 55–69, 1964.
BIRDWHISTELL, RAY L. *Kinesics and Context.* Philadelphia: University of Pennsylvania Press, 1970.
——. *Introduction to Kinesics.* Louisville, Ky.: University of Louisville Press, 1952.
BIRREN, FABER. *Color, Form and Space.* New York: Reinhold Publishing Corp., 1961.
BISHOP, PETER O. See Gouras.
BLAKE, PETER. *God's Own Junkyard.* New York: Holt, Rinehart & Winston, Inc., 1964.
BLOOMFIELD, L. *Language.* New York: Henry Holt & Company, Inc., 1933.
BOAS, F. Introduction, *Handbook of American Indian Languages.* Bureau of American Ethnology, Vol. 40, 1911.
BOORSTIN, DANIEL J. *The Americans: The Democratic Experience.* New York: Random House, Inc., 1973.
BRADBURY, RAY. *Dandelion Wine.* New York: Bantam Books, Inc., 1959.
BREEDLOVE, DENNIS. See Raven.
BRONOWSKI, J. *The Ascent of Man.* Boston: Little, Brown & Company, 1974.
——. "The Principle of Tolerance." *The Atlantic*, December 1973.

BROWN, CLAUDE. *Manchild in the Promised Land.* New York: The Macmillan Co., Publishers, 1965.
BUDER, STANLEY. "The Model Town of Pullman: Town Planning and Social Control in the Gilded Age," *Journal of the American Institute of Planners*, Vol. 33, No. 1, pp. 2–10, January 1967.
CALERO, H. H. See Nierenberg.
CALHOUN, JOHN B. "Population Density and Social Pathology," *Scientific American*, Vol. 206, No. 2, February 1962.
CAPOTE, TRUMAN. *In Cold Blood.* New York: Random House, Inc., 1965.
CASTANEDA, CARLOS. *Journey to Ixtlan.* New York: Simon & Schuster, Inc., 1972.
——. *A Separate Reality.* New York: Simon & Schuster, Inc., 1971.
——. *The Teachings of Don Juan: A Yaqui Way of Knowledge.* Berkeley: University of California Press, 1968.
CHARRIÈRE, HENRI. *Papillon.* New York: William Morrow & Co., Inc., 1970.
CHOMSKY, NOAM. *Language and Mind.* New York: Harcourt, Brace & World, Inc., 1968.
——. *Aspects of a Theory of Syntax.* Cambridge, Mass.: M.I.T. Press, 1965.
CHURCHILL, HUGH B. *Film Editing Handbook: Technique of 16mm Film Cutting.* Belmont, Calif.: Wadsworth Publishing Co., Inc., 1972.
COLE, MICHAEL. See Scribner.
COLE, ROBERT E. *Japanese Blue Collar.* Berkeley: University of California Press, 1973.
COLLIER, J.; LARTSCH, M.; and FERRERO, P. *Film Analysis of the Rough Rock Community School* (MS), 1974.
CONDON, W. S. "Communication and Order, the Micro 'Rhythm Hierarchy' of Speaker Behavior." In J. T. Harries and E. Nickerson. *Play Therapy in Theory and Practice.* In press.

———. "Synchrony Demonstrated Between Movements of the Neonate and Adult Speech," *Child Development*. In press, submitted July 1973.
———; and OGSTON, W. D. "A Segmentation of Behavior," *Journal of Psychiatric Research*, Vol. 5, pp. 221–35, 1967.
———; and SANDER, L. W. "Neonate Movement Is Synchronized with Adult Speech: Interactional Participation and Language Acquisition," *Science*, Vol. 183, No. 4120, January 11, 1974.
CROWE, BERYL L. "The Tragedy of the Commons Revisited," *Science*, Vol. 166, pp. 1103–7, November 28, 1969.
DE GRAZIA, SEBASTIAN. *Of Time, Work and Leisure*. New York: Twentieth Century Fund, 1962.
DENNISON, GEORGE. *The Lives of Children*. New York: Random House, Inc., 1969.
DE TOCQUEVILLE, ALEXIS. *Democracy in America*. New York: Harper & Row, Publishers, 1966.
DIAMOND, I. T.; and HALL, W. C. "Evolution of the Neocortex," *Science*, Vol. 164, pp. 251–62, April 18, 1969.
DILLARD, J. L. *Black English: Its History and Usage in the United States*. New York: Random House, Inc., 1972.
DORE, RONALD. *Japanese Factory*. Berkeley: University of California Press, 1973.
DRUCKER, PETER. "Schools Around the Bend," *Psychology Today*, Vol. 6, No. 1, June 1972.
———. *Technology, Management and Society*. New York: Harper & Row, Publishers, 1970.
DUBOS, RENÉ. *Man, Medicine, and Environment*. New York: Frederick A. Praeger, Inc., Publishers, 1968.
———. *Man Adapting*. New Haven, Conn.: Yale University Press, 1965.
EIBL-EIBESFELDT, I. "Similarities and Differences Between Cultures in Expressive Movements." In R. A. Hinde (ed.). *Non-Verbal Communication*. London: Cambridge University Press, 1972.

EISELEY, L. "Activism and the Rejection of History," *Science*, Vol. 165, p. 129, July 11, 1969.
EKMAN, PAUL. "Universals and Cultural Differences in Facial Expression of Emotion." In *Nebraska Symposium on Motivation, 1971*, J. Cole (ed.). Lincoln: University of Nebraska Press, 1972.
———; and FRIESEN, W. V. "Nonverbal Leakage and Clues to Deception," *Psychiatry*, Vol. 32, No. 1, pp. 88–106, 1969.
———; and ELLSWORTH, PHOEBE. *Emotion in the Human Face*. New York: Pergamon Press, 1972.
ELLSWORTH, PHOEBE. See Ekman.
ESSER, ARISTIDE H. "Social Pollution," *Social Education*, Vol. 35, No. 1, January 1971.
FERRERO, P. See Collier.
FREUD, SIGMUND. *New Introductory Lectures on Psychoanalysis*. New York: W. W. Norton & Company, Inc., 1933.
FRIESEN, WALLACE V. See Ekman.
FROMM, ERICH. *Sigmund Freud's Mission*. New York: Harper & Brothers, 1959.
———. *The Forgotten Language*. New York: Rinehart & Company, 1951.
FROMM-REICHMANN, FRIEDA. *Principles of Intensive Psychotherapy*. Chicago: University of Chicago Press, 1950.
FULLER, R. BUCKMINSTER. *Untitled Epic Poem on the History of Industrialization*. New York: Simon & Schuster, Inc., Publishers, 1970.
———. *Operating Manual for Spaceship Earth*. Carbondale, Ill.: Southern Illinois University Press, 1969.
GABOR, DENNIS. "Holography, 1948–1971," *Science*, Vol. 177, pp. 299–313, July 28, 1972.
GALBRAITH, JOHN KENNETH. *Economics and the Public Purpose*. Boston: Houghton Mifflin Company, 1973.
———. *The New Industrial State*. Boston: Houghton Mifflin Company, 1967.

———. *The Affluent Society.* Boston: Houghton Mifflin Company, 1958.
GILLIARD, E. THOMAS. "Evolution of Bowerbirds," *Scientific American,* Vol. 209, No. 2, pp. 38–46, August 1963.
———. "On the Breeding Behavior of the Cock-of-the-Rock (Aves, *Rupicola rupicola*)," *Bulletin of the American Museum of Natural History,* Vol. 124, 1962.
GORDON, WILLIAM J. J. *Synectics: The Development of Creative Capacity.* New York: Harper & Row, Publishers, 1961.
GOURAS, PETER; and BISHOP, PETER O. "Neural Basis of Vision," *Science,* Vol. 177, pp. 188–89, July 14, 1972.
HALL, EDWARD T. "Art, Space and the Human Experience." In Gyorgy Kepes (ed.). *Arts of the Environment.* New York: George Braziller, Inc., 1972.
———. "Human Needs and Inhuman Cities." In THE FITNESS OF MAN'S ENVIRONMENT, *Smithsonian Annual II,* Washington, D.C.: Smithsonian Institution Press, 1968. Reprinted in *Ekistics,* Vol. 27, No. 160, March 1969.
———. *The Hidden Dimension.* Garden City, N.Y.: Doubleday & Company, Inc., 1966(a).
———. "High- and Low-Context Communication." Paper presented at the annual meeting of the American Anthropological Association in Pittsburgh, Pennsylvania, November 1966(b).
———. *The Silent Language.* Garden City, N.Y.: Doubleday & Company, Inc., 1959.
———. "Race Prejudice and Negro-White Relations in the Army," *American Journal of Sociology,* Vol. 3, No. 5, March 1947.
HALL, W. C. See Diamond.
HALPRIN, LAWRENCE. *The RSVP Cycles.* New York: George Braziller, Inc., 1969.
HARDIN, GARRETT. *Exploring New Ethics for Survival: The Voyage of the Spaceship "Beagle."* New York: Viking Press, 1972.

———. "The Tragedy of the Commons," *Science*, Vol. 162, pp. 1243-48, December 13, 1968.
HEDIGER, H. "The Evolution of Territorial Behavior." In S. L. Washburn (ed.). *Social Life of Early Man*. New York: Viking Fund Publications in Anthropology No. 31, 1961.
———. *Studies of the Psychology and Behavior of Captive Animals in Zoos and Circuses*. London: Butterworth & Co. (Publishers) Ltd., 1955.
———. *Wild Animals in Captivity*. London: Butterworth & Co. (Publishers) Ltd., 1950.
HENRY, JULES. *Culture Against Man*. New York: Random House, Inc., 1963.
HENTOFF, NAT. *Our Children Are Dying*. New York: The Viking Press, Inc., 1966.
HERNDON, JAMES. *The Way It Spozed to Be*. New York: Simon & Schuster, Inc., Publishers, 1968.
HERSKOVITS, M. J.; and HERSKOVITS, F. S. *Trinidad Village*. New York, Alfred A. Knopf, 1947.
———. *Suriname Folk-lore*. New York: Columbia University Press, 1936.
HINDE, R. A. (ed.). *Non-Verbal Communication*. London: Cambridge University Press, 1972.
HOCKETT, C. F. "The Problem of Universals in Language." In Joseph H. Greenberg (ed.). *Universals of Language*. Cambridge, Mass.: M.I.T. Press, 1966.
HOFFER, ERIC. *Working and Thinking on the Waterfront*. New York: Harper & Row, Publishers, 1969.
———. *True Believer*. New York: Harper & Brothers, 1951.
HOFFMANN, BANESH; and DUKAS, HELEN. *Albert Einstein Creator and Rebel*. New York: The Viking Press, Inc., 1972.
HOLDEN, CONSTANCE. "Psychologist Beset by Feelings of Futility, Self-Doubt," *Science*, Vol. 173, No. 4002, p. 1111, September 17, 1972.
HOLT, JOHN. *The Underachieving School*. New York: Pitman Publishing Corporation, 1969.

———. *How Children Learn.* New York: Pitman Publishing Corporation, 1967.
———. *How Children Fail.* New York: Pitman Publishing Corporation, 1964.
HORNEY, KAREN. *Our Inner Conflicts: A Constructive Theory of Neurosis.* New York: W. W. Norton & Company, Inc., 1945.
———. *The Neurotic Personality of Our Time.* New York: W. W. Norton & Company, Inc., 1937.
HSU, FRANCIS L. K. *Americans and Chinese.* Garden City, N.Y.: Natural History Press, 1970.
HUGHES, RICHARD. *The Fox in the Attic.* New York: Harper & Row, Publishers, 1961(a).
———. *A High Wind in Jamaica.* New York: New American Library, 1961(b).
ILLICH, IVAN. *Celebration of Awareness: A Call for Institutional Revolution.* Garden City, N.Y.: Doubleday & Company, Inc., 1970(a).
———. "Why We Must Abolish Schooling," *New York Review of Books,* Vol. 15, No. 1, July 2, 1970(b).
JAY, ANTONY. *Corporation Man.* New York: Random House, Inc., 1971.
JOHNSON, VIRGINIA E. See Masters.
JOHNSON, WENDELL. *People in Quandaries: The Semantics of Personal Adjustment.* New York: Harper & Brothers, 1946.
JOHNSTON, JAMES C.; and MC CLELLAND, J. L. "Perception of Letters in Words: Seek Not and Ye Shall Find," *Science,* Vol. 184, pp. 1192–93, June 14, 1974.
JOYCE, JAMES. *Finnegans Wake.* London: Faber & Faber, Ltd., 1939.
———. *Ulysses.* New York: Random House, Inc., 1934.
JULESZ, BELA. "Experiment in Perception." In *Readings in Psychology Today.* Del Mar, Calif.: CRM Books, 1967.
JUNG, C. G. *Psychological Types.* New York: Harcourt, Brace & Company, 1923.

KAWABATA, YASUNARI. *Snow Country.* New York: Alfred A. Knopf, 1957.
KEENE, DONALD. "Speaking of Books: Yasunari Kawabata," New York *Times* Book Review, December 8, 1968.
KESEY, KEN. *One Flew over the Cuckoo's Nest.* New York: The Viking Press, Inc., 1962.
KILPATRICK, F. P. *Explorations in Transactional Psychology* (contains articles by Adelbert Ames, Hadley Cantril, William Ittelson, and F. P. Kilpatrick). New York: New York University Press, 1961.
KLEIN, MELANIE. *The Psychoanalysis of Children.* London: Hogarth Press, Ltd., 1951.
KLUCKHOHN, CLYDE; and LEIGHTON, DOROTHEA. *The Navajo.* Cambridge, Mass.: Harvard University Press, 1946.
KORZYBSKI, ALFRED. *Science and Sanity: An Introduction to Non-Aristotelian Systems and General Semantics* (3d. ed.). Lakeville, Conn.: Int. Non-Aristotelian Library Publishing Co., 1948.
KOZOL, JONATHAN. *Death at an Early Age.* Boston: Houghton Mifflin Company, 1967.
LA BARRE, WESTON. "Paralinguistics, Kinesics and Cultural Anthropology." In T. A. Sebeok, A. S. Hayes, and M. C. Bateson (eds.). *Approaches to Semiotics.* The Hague: Mouton & Co., N.V., Publishers, 1962.
———. *The Human Animal.* Chicago: University of Chicago Press, 1954.
LABOV, WILLIAM. *The Social Stratification of English in New York City.* Washington, D.C.: Center for Applied Linguistics, 1966.
———; COHEN, PAUL; ROBINS, CLARENCE; and LEWIS, JOHN. *A Study of the Non-Standard English of Negro and Puerto Rican Speakers in New York City.* Vol. II, pp. 76–152. New York: Dept. of Linguistics, Columbia University, 1968.
LAING, R. D. *The Politics of Experience.* New York: Ballantine Books, 1967.

LAND, EDWIN H. "Experiments in Color Vision," *Scientific American*, Vol. 200, No. 5, May 1959.
LARTSCH, M. See Collier.
LASHLEY, KARL SPENCER. *Brain Mechanisms and Intelligence: A Quantitative Study of Injuries to the Brain*. Chicago: University of Chicago Press, 1929.
LAWICK, JANE (GOODALL) VAN. *In the Shadow of Man*. Boston: Houghton Mifflin Company, 1971.
LEIGHTON, DOROTHEA. See Kluckhohn.
LETTVIN, J. Y.; MATURANA, H. R.; MC CULLOCH, W. S.; and PITTS, W. H. "What the Frog's Eye Tells the Frog's Brain," *Proc. Inst. Radio Engrs.*, Vol. 47, p. 1940, 1959.
LEWIN, ROGER. "Observing the Brain Through a Cat's Eyes," *Saturday Review/World*, October 5, 1974.
LEYHAUSEN, PAUL. "On the Function of the Relative Hierarchy of Moods (as Exemplified by the Phylogenetic and Ontogenetic Development of Prey-Catching in Carnivores)" (1965). In Konrad Lorenz and Paul Leyhausen, *Motivation of Human and Animal Behavior*. New York: Van Nostrand-Reinhold Co., 1973.
LIEBOW, ELLIOT. *Tally's Corner*. Boston: Little, Brown & Company, 1967.
LORENZ, KONRAD. *On Aggression*. New York: Harcourt, Brace & World, Inc., 1966.
——. *Man Meets Dog*. Cambridge, Mass.: Riverside Press, 1955.
——. *King Solomon's Ring*. New York: The Thomas Y. Crowell Co., 1952.
LURIA, A. R. *The Man with a Shattered World*. New York: Basic Books, 1972.
——. "The Functional Organization of the Brain," *Scientific American*, Vol. 222, No. 3, March 1970.
——. *The Mind of a Mnemonist*. New York: Basic Books, Inc., Publishers, 1968.
——. *Higher Cortical Functions in Man*. New York: Basic Books, Inc., Publishers, 1966.

LYNCH, KEVIN. See Appleyard.
MALCOLM X and HALEY, ALEX. *The Autobiography of Malcolm X*. New York: Grove Press, Inc., 1965.
MARTIN, MALACHI. "The Scientist as Shaman," *Harper's Magazine*, Vol. 244, No. 1462, pp. 54–61, March 1972.
MASTERS, WILLIAM H.; and JOHNSON, VIRGINIA E. *Human Sexual Response*. Boston: Little, Brown & Company, 1966.
MATURANA, H. R. See Lettvin.
MAY, ROLLO. *Power and Innocence*. New York: W. W. Norton & Company, Inc., Publishers, 1972.
——. *The Meaning of Anxiety*. New York: The Ronald Press Company, 1950.
MC CLELLAND, J. L. See Johnston.
MC CORMICK, CHARLES T. *Handbook of the Law of Evidence*. St. Paul, Minn.: West Publishing Company, 1954.
MC CULLOCH, W. S. See Lettvin.
MC HALE, JOHN. *World Facts and Trends*. New York: Collier Books, 1972.
MAC LEAN, P. D. "Man and His Animal Brains," *Modern Medicine*, Vol. 95, p. 106, 1965.
MC LUHAN, MARSHALL. *Understanding Media*. New York: McGraw-Hill Book Co., Inc., 1964.
——. *The Gutenberg Galaxy*. Toronto: University of Toronto Press, 1962.
——. "The Effect of the Printed Book on Language in the 16th Century." In *Explorations in Communication*. Boston: Beacon Press, Inc., 1960.
MEAD, MARGARET. *Culture and Commitment: A Study of the Generation Gap*. Garden City, N.Y.: Natural History Press/Doubleday, 1970.
MEIER, RICHARD. "Information Input Overload: Features of Growth in Communications-Oriented Institutions," *Libri* (Copenhagen), Vol. 13, No. 1, pp. 1–44, 1963.
MEISNER, W. W. "Notes on Identification Origins in Freud," *Psychoanalytic Quarterly*, Vol. 39, pp. 563–89, 1970.

MELVILLE, HERMAN. *Billy Budd.* New York: New American Library, 1961.
MITCHELL-KERNAN, CLAUDIA. "Signifying and Marking: Two Afro-American Speech Acts." In John J. Gumperz and Dell Hymes (eds.). *Directions in Sociolinguistics.* New York: Holt, Rinehart & Winston, Inc., 1972.
———. *Language Behavior in a Black Urban Community.* Berkeley: Monographs of the Language-Behavior Research Laboratory, No. 2, February 1971.
MONTESSORI, MARIA. *The Montessori Method.* New York: Frederick A. Stokes Company, 1912.
MORSPACH, HELMUT. "Aspects of Nonverbal Communication in Japan," *Journal of Nervous and Mental Disease,* October 1973.
MYER, JOHN R. See Appleyard.
NABOKOV, VLADIMIR. *Lolita.* New York: G. P. Putnam's Sons, Inc., 1955.
NIERENBERG, G. I.; and CALERO, H. H. *How to Read a Person Like a Book.* New York: Pocket Books, 1973.
NUTINI, HUGO. "The Ideological Bases of Levi-Strauss's Structuralism," *American Anthropologist,* Vol. 73, No. 3, June 1971.
OGSTON, W. D. See Condon.
OSGOOD, C. E. "Language Universals and Psycholinguistics." In Joseph H. Greenberg (ed.). *Universals of Language.* Cambridge, Mass.: M.I.T. Press, 1966.
———; and SEBEOK, THOMAS A. (eds.). *Psycholinguistics: A Survey of Theory and Research Problems.* With A. RICHARD DIEBOLD. *A Survey of Psycholinguistic Research, 1954–1964.* Bloomington, Ind.: Indiana University Press, 1965.
OSMOND, H. "The Relationship Between Architect and Psychiatrist." C. Goshen (ed.). In *Psychiatric Architecture.* Washington, D.C.: American Psychiatric Association, 1959.
PENNINGTON, KEITH S. "Advances in Holography," *Scientific American,* Vol. 218, No. 2, February 1968.

PIETSCH, PAUL. "Shuffle Brain," *Harper's Magazine*, Vol. 244, No. 1464, pp. 41–48, May 1972(a).

———. "Scrambled Salamander Brains: A Test of Holographic Theories of Neural Program Storage." (Abstract of paper presented at American Association of Anatomists conference, 85th session, Southwestern Medical School, University of Texas, April 3–6, 1972), *The Anatomical Record*, Vol. 172, No. 2, February 1972(b).

PIRSIG, ROBERT. *Zen and the Art of Motorcycle Maintenance*. New York: William Morrow & Co., 1974.

PITTS, W. H. See Lettvin.

POLANYI, M. "Life's Irreducible Structure," *Science*, Vol. 160, pp. 1308–12, June 21, 1968.

PORTMANN, ADOLF. *Animal Camouflage*. Ann Arbor: University of Michigan Press, 1959.

POWERS, WILLIAM T. "Feedback: Beyond Behaviorism," *Science*, Vol. 179, pp. 351–56, January 26, 1973.

PRIBRAM, KARL H. *Languages of the Brain* (Experimental Psychology Series). Englewood Cliffs, N.J.: Prentice-Hall, Inc., 1971.

———. "The Neurophysiology of Remembering," *Scientific American*, Vol. 220, No. 1, pp. 73–86, January 1969.

PROVINE, WILLIAM B. "Geneticists and the Biology of Race Crossing," *Science*, Vol. 182, pp. 790–96, November 23, 1973.

RAVEN, PETER H.; BERLIN, BRENT; and BREEDLOVE, DENNIS E. "The Origins of Taxonomy," *Science*, Vol. 174, pp. 1210–13, December 17, 1971.

ROE, ANNE; and SIMPSON, G. G. (eds.). *Behavior and Evolution*. New Haven, Conn.: Yale University Press, 1958.

ROSENHAN, D. L. "On Being Sane in Insane Places," *Science*, Vol. 179, pp. 250–58, January 19, 1973.

ROSSI, PETER H. "Ripe for Change" (review of Anthony G. Oettinger and Sema Marks. *Run, Computer, Run*. Cambridge, Mass.: Harvard University Press, 1969), *Science*, Vol. 167, p. 1607, March 20, 1970.

SANDER, L. W. See Condon.
SAPIR, EDWARD. *Selected Writings of Edward Sapir in Language, Culture and Personality*. Berkeley: University of California Press, 1949.
——. "Conceptual Categories in Primitive Languages," *Science*, Vol. 74, p. 578, 1931.
——. *Language: An Introduction to the Study of Speech*. New York: Harcourt, Brace & Company, 1921.
SCHLEGLOFF, EMANUEL. "Sequencing in Conversational Openings," *American Anthropologist*, Vol. 70, No. 6, pp. 1075–95, December 1968.
SCHOGGEN, PHIL. See Barker.
SCRIBNER, SYLVIA; and COLE, MICHAEL. "Cognitive Consequences of Formal and Informal Education," *Science*, Vol. 182, pp. 553–59, November 9, 1973.
SEARLES, H. *The Non-Human Environment*. New York: International Universities Press, 1960.
SEBEOK, THOMAS. See Osgood.
SHANNON, C. "Prediction and Entropy of Printed English," *Bell System Technical Journal*, 30, pp. 50–65, 1951.
SINGER, P. "Philosophers Are Back on the Job," New York *Times* Magazine, June 7, 1974.
SKINNER, B. F. *Beyond Freedom and Dignity*. New York: Alfred A. Knopf, Inc., 1971.
——. *Science and Human Behavior*. New York: The Macmillan Co., 1953.
SLOVENKO, RALPH. "The Opinion Rule and Wittgenstein's Tractatus," *Etc.: A Review of General Semantics*, Vol. 24, No. 3, pp. 289–303, September 1967.
SMITH, H. L., JR. "Descriptive Linguistics and Language Teaching." In E. W. Najam (ed.). MATERIALS AND TECHNIQUES FOR THE LANGUAGE LABORATORY, *International Journal of American Linguistics*, Vol. 28, No. 1, Part II, 1962.
SPITZ, RENÉ A. "The Derailment of Dialogue: Stimulus Overload, Action Cycles, and the Completion Gra-

dient," *Journal of the American Psychoanalytic Association*, Vol. 12, No. 4, October 1964.

STEWART, W. A. "Sociolinguistic Factors in the History of American Negro Dialects," *The Florida FL Reporter*, Vol. 5, No. 2, pp. 1–4, 1967.

——. "Urban Negro Speech: Sociolinguistic Factors Affecting English Teaching." In R. Shuy (ed.). *Social Dialects and Language Learning*. Champaign, Ill.: National Council of Teachers of English, 1965.

STROMEYER, CHARLES F., III. "Eidetikers," *Psychology Today*, Vol. 4, No. 6, November 1970.

SULLIVAN, HARRY STACK. *Conceptions of Modern Psychiatry*. New York: William Alanson White Psychiatric Foundation, 1947.

SZENT-GYÖRGYI, A. "Dionysians and Apollonians," *Science*, Vol. 176, p. 966, June 2, 1972.

TIGER, LIONEL. *Men in Groups*. New York: Random House, Inc., 1969.

TINBERGEN, NIKO. *Curious Naturalists*. New York: Basic Books, Inc., 1958.

——. "The Curious Behavior of the Stickleback," *Scientific American*, Vol. 187, No. 6, December 1952.

TOFFLER, ALVIN. *Future Shock*. New York: Bantam Books, Inc., 1970.

TRAGER, GEORGE L. "Paralanguage: A First Approximation," *Studies in Linguistics*, Vol. 13, pp. 1–12, 1958.

TURNBULL, COLIN M. *The Forest People*. New York: Simon & Schuster, Inc., 1961.

VAN ZANDT, HOWARD F. "Japanese Culture and the Business Boom," *Foreign Affairs*, January 1970.

WANG, WILLIAM. "The Chinese Language," *Scientific American*, Vol. 228, No. 2, February 1973.

WARREN, RICHARD M.; and WARREN, ROSLYN P. "Auditory Illusions and Confusions," *Scientific American*, Vol. 223, No. 6, December 1970.

WASHBURN, S. L. "Primate Field Studies and Social Science." In Laura Nader and Thomas W. Maretzki (eds.). *Cul-

*tural Illness and Health.* Washington, D.C.: American Anthropological Association, 1973(a).
———. "The Promise of Primatology," *American Journal of Physical Anthropology*, Vol. 38, No. 2, pp. 177–82, March 1973(b).
———. "Evolution of Primate Behavior." In Francis O. Schmitt (ed.). *The Neurosciences: Second Study Program* (pp. 39–47). New York: The Rockefeller University Press, 1970.
WHORF, BENJAMIN LEE. *Language, Thought, and Reality.* New York: The Technology Press of M.I.T. and John Wiley & Sons, Inc., 1956.
WIENER, NORBERT. *The Human Use of Human Beings* (2nd, rev. ed.). Garden City, N.Y.: Doubleday Anchor Books, 1954.
WIGMORE, JOHN HENRY. *A Treatise on the Anglo-American System of Evidence in Trials at Common Law* (3rd edition, ten volumes). Boston: Little, Brown & Company, 1940.
WILDAVSKY, AARON. *The Politics of the Budgetary Process.* Boston: Little, Brown & Company, 1964.
WORTH, SOL; and ADAIR, JOHN. *Through Navajo Eyes: An Exploration in Film Communication and Anthropology.* Bloomington: Indiana University Press, 1972.

# 大主题索引[1]
(超越的理念与技能)

1. 如果不理解自己的文化,个人就不能靠自省和自检或塑造生活的力量来认识自己,见 p. 32, pp. 43—55, 71—84, 116, 211—212, 220, 234—235, 240, 246—247。
2. 除非人人都变,否则文化是不会变的,见 pp. 72—74, 202。
   ——不变的原因有:神经—生理因素、政治经济因素,见 pp. 42—43, 71—76, 117—119, 201—204,
   ——以及文化心理动力因素,见 pp. 121—123, 207—208, 210, 249, pp. 120—128, 139, 211。
3. 除非你理解和检视文化,否则文化就像独裁者一样制约你,见 pp. 32, 34, 164—167, 172, 220。
4. 与其说人必须要与文化同步或适应其文化,不如说文化是在与人协同中发展的,见 pp. 19—23, 40, 136—138, 142, 172—173, 189—190。
   ——在这样的情况下,人往往失去理智,却又意识不到自己的疯癫,见 pp. 11, 19, 148—149, 177, 242。

---

[1] 索引部分的页码均为原书页码,即本书边码。

5. 为了防止大量的精神病患,人必须要学会超越文化,必须使自己的文化适应时代、适应人的生物学组织,见 pp.41, 51, 82—84。
6. 既然内省难以给人启示,若要完成这一任务,人就必须去体验其他文化,见 pp.165—166。
——换言之,为求生存,一切文化都是相互需要的,见 pp.41, 51, 82—84。

# 小主题索引

Action chains, 行为链
　　defined, 行为链定义 141—142
　　stickleback illustration, 刺鱼例证 142—143
　　courting illustration, 求爱例证 151—152
　　spite-pattern illustration, 怨恨模式例证 255—256n
　　hiring ritual, 聘请(员工的)仪式 152, 256n
　　as transactions, 作为互动关系的行为链 144—146
　　commitment to complete, 完成行为链的惯性趋势
　　　　relentless or haphazard, 必然或偶然完成的行为链 146—147
　　　　related to high-low context cultures, 与高语境文化相关的行为链 147—148
　　　　related to high-low context personalities, 与高语境人格相关的行为链 150
　　　　monochronic vs. polychronic people, 一元时间人对多元时间人 150
　　consequences of broken chains, 行为链断裂的后果 147—150, 256n
　　and adumbration, 行为链和预兆 156—162, 257n
　　as determinants of behavior, 作为决定行为因素的行为链 153—162
　　　　Anglo-American vs. Spanish-American disputes, 英裔美国人与西裔美国人争端 156—160, 257n
Aggression, 攻击性 149
　　and powerlessness, 攻击性与虚弱无力的处境 6—7, 241n
　　effects of riots in high-low context

political systems, 高—低语境政治制度中攻击性的影响 93—94, 250n

and situational behavior, example of Hopi, 攻击性与情景性行为,以霍比人为例 137—138

Anthropology, 人类学 26, 115, 136, 174, 192, 251n

  models used in, 人类学用的模式 12, 14

  characteristics of culture, 文化的特征 17

  tendency to be culture-bound, 受文化约束的倾向 15, 64, 261—262n

  view of high-low context cultures, 高—低语境文化的观点 127—128

  convergence with psychiatry, 人类学与精神病学的交汇 196—197, 223—240

    in study of situation needs, 人类学里的情景性需求研究 139

  concern with manifest culture, 人类学对显性文化的关注 165

Brain, 大脑 62—63, 69, 95, 192—195

  function in contexting, 大脑在语境化里的功能 118—119

  parts and functions, 大脑的局部和功能 192—195, 200—203

  as a model, 作为模型的大脑 200—201

  mind-brain dichotomy, 心—脑二分法 192—193, 212, 250n

  and memory, 大脑与记忆

    Lashley's study, 拉什利的大脑与记忆研究 193—196

    Cabor and holography, 伽柏与全息摄影术 194—197

    Pribram's holographic model, 普里布拉姆的大脑全息图模型 194—196

    Pietsch, 皮奇的大脑与记忆研究 194—196

    Luria's work with mnemonist, 卢利亚对超强记忆者的大脑与记忆研究 197—200

  implications for education, 大脑研究对教育的意义 197—200

  transition from senses to, 感觉从肢体到大脑的传导 259—260n

  *See also* Senses

Bureaucracy, 官僚主义 20—24, 47, 93, 243n, 244n

  high-low context types, 高—低语境的官僚主义类型 113

  and institutional irrationality, 官僚主义与制度性非理性 10—11, 107, 218—219

bureaucratization of schools, 学校的官僚主义化 209, 210
　　See also Education

Change, 变革
　　and the necessity of transcending culture, 变革与超越文化之必要 40, 50—55
　　capacity for, in high-low context cultures, 高—低语境里的变革能力 127—128
　　and stability in low-context system, 变革与低语境系统的稳定 147—148

Communication, 交流
　　as function of covert culture, 作为显性文化功能的交流 42—45, 162—163, 246—247n
　　as body movement, 作为身体动作的交流 71—84
　　　　synchrony and kinesics, 同步性与身体动作 71—81
　　　　nonverbal, 非语言交流 82—84
　　importance of context in, 语境在交流里的重要作用 86, 92—93, 100—103
　　　　See also Language, Synchrony

Context, contexting, 语境, 语境化 39, 58, 85—86, 241n
　　and nonverbal communication, 语境与跨文化交流 79, 82—83, 252—254n
　　relation to meaning, 语境与意义的关系 85—86, 89
　　relation to perception, 语境与感知的关系 87—88, 118—123
　　and art, 语境与艺术 92, 101
　　public housing as external context, 作为外部语境的公共建筑 95—96
　　programmed and innate, 编程与内在的语境 90—91, 95, 100
　　Barker's studies of internal-external functions, 巴克对语境内在—外在功能的研究 99—100
　　and extensions, 语境与延伸 102
　　and the nervous system, 语境与神经系统 117—121

Crisis of Culture, elements of the, 文化危机因素 1—7
　　politics and power, 政治与权力 1—2
　　environment and economics, 环境与经济 2—3
　　creativity vs. institutions, 创新对制度 2—6
　　　　Freud's view, 弗洛伊德的观点 4
　　　　extension transference and, 延

伸迁移与文化危机 4

examples，创新对制度的例证 5

aggression and powerlessness, 攻击性与孤立无助 6—7, 241n

　　Blacks and students, 黑人与学生的攻击性与孤立无助 6

　　See also Bureaucracy

Cultural unconscious, the 文化无意识

definition, 文化无意识定义 9, 14（Jung）, 43, 166, 239—240

and models, 文化无意识与模式 15—16, 164—165

negative feedback as a clue to, 作为理解文化无意识线索的负反馈 44, 49—51, 54, 246—247n

illustrated by hotel experience in Japan, 以在日本住旅店的经验为例说明文化无意识 58—60

expressed in body movement (NVC), 身体动作（非语言交流）表现出来的文化无意识 79, 80—83, 162—163

strategies for coping with intercultural experience, 应对跨文化经验的文化无意识的策略 48—49, 52—55, 222

learning underlying structures, 学习文化无意识的底层结构 105—106, 163—164

action chains, 行为链里的文化无意识 150, 152, 153—156

transcending, 超越文化无意识 44, 54—55, 89—90, 102, 162—163, 212, 221—222, 238—240

self-awareness and, 自我意识与超越文化无意识 213, 214—215, 221—222

identification as a key to, 作为超越文化无意识的认同作用 232—240

cultural projection as stumbling block to discovery of, 文化投射使人无法觉察文化无意识 164—165, 220—221, 261n, 262n

extension transference blocks awareness of, 延伸迁移使人无法觉察文化无意识 206, 220

screening determines context, meaning, perception, 筛选屏障决定文化无意识的语境、意义和感知 85—90

adapting to high-low context cultures, 文化无意识适应高—低语境文化 127—128

need to learn new situational dialects, 学习情景性方言的需要 133

perceptual clichés of, 感知的刻板观念 177—178

in Arab-Israeli dispute, 阿拉伯—以色列争端里的文化无意识 257n

determines boundaries in perception, 文化无意识确定感知边界 229—232

cultural irrationality in the U. S. A., 美国的文化非理性

 the Protestant ethic, 新教伦理中的文化非理性 220

 materialism, 物质主义中的文化非理性 220

 waste of resources, 资源浪费中的文化非理性 220

as a function of identification-separation syndrome, 作为认同—分离综合征功能的文化非理性 237, 238—240

Education 教育

 vs. learning, 教育对学习 190—212

 and extension transference, 教育与延伸迁移 34—35

 structures thought processes, 教育对思维过程结构的影响 167

intelligence as verbal skill, 作为言语技能的智能 171—173

spatial experience in, 教育里的空间经验 174—177

and sensory capabilities of students, 教育与学生的感知能力 178—183

formula for re-creating, 重建教育的模式 190

and models of the brain, 教育与大脑功能模式 200—201

school size, 教育与学校规模 203—204

and play, 教育与游戏 204

Navajo schools, 纳瓦霍人的学校 206, 210

implicit philosophy of, in U. S. A., 美国隐形的教育哲学 208—211, 261n

Extensions, 延伸 4, 245n

evolution by (the bower-bird), 通过延伸进化 25—26

functions of, 延伸的功能 35—39

extension-omission factor, 延伸省略因素 48

music, dance, art, 作为延伸的音乐、舞蹈和艺术 78—80

low-context quality, 延伸的低语境特性 102—103, 121

language as, 作为延伸的语言 169

Extension transference, 延伸迁移 4, 98, 258n

    process defined, 延伸迁移的定义 28—29

    relationship to brain (Luria), 延伸迁移与大脑的关系（卢利亚）29—30

    language and thought, 语言与思维 28, 30—31, 169

    in social science, 社会科学里的延伸迁移 34

    learning and education, 学习与教育 35, 39—40, 169—170, 172

    and synchrony, 延伸迁移与同步性 80

    and architecture, 延伸迁移与建筑 98

    law and, 法律与延伸迁移 106—107

    design and, 设计与延伸迁移 176—177

    as a block to cultural awareness, 堵塞文化意识的延伸迁移 214

High-low context personalities and cultures, 高—低语境的人格与文化 86, 101—103, 125—128, 153—154, 249n

    the continuum of context, 人格与文化的语境连续体 91—94

    Japan vs. U.S.A., 日本对美国的高—低语境人格与文化 57—69, 109—113, 114—115, 160—161, 239—240, 246—247n

    legal systems as illustration, 以法制为例 106—113

    Apollonian-Dionysian classification and, 日神—酒神的划分与高—低语境的人格与文化 124—125

    commitment to complete action chains and, 完成行为链的惯性趋势与高—低语境的人格与文化 146—151

    illustrated by Spanish-American and Anglo-American action chains in disputes, 以西裔美国人和英裔美国人争端里的行为链为例说明高—低语境的人格与文化 156—160

Identification, 认同作用

    as bridge between culture and person, 作为文化与人格桥梁的认同作用 232, 240

    related to processes of dissociation, 与分离过程相关的认同作用

        example of "generation gap", "代沟"例证 233—236

in intercultural encounters, 跨文化相遇里的认同作用 239—240

Imaging, 表象(能力)

    studies of relationship to memory, 表象能力与记忆关系研究 178—181

    visual and auditory, 视觉表象能力和听觉表象能力 185—186

    body, 身体表象能力 186—187

    in creative problem-solving, 创造性解决问题中的表象思维 186—187

    *See also* Memory

Irrationality, 非理性

    and man's institutions, 非理性与人的制度 10—12, 218—219

    and culture, 非理性与文化 213—222

        situational, 情景性非理性 216—217

        contextual, 语境性非理性 217—218

        neurotic, 神经症非理性 217

    as enshrined in U.S. culture, 美国文化对非理性的崇拜 220—221

Language, 语言

    and experience (Sapir), 语言与经验(萨丕尔) 15—16

    and thought, 语言与思维 16, 28—32

    as a system, 作为一个系统的语言 57, 169—170

    as a situational dialect, 作为情景方言的语言 132—136

    extension transference, 作为延伸迁移的语言 28, 29—31, 169

    poorly adapted to describe culture, 语言难以适应描写文化的重任 57

    and synchrony, 语言与同步性 72—73, 78—80

    linear quality and screening for context, 语言的线性及其作为语境筛选屏障的功能 86—87

    confusion between use and understanding unstated rules, 把使用和理解未经阐明的规律混为一谈 88—89

    traditional language learning vs. situational approach, 传统的语言学习法对情景教学法 129—135

    and cultural projection, 语言与文化投射 164—165

    verbal skills and intelligence, 言语能力与智能 169—173

    teaching of English grammar vs. reality, 英语语法教学对现实

191—202

    See also Communication

Linear vs. comprehensive thinking, 线性思维对综合思维

  "King of Ruffle Bar," "罗福尔巴岛之王" 9—12

  and low-context paradigms, 思维方式与低语境范式 213

  illustrated in Anglo-American and Hopi logic, 英裔美国人逻辑与霍比人逻辑显示的不同思维模式 215

  and language, 思维方式和语言 57,69,86—87

  in Western science (Newtonian thought), 西方科学里的思维方式 122—126

  imaging, memory, and verbal skills, 表象能力、记忆和语言能力 169—171, 175, 178—183, 184—187

  Western logic and, 西方逻辑与思维方式 213—214

Man as a primate, implications for learning, 作为灵长目动物的人, 这一属性对学习的含意 190

  effects of size on groups, 群体大小对群体的影响 203—204

  importance of play, 游戏的意义 204—205

Memory, 记忆

  as function of different imaging capacities, 记忆作为不同表象能力的功能 174—179

  visual and auditory, 视觉记忆能力与听觉记忆能力 184—186

  body imagery as interpreter of world, 作为世界阐释手段的身体表象能力 186—187

  lack of research on sensory systems, 感知系统记忆能力研究方面的不足 185—186

  and the brain, 记忆与大脑 194—199

    See also Imaging

Models, 模式,模型 12—14,36

  Newtonian, 牛顿模式 9

  use in anthropology, 人类学运用的模式 12,14

  linguistic, 语言模式 14—16, 169—171

  unconscious cultural, 无意识文化模式 14,15

    in conflict with structure, 与结构冲突的模式 164—165

    time-space, 时空模式 17—24

  conceptual, to investigate cultural

screening, 用于语境文化筛选屏障的感知模式 88

lack of comprehensive models in science, 科学综合模式的缺乏 121—126

the brain and survival, 大脑与生存 199—201

　　See also Paradigms

Senses, 感官

visual perception, 视觉感知 119—123, 174—175

spatial experience, 空间经验 174

and imaging capacities of students, 感官与学生的表象能力 177—180

　　of writers, musicians, 作家和音乐家的感官表象能力 179—183

need to recognize all sensory capacities in education, 教育工作中识别感知能力的需要 178—182

and memory, 感知与记忆 176—179

Stromeyer experiments with visual memory, 斯特罗梅耶对视觉记忆的实验 184—185

　　See also Brain

Situational behavior, 情景行为 88—89, 99—100, 140

frames as contexts for action, 作为行为语境的情景构架 129, 132, 141

and basic archetypical situations (BAS), 情景行为与基本的原型情景

time in U.S.A., 美国的时间系统 136—137

aggression and territoriality, 攻击性和领地欲 137—138

situational dialects, 情景方言

vs. traditional language learning, 情景方言对情景性语音学习 129—132, 143—144

illustrated in restaurants, railway station, 饭店与火车站的情景方言例证 132

high-context (restricted) quality, 情景方言高语境（受限）特征 133

on the job, 工作环境里的情景方言 134—135

as "co-ordinate language systems," 作为"协调语言系统"的情景方言 254n

Australian example, 澳大利亚情景方言例证 255n

situational needs, 情景需要 135, 138—140

Social Science, 社会科学 34, 99

 convergence of psychiatry and anthropology, 精神病学与人类学的交汇 139

 psychiatry and broken action chains, 精神病学与中断的行为链 148—150

 ethology, 动物行为学

  examples of action chains, 行为链例证 141, 142—143

  studies of animal intelligence, 动物智能研究 170—172

 psychologists study imaging capabilities, 心理学家对表象能力的研究 184—186

 psychologists study brain functions, parts, 心理学家对大脑功能和大脑局部的研究 193—196

 neurotic irrationality, 神经症非理性 217

 identification, 认同作用 232—240

Synchrony (syncing, "being in sync"), 同步性, 同步动作, 同步状态, 同步运动 71—83, 247n

 defined as communication, 界定为交流的同步性 71—72

 Condon's film and electroencephalograph studies, 康顿的电影与脑电图研究 72—74, 247n

 relation to kinesics, 同步性与身势学的关系 72, 75—77

 in high-low context cultures, 高语境文化里的同步性 79, 252—253n

 culturally determined, 文化决定的同步性 76—81

 and music, 同步性与音乐 76—78

 group sync, 群体同步性 76—78

 Navajo vs. Anglo rhythms, 纳瓦霍人对英裔美国人的节律 84

 importance, 同步性的重要意义 79—80

Time 时间

 as cultural model, 作为文化模式的时间 17—24

  monochronic vs. polychronic time systems, 一元时间系统对多元时间系统 17—20, 150—151

  M and P-type bureaucracies, 一元时间型对多元时间型的官僚主义 20—24, 244n

  Eskimos adapting to time schedule, 因纽特人适应自己的时间表 21

  importance in northern European tradition, 时间在北欧传统里的

重要性 17—18,19,136
American use of, in Far East,美国人在远东对时间的使用 45,46—47,51—52

dependence on, as organizing system in U.S.A., 美国人把时间用作组织系统,比较倚重时间 136—137

# 人名索引

Adair, John, 约翰·阿戴尔 248n
Ames, Adelbert, 阿德尔伯特·艾姆斯 100, 273
Andreski, Stanislav, 斯坦尼斯拉夫·安德烈斯基 34, 245n
Appleyard, Don, 唐·阿普尔亚德
　space perception, 阿普尔亚德的空间感知 175, 258n
Ardrey, Robert, 罗伯特·阿德烈 261n

Barker, Roger, 罗杰·巴克尔
　situation-dependent behavior, 情景依附行为 99—100, 250n
　effects of size on schools and learning, 规模大小对学校和学习的影响 203, 209, 261n
Bateson, Gregory, 格雷高利·贝特森 252n
Bellow, Saul, 索尔·贝娄
　role of literature in changing times, 文学在改变时代里的作用 249—250n
Bennis, Warren G., 沃伦·本尼斯 256n
Berlin, Brent, 布伦特·伯林
　on taxonomies, 伯林论分类学 122, 253n
Bernstein, Basil, 巴西尔·伯恩斯坦
　restricted and elaborated codes (contexts), 受限代码与复杂代码 92, 249n
Birdwhistell, Ray L., 雷·伯德惠斯特尔 247n
　*Introduction to Kinesics*, beginning of technical study of body movement,《身势语导论》，人体动作研究的滥觞 71
　studies in kinesics, 身势语研究 72, 75
Birren, Faber, 费伯尔·毕伦

experiments in color perception and context, 色彩感知和语境实验 94, 250n

Bishop, Peter, 彼得·毕晓普
　　study of neural circuitry of retina, 视网膜神经通路研究 120, 253n

Bloomfield, Leonard, 伦纳德·布龙菲尔德 164, 257n

Boas, Franz, 弗兰兹·博厄斯
　　studies of language and culture, 语言与文化研究 257n

Bohannan, Paul, 保罗·博汉南 248n

Boorstin, Daniel, 丹尼尔·布尔斯廷 251n

Bradbury, Ray, 雷·布拉德伯利 225, 262n

Breedlove, Dennis E., 丹尼斯·布里德拉夫
　　on taxonomy, 论分类法 122, 253n

Bronowski, J., 雅各布·布洛诺夫斯基 71, 247n

Brown, Claude, 克劳德·布朗 248n

Buder, Stanley, 斯坦利·布德尔 250n

Calero, H. H., 卡莱罗 248n

Calhoun, John B., 约翰·卡尔霍恩
　　crowding and broken action chains, 论拥挤和行为链的中断 141—142, 143, 255n

Castaneda, Carlos, 卡洛斯·卡斯塔内达 145, 255n

Charrière, Henri, 亨利·夏里埃
　　imaging and senses, 夏里埃的表象能力与感知 181—182, 258n

Chomsky, Noam, 诺姆·乔姆斯基 36, 245n, 249n

Churchill, Hugh B., 休·丘吉尔 247n

Cole, Michael, 迈克尔·科尔 245n

Cole, Robert, 罗伯特·科尔 247n

Collier, J., 柯利尔 261n

Condon, William, 威廉·康顿
　　film studies, body synchronizers, 用电影研究身体动作的同步特征 72—74, 247—248n, 252—253n

Crowe, Beryl L., 贝里尔·克劳 243n

De Grazia, Sebastian, 德·格拉西亚 241n

Diebold, Richard A., 理查德·迪博尔德 254n

Dore, Ronald, 罗纳德·多尔 247n

Drucker, Peter, 彼得·德鲁克 134, 255n

Dubos, René, 勒内·杜波斯 125, 253n

Dukas, Helen, 海伦·杜卡斯 245n, 258n

Eibl-Eibesfeldt, I., 艾布尔—艾贝斯费尔德 76, 248n

Eiseley, Loren, 洛伦·艾斯利
　　on activism, 艾斯利论行动主义 93, 249n

Ekman, Paul, 保罗·艾克曼 76, 248n

Esser, Aristide H., 阿里斯泰德·埃瑟 260n

Freud, Sigmund, 西格蒙德·弗洛伊德 4, 9, 35, 43, 126, 135, 144, 233, 249n, 256n, 263n

Friesen, Wallace, 华莱士·弗里森 76, 248n

Fromm, Erich, 埃里克·弗洛姆 9, 241n, 242n

Fuller, Buckminster, 巴克敏斯特·富勒 34, 186, 243n, 245n

Gabor, Dennis, 丹尼斯·伽柏
 holography, 全息术 194, 197, 260n

Galbraith, John Kenneth, 约翰·肯尼斯·加尔布雷斯 210, 243n, 261n

Gilliard, E. Thomas, 托马斯·吉利亚德
 the bowerbird and its extensions, 吉利亚德论园丁鸟及其延伸 25, 244n

Goodall, Jane (van Lawick), 简·古多尔
 studies of chimpanzees, 古多尔的黑猩猩研究 170—172, 258n

Gordon, William J. J., 威廉·戈登 259n

Gouras, Peter, 彼得·谷拉斯
 study of neural circuitry of retina, 谷拉斯对视网膜神经通路的研究 120, 253n

Hall, Edward T., 爱德华·T.霍尔 82, 136, 174, 196, 223, 244n, 246n, 247n, 248—249n, 250—251n, 254—255n, 256n, 257n, 259n, 260n, 262n

Halprin, Lawrence, 劳伦斯·哈尔普林
 open and closed scores, 开放与封闭的舞谱 72, 247n

Hardin, Garrett, 加勒特·哈定 2—3, 33, 241n, 245n

Hediger, H., 海尼·海迪格 258n

Hentoff, Nat, 纳特·亨托夫 211, 261n

Herndon, James, 詹姆斯·赫恩登 211, 261n

Herskovits, M. J., and Herskovits, F. S., 赫斯科维茨夫妇 248n

Hockett, C. F., C. F. 霍加特 252n

Hoffmann, Banesh, 巴内什·霍夫曼 245n, 258n

Holden, Constance, 康斯坦斯·霍尔登 125, 253n

Holt, John, 约翰·霍尔特 35, 211, 245n, 261n

Hsu, Francis, 许烺光 127, 254n

Hughes, Richard, 理查德·休斯 224—225, 229, 262n

Illich, Ivan, 伊万·伊里奇 35, 211, 245n, 261n

Ittelson, William, 威廉·伊特尔森 100, 250—251n, 273

Jay, Antony, 安东尼·杰伊 261n
Johnson, Wendell, 温德尔·约翰逊
  ET factor in use of words, 语词使用中的延伸迁移因素 29, 245n
Johnston, James C., 詹姆斯·约翰斯顿
  studies of perception, 约翰斯顿的感知研究 118, 253n
Joyce, James, 詹姆斯·乔伊斯 28, 245n, 250n
Julesz, Bela, 贝拉·朱尔兹 259n
Jung, Carl G., 卡尔·荣格 9, 14

Kawabata, Yasunari, 川端康成 114—115, 252n
Keene, Donald, 唐纳德·基恩
  on context in Japanese literature, 基恩论日本文学的语境 114—115, 252n
Kesey, Ken, 肯·凯西 6, 241n
Kilpatrick, F. P., 吉尔帕特里克 100, 250n

Klein, Melanie, 梅兰妮·克莱因 234, 263n
Kluckhohn, Clyde, 克莱德·克拉克洪 15, 244n
Korzybski, Alfred, kezhaer 阿尔弗雷德·科日布斯基
  ET factor in use of words, 科日布斯基论语词使用里的延伸迁移因素 29, 245n
Kozol, Jonathan, 乔纳森·柯察尔 35, 211, 245n, 261n

La Barre, Weston, 韦斯顿·拉巴里 115—116, 245n, 252n
Labov, William, 威廉·拉波夫
  studies of black English, 黑人英语研究 32, 245n
Laing, R. D., 罗纳德·兰恩 11, 218, 242n, 262n
Land, Edwin, 埃德温·兰德
  brain's ability to supply context in color perception, 论大脑提供色彩感知的语境 95, 250n
Lashley, K. S., 卡尔·拉什利
  studies of memory location in brain, 拉什利对大脑储存记忆的研究 191, 194—196, 260n
Leighton, Dorothea, 多萝西娅·雷顿 15, 244n
Lettvin, J. Y., 雷特温 253n

Levy-Agresti, Jerre, 杰丽·列维—阿格雷斯蒂
   work with split-brain epileptics, 列维—阿格雷斯蒂对裂脑人中癫痫病人的研究 183, 259n
Lewin, Roger, 罗杰·勒温 260n
Leyhausen, Paul, 保罗·雷豪森 255n
Liebow, Elliot, 爱略特·利堡 248n
Lorenz, Konrad, 康拉德·洛伦兹
   studies in ethology, 洛伦兹的动物行为研究 135, 171, 255n, 258n
Luria, A. R., A. R. 卢利亚 183, 191, 193
   relationship of brain to extensions, 大脑与延伸的关系 29, 245n
   study of memory, 卢利亚的记忆研究 195—200, 202, 259n, 260—261n
Lynch, Kevin, 柯文·林奇
   space perception, 林奇的空间感知研究 175, 258n

Malcolm X, 马尔科姆 X 248n
Martin, Malachi, 马拉奇·马丁 34, 245n
Maturana, H. R., 马图拉纳 253n
May, Rollo, 罗洛·梅
   results of broken political action chains, 罗洛·梅论政治行为链中断的后果 148—149, 157, 256n

McClelland, J. L., 麦克勒兰德
   studies of perception 麦克勒兰德的感知研究 118, 253n
McCormick, Charles T., 查尔斯·麦柯米克 251n
McCulloch, Warren S., 沃伦·麦卡洛克
   eye-brain connections, 麦卡洛克论眼睛—大脑的关系 119, 253n
McHale, John, 约翰·麦克赫尔 245n
MacLean, P. D., P. D. 麦克莱因
   parts and functions of brain, 麦克莱因论大脑的局部及其功能 191, 192—193, 259—260
McLuhan, Marshall, 马歇尔·麦克卢汉 15, 102, 177, 243n, 245n, 251n
Mead, Margaret, 玛格丽特·米德 181, 263n
Meier, Richard, 理查德·迈耶 249n
Meisner, W. W., 迈斯纳 262—263
Melville, Herman, 赫尔曼·梅尔维尔
   *Billy, Budd*, 《毕利·巴德》 153, 155, 256n
Mitchell-Kernan, Claudia, 克劳迪亚·米切尔—柯南 262n
Morsbach, Helmut, 赫尔姆特·莫斯巴赫 247n
Myer, John R., 约翰·迈尔 258n

Nabokov, Vladimir, 弗拉基米尔·纳博柯夫

   memory, 纳博柯夫笔下的记忆 181, 258n

Nierenberg, G. I., 涅伦堡 248n

Ogston, W. D., 奥格斯顿 247n

Osgood, C. E., 奥斯古德 252n, 254n

Osmond, Humphry, 汉弗莱·奥斯孟德 218, 228, 262n

Pennington, Keith S., 基斯·彭宁顿 260n

Pietsch, Paul, 保罗·皮奇

   studies of holography, 皮奇的全息术研究 191, 195—196, 259n, 260n

Pitts, W. H., 皮茨 253n

Polanyi, Michael, 迈克尔·波拉尼 88, 249n

Portmann, Adolf, 阿道夫·波特曼 253n

Powers, William T., 威廉·鲍威尔斯 43, 247n.

Pribram, Karl H., K. H. 普里布拉姆

   holographic model of memory, 普里布拉姆的大脑记忆全息模式 191, 193—196, 259n, 260n

Raven, Peter H., 彼得·雷文

   on taxonomies, 雷文论分类学 122, 253n

Rosenhan, D. L., 戴维·罗森汉 138, 228, 255n, 262n

Sander, L. W., 桑德尔 247—248n

Sapir, Edward, 爱德华·萨丕尔

   on language and experience, 萨丕尔论语言与经验 15

   on language and thought, 萨丕尔论语言与思维 30—31, 164, 244n, 245n, 258n

Schlegloff, Emanuel, 施莱格罗夫 155, 256n

Schoggen, Phil, 舍根 250n

Scribner, Sylvia, 西尔维尔·斯克里布纳 245n

Searles, Harold, 哈罗德·塞尔斯 228, 262n

Sebeok, Thomas A., 托马斯·塞贝克 254n

Shannon, C., 克劳德·香农 252—253n

Skinner, B. F., 斯金纳 126, 192, 254n, 260n

Slovenko, Ralph, 拉尔夫·斯洛文柯 251n

Spitz, René, 勒内·斯皮兹

   consequences of broken action chains, 行为链断裂的后果

148—149,256n

Stewart W. A., 斯图尔特 248n

Stromeyer, Charles F., III, 查尔斯·F. 斯特罗梅耶

    tests of imaging capabilities, 斯特罗梅耶的表象能力测试 184—185, 259n

Sullivan, Harry Stack, 哈里·沙利文 90, 140, 144, 224, 234, 249n, 255n, 262n

Szent-Györgyi, Albert, 阿尔波特·森特·哲尔吉

    Apollonian-Dionysian contrast and context, 森特·哲尔吉论日神—酒神反差和语境 124—125, 253n

Tiger, Lionel, 莱昂内尔·泰格尔 261n

Tinbergen, Nikolaas, 尼可拉斯·廷伯根

    study of stickleback action chain, 廷伯根对刺鱼的行为链研究 142—143, 255n, 259n

Toffler, Alvin, 阿尔文·托夫勒 34, 102, 245n, 251n

Wang, William S.-Y., 威廉·王 249

Warren, Richard; and Warren, Roslyn, 里查德·沃伦和罗丝玲·沃伦

    studies of internal contexting, 内化语境机制研究 117—118, 125, 252n

Washburn, Sherwood, 舍伍德·沃什伯恩 204—205, 261n

Whorf, Benjamin, 本杰明·沃尔夫

    on language and thought, 沃尔夫论语言与思维 30—31, 87, 214, 245n, 249n, 261n

Wiener, Norbert, 诺伯特·维纳 38, 246n

Wildavski, Aaron, 亚伦·怀尔达夫斯基 243n

Worth, Sol, 索尔·沃斯 248n

# 后记

20余年后有幸重译《无声的语言》和《超越文化》，感慨万千。

《无声的语言》开辟了跨文化研究的新领域，构建了前无古人的文化理论，创建了崭新的文化分析方法论，纸短意长，举重若轻，但读者至今叫苦不迭。但愿我的序能成为解读他博大精深思想的钥匙。

《无声的语言》和《超越文化》成书的时间相隔10余年，这次重译，理应按照其问世顺序，先译《无声的语言》。只是因为《无声的语言》手稿遗失，而《超越文化》的旧译本仍在珍藏，所以就先译《超越》，后译《无声》。但为了更好地吃透两本书，使两本书能互相呼应，所以等到两本书都杀青以后才写序跋，且序跋的顺序为原著成书顺序。

何道宽
于深圳大学传媒与文化发展研究中心
2010年5月20日

# 译者介绍

**何道宽**,深圳大学英语及传播学教授,享受政府津贴专家,曾任中国跨文化交际研究会副会长,现任中国传播学会副理事长、深圳市翻译协会高级顾问,从事文化学、人类学、传播学研究 20 余年,著译逾 1,100 万字。著作有《中华文明撷要》(汉英双语版) 和《创意导游》(英文版)。电视教学片有《实用英语语音》。译作逾 40 种,要者有:《思维的训练》《文化树》《理解媒介》《麦克卢汉精粹》《数字麦克卢汉:信息化新纪元指南》《交流的无奈:传播思想史》《麦克卢汉:媒介及信使》《思想无羁:技术时代的认识论》《传播的偏向》《帝国与传播》《手机:挡不住的呼唤》《真实空间:飞天梦解析》《麦克卢汉书简》《传播与社会影响》《新政治文化》《麦克卢汉如是说:理解我》《媒介环境学:思想沿革与多维视野》《技术垄断:文化向技术投降》《模仿律》《莱文森精粹》《游戏的人:文化中游戏成分的研究》《与社会学同游:人文主义的视角》《伊拉斯谟传:伊拉斯谟与宗教改革》《中世纪的秋天:14 世纪和 15 世纪法国与荷兰的生活、思想与艺术》《口语文化与书面文化:词语的技术化》《传播学批判研究》《作为变革动因的印刷机:早期近代欧洲的历史》《重新思考文化政策》《裸猿》《人类动物园》《亲密行为》《17世纪的荷兰文明》《传播学概论》《无声的语言》《超越文化》等。长期在学术报刊上发表一系列专业论文,要者有:《介绍一门新兴学科——跨文化的交际》《比较文化之我见》《文化在外语教学中的地位》《中国文化深层结构中崇"二"的心理定势》《试论中国人的隐私》《论美国文化的显著特征》《论非言语交际》《比较文化的新局面》《水向高处流》《媒介即是文化——麦克卢汉媒介思想述评》《麦克卢汉在中国》《和而不同息纷争》《媒介革命与学习革命》《多伦多传播学派的双星:伊尼斯与麦克卢汉》《天书能读:麦克卢汉的现代诠释》《麦克卢汉的学术转向》《我们为什么离不开纸媒体和深度阅读:从纸媒体阅读到超文本阅读》《异军突起的第三学派——媒介环境学评论之一》《媒介环境学辨析——媒介环境学评论之二》《媒介环境学的思想谱系——媒介环境学评论之三》《三代学人的薪火传承——媒介环境学评论之四》《媒介环境学派的理论命题、源流与阐释——媒介环境学评论之五》《游戏、文化和文化史——〈游戏的人〉给当代学者的启示》《破解史诗和口头传统之谜:〈口语文化与书面文化〉评析》等。